Diogenes Taschenbuch 20035

Für Frederick J. Hacker

*Zur Erinnerung
an unsere Jahre in Hollywood
und das Thema Nummer Eins:
Sigmund Freud*

*Freundschaftlichst
L. M.*

Inhalt

Einleitung
Von Mesmer zu Freud 9

I. *Freud – analysiert*
Diskretion 23
Skepsis 39
Vertrauen 59

II. *Die Biographie von Jedermann*
Die neue Kunde von der Seele 75
Das dramatische Leben 85
Die vierte Dimension: Kultur 95

III. *Die Zukunft einer Desillusion*
Der Mensch und sein Gott 104
In Frieden mit den Künsten 125
Kleiner Exkurs: Freud und die
deutschen Dichter 138

IV. *Biograph der Menschheit*
Freud, Einstein und Marx 159

V. *Zwei Diagnosen der Angst*
Freud und Kierkegaard 186

Anhang
Ein unbekannter Freud-Brief 211
Zeittafel 215
Literaturhinweise 240
Personenregister 248
Sachregister 251

Einleitung

Von Mesmer zu Freud

Die Tiefen-Psychologie und die Psycho-Therapie, wie sie gegenwärtig in vielen Versionen gelehrt und praktiziert werden, haben lange historische Wurzeln. Man könnte diese Geschichte mit den Medizin-Männern beginnen oder mit Hippokrates und Galen oder mit dem berühmten Arzt Paracelsus. Für diesen knappen Abriß ist der beste Ausgangspunkt der Wiener Doktor Anton Mesmer (1733–1815).

In der zweiten Hälfte des achtzehnten Jahrhunderts war man schon zu aufgeklärt, um noch den Teufel ernst zu nehmen, der die Befallenen quäle, oder die spirituellen Austreiber, welche zu den Qualen noch neue hinzufügten. Aber man war – von einem späteren Standpunkt aus gesehen – noch nicht aufgeklärt genug, um zu beachten, daß die Verhexten echtes Leid erduldeten, auch wenn die Theologen es falsch interpretierten. Man behandelte nur die Verrückten, indem man sie einsperrte – und mit bitteren Medizinen. Diejenigen aber, die nicht reif fürs Irrenhaus waren, überließ man ihrem Schicksal. Da kam Mesmer. Er war auch ein Scharlatan ... vor allem aber auf dem richtigen Weg. Es führt eine direkte Linie von Mesmer zu Freud (eine andere: von Mesmer zur *Christian Science*).

Dieser seltsame Vorfahr wurde am Bodensee geboren und praktizierte in Wien. 1766 veröffentlichte er ein Buch ›*De planetarum influxu*‹: die Sterne beeinflussen unser Leben mittels magnetischer Ströme. 1775 erschien sein ›Schreiben an einen auswärtigen Arzt über den Magnetismus‹: mit Hilfe von ›tierischem Magnetismus‹, der in uns sei, könnten wir Krankheiten heilen. Der Mann bekam Schwierigkeiten mit den Behörden, wurde als Quacksalber vertrieben und ging 1778 nach Paris. Sein Erfolg war enorm. Die magnetischen Séancen machten Furore. Da rüsteten sich auch hier die Gegner.

1784 setzte die *Académie des Sciences* ein Komitee ein, dem unter anderen der amerikanische Gesandte Benjamin Franklin und der Chemiker Lavoisier angehörten. Sie hatten zusammen mit der medizinischen Fakultät Mesmers Heilerfolge nachzuprüfen. Das Resultat lautete: starke Einbildungskraft ohne Magnetismus kann Konvulsionen hervorrufen, Magnetismus allein kann nichts hervorrufen; das Berühren der Patienten und die Stimulierung ihrer Phantasie mag gefährlich werden. Damit war der Heiler verurteilt. Er wurde zum Thema für lustige Theaterstücke. Aber seine Wirkung war nicht zu Ende, vielmehr im Beginn.

Der englische Chirurg James Braid (1795–1860) studierte den Mesmerismus. Obwohl er Chirurg war und an die Phrenologie glaubte, erkannte er, daß Mesmers große Entdeckung nicht in der Annahme eines magnetischen Fluidums lag, sondern in den subjektiven Elementen: den Erscheinungen, die er produzierte – z. B. diesem schlafartigen Zustand. Braid war der erste, der in seiner ›*Neurohypnology or the rational of nervous sleep*‹ (1843) die Worte Hypnotismus, hypnotisieren, hypnotisch einführte. Einige Forscher nannten deshalb den Hypnotismus: ›Braidismus‹.

Im Jahre 1860 begann der französische Landarzt A. A. Liébault (1823–1904) den Mesmerismus zu studieren. Er ließ sich in Nancy nieder. Nach jahrelangen Forschungen veröffentlichte er ein Buch ›*Du sommeil et des états analogues, considérés surtout au point de vue de l'action de la morale sur le physique*‹. Von diesem Buch wurde ein einziges Exemplar verkauft. Liébault arbeitete mit *Hypnose* bei Behandlung hysterischer Blindheit, Paralyse, Tics. Es war nicht leicht, die armen Bauern, mit denen er es zu tun hatte, zu dieser Kur zu bewegen. Er pflegte zu sagen: wenn ich Sie mit Apothekermitteln behandeln soll, müssen Sie zahlen; mit Hypnose mache ich es unentgeltlich. Braid und Liébault sind die Väter der modernen *Psycho-Therapie*. In den achtziger Jahren des neunzehnten Jahrhunderts war sie durchgesetzt. Der Schweizer Forel ließ 1889 sein Buch ›Der Hypnotismus‹ erscheinen, in Rußland arbeitete Bechterew mit der neuen Methode. Der entscheidende Sieg wurde in Paris errungen.

Jean Marie Charcot wurde 1825 geboren. Er wurde ein Neurologe, der (wie die meisten Psychiater des Jahrhunderts) in den Kategorien der Gehirn-Pathologie dachte. ›Wissenschaftlich‹ war für ihn (wie später für den jungen Freud): bezogen auf die Funktion des Gehirns und der Nerven. Charcot fragte: was geht im Gehirn und in den Nerven während des hypnotischen Schlafs vor? Seine große historische Leistung bestand darin, daß er die *Hysterie*, die er (gegen die Konvention) auch den Männern zuschrieb, bei der offiziellen

Wissenschaft zur Anerkennung brachte; und daß er, einer der angesehensten Psychiater seiner Zeit, die Hypnose verwandte. In dem großen Pariser Frauen-Krankenhaus, der sogenannten ›Salpêtrière‹, wurden jene Forschungen angestellt, deren Ergebnisse er dann veröffentlichte in dem Buch ›*Leçons sur les maladies du système nerveux faites à la Salpêtrière*‹.

An dieser Forschungs-Stätte erschien im Jahre 1885 der 29jährige Wiener Arzt Sigmund Freud, um bei dem berühmten Kollegen zu studieren. Von 1886 an erschien dann seine Übersetzung Charcots: ›Neue Vorlesungen über die Krankheiten des Nerven-Systems, insbesondere über Hysterie‹. Im Todesjahr des Meisters, 1893, schrieb Freud einen Nachruf. Charcot sprach einmal über die Neurose einer jungen Frau und sagte nebenbei: Sexualität liegt immer zugrunde. Freud hörte diese Bemerkung.

Als er im Jahre 1885/86 an der ›Salpêtrière‹ arbeitete, hatte er schon zwölf Veröffentlichungen vorzuweisen: u. a. ›Über Spiralganglien und Rückenmark des Petromyzon‹ (1878), ›Beitrag zur Kenntnis der Cocawirkung‹ (1885), ›Über den Ursprung des Nervus acusticus‹ (1886). Diese Arbeiten zeigen die Felder seiner Studien. Geboren am 6. 5. 1856 in der kleinen mährischen Stadt Freiberg, 1860 nach Wien verpflanzt, wo er dann achtundsiebzig Jahre wirkte, absolvierte er 1873 das Wiener Sperl-Gymnasium, um Medizin zu studieren. Von 1876 bis 1882 arbeitete er im Physiologischen Institut des berühmten Professors Ernst Brücke, dann bei dem Gehirn-Pathologen Professor Meynert. 1885 wurde Freud Dozent der Neuropathologie an der Universität Wien. Zum ordentlichen Professor und zum Nobelpreisträger brachte er es nicht.

Auf dem Gebiet der Psychiatrie wurde rege gearbeitet. Zwischen 1818 und 1893 gab es fast fünfzig Fachzeitschriften in den Ländern Europas und in den Vereinigten Staaten. Es gab über 15 nationale und internationale Gesellschaften für Psychiatrie. In Deutschland erschienen zwischen 1830 und 1836 die historisch-kritischen Übersichten von Johannes Friedrich. 1847 hatte die Gesellschaft ›Deutsche Naturforscher‹ eine Sektion für Anthropologie und Psychiatrie, die ursprünglich aus dreizehn Mitgliedern bestand. Seit 1867 gab es die ›Berliner medizinische psychologische Gesellschaft‹ (Vorsitzender Griesinger), die nach 1885 ›Gesellschaft für Psychiatrie und Nervenkrankheiten‹ hieß. Das Interesse für diesen Zweig der Medizin wuchs unter den Medizinern von Jahrzehnt zu Jahrzehnt.

Freud hätte vorgezogen, sich der Forschung zu widmen; seine materielle Situation erlaubte es ihm nicht. So ließ er sich 1886, nach seiner Rückkehr aus Paris, in Wien als Psychiater nieder. Im selben Jahr heiratete er. Damals begann auch seine Zusammenarbeit mit dem Wiener Arzt Josef Breuer, welche schließlich zur Entdeckung jener Heil-Methode und zu jenen wissenschaftlichen Ergebnissen führte, die Freud auf den Namen ›Psycho-Analyse‹ taufte. Josef Breuer (1842 bis 1925) hatte es in den Jahren 1880 bis 1882 mit einer hysterischen Patientin zu tun gehabt, der er dadurch half, daß sie sich im Trance an den Beginn ihrer Leiden während der Pflege ihres kranken Vaters zu erinnern begann. Dieses Sicherinnern erleichterte sie. Das Resultat hatte Breuer bereits 1884 Freud mitgeteilt;

der hatte Charcot davon erzählt, ohne Eindruck zu machen. 1886 begannen dann Breuer und Freud in der Richtung zusammenzuarbeiten, welche ihnen durch Breuers Erfolg gewiesen war. Sie nannten ihre Methode die ›kathartische‹. 1895 gaben sie in dem Buch ›Studien über Hysterie‹ Rechenschaft von den Ergebnissen. Es war das erste Mal, daß die Methode der Heilung und die Methode der Forschung miteinander verknüpft wurden.

Im Jahre 1889 ging Freud wieder nach Frankreich, diesmal nach Nancy, um die hypnotische Methode gründlicher zu studieren – an dem Platz, wo sie in den Mittelpunkt der Aufmerksamkeit gerückt worden war: bei Liébault und seinem Freund Hippolyte Marie Bernheim (1840–1919). Die sogenannte Schule von Nancy war mit der Schule der ›Salpêtrière‹ in einem schweren wissenschaftlichen Streit. Charcot war der Ansicht: die Fähigkeit, in hypnotischen Schlaf zu fallen, sei bereits ein hysterisches Symptom. Bernheim hingegen verfocht die These, daß fast jeder bis zu einem gewissen Grad hypnotisierbar sei; daß dahinter das allgemeinere Phänomen der Suggestibilität stände. Er studierte (wie später Freud) den Kranken, um ein Bild von der Psyche des Gesunden zu bekommen. Bernheim war auch einer der ersten, der seine Einsichten für die Rechtspflege fruchtbar zu machen suchte. 1897 las er auf dem Internationalen Kongreß für Medizin in Moskau eine Arbeit ›*L'Hypnotisme et la suggestion dans leurs rapports avec la médicine légale et les maladies mentales*‹.

Bei diesen großen Nachkommen des bedeutenden Scharlatans Mesmer konnte Freud studieren, bevor er einen Schritt vorwärts machte. Er versuchte es nur kurze Zeit mit der Elektro-Therapie. Er verzichtete auch auf die Hypnose, aber nicht auf das, was sie Breuer geleistet hatte ... den Patienten zum Sprechen zu bringen. Dasselbe Resultat suchte er zu erlangen mit dem, was er *Freie Assoziation* nannte. Der Patient wird nach Kräften veranlaßt herauszusagen, was ihm einfällt. Es war die neue Methode, welche die Psychoanalyse zunächst unterschied von dem hypnotisch-kathartischen Weg. Und die Einsichten, die ihm seine Kranken so vermittelten, führten zur neuen Theorie, deren wesentlichste Stücke wurden: der ›Widerstand‹ des Patienten, über das Entscheidende zu reden; der Prozeß der Verdrängung; der Oedipus-Komplex; die lange Geschichte der Sexualität vor der Pubertät; die Umsetzung des Verdrängten in Krankheits-Symptome.

Im ersten Jahrzehnt des zwanzigsten Jahrhunderts erweiterte sich dann der Kreis seiner Probleme. Daß er mehr an psychologischen als an physiologischen Fragen interessiert war, zeigte schon die ›Traumdeutung‹ (1900) und ›Zur Psychopathologie des Alltagslebens‹ (1904). Noch vor Ende des Jahrzehnts, 1907, erschien sein erster großer Beitrag zur Ästhetik: ›Der Wahn und Träume in W. Jensens *Gradiva*‹. 1912 kam seine entscheidende Arbeit auf dem Gebiete der Anthropologie heraus: ›Totem und Tabu‹. Im Anschluß an eine Kritik der Massen-Psychologie, wie sie in Frankreich blühte, gab er die soziologische Analyse des Führers in ›Massen-Psychologie und Ich-Analyse‹ (1921). Dann folgten die großen kulturdiagnostischen Arbeiten: ›Die Zukunft einer Illusion‹ (1927); ›Das Unbehagen in der

Kultur‹ (1930); ›Der Mann Moses und die monotheistische Religion‹ (1939). Wie sehr die Psychoanalyse an anthropologischen, soziologischen, ästhetischen, religions-psychologischen, zeitkritischen Problemen interessiert ist, an den ›Kolonien‹ des Mutterlandes, der medizinischen Psychologie, zeigt die Zeitschrift ›Imago‹, die 1912 zu erscheinen begann: Otto Rank und Hanns Sachs redigierten sie. Es ist nicht wahr, daß Freud auf die Psychologie des Individuums und hier vor allem auf die Sexual-Neurosen sich beschränkte. Früher als irgendein Schüler, bereits im ersten Jahrzehnt dieses Jahrhunderts, begann er, seine Methode auf alle Gebiete der Geisteswissenschaften anzuwenden.

Die äußeren Ereignisse seines Lebens können am besten so charakterisiert werden: es gab kaum welche. Er praktizierte am Tag, schrieb bei Nacht und machte in den Sommerferien Reisen nach Italien, nach der Schweiz, nach Berchtesgaden, nach vielen Plätzen Österreichs. 1886 heiratete er Martha Bernays. Sie hatten sechs Kinder: Martin, Oliver, Ernst, Sophie, Mathilde, Anna; die Kinder-Psychoanalytikerin Anna Freud wurde im Jahre 1895 geboren. Der Älteste war Rechtsanwalt, der zweite Sohn Ingenieur in Philadelphia, der jüngste Architekt. Anna und Mathilde lebten in London, Sophie starb in Deutschland nach dem Ersten Weltkrieg. Seit 1923, dem Jahre seiner ersten Kieferoperation, kränkelte Freud. Seine produktive Kraft ließ nicht nach. 1930 wurde ihm eine der wenigen Ehrungen seines Lebens zuteil: die Stadt Frankfurt am Main verlieh ihm den Goethe-Preis. 1936 wurde er zum Mitglied der ›*Royal Academy*‹ (London) ernannt. 1938 verließ er das von den Nationalsozialisten besetzte Wien und ging nach London ins Exil. Hier starb er am 23. September 1939. Einige seiner Schwestern gingen in Auschwitz zugrunde.

Am 4. Februar 1955 wurde in der Wiener Universität eine Freud-Büste aufgestellt, die der Bildhauer Königsberger 1921 geschaffen hatte.

Die bekanntesten Ereignisse im Leben Freuds waren die Kämpfe innerhalb der Schule. Freud hat sie beschrieben in seiner Schrift von 1914: ›Zur Geschichte der psychoanalytischen Bewegung‹.

Im Herbst 1902 bildete sich die ›Psychoanalytische Mittwochs-Gesellschaft‹, die sich wöchentlich bei Freud traf: Adler, Kahane, Reitler und Stekel. Im Jahre 1906, als schon Brill, Ferenczi, Jones und Sadger dazugekommen waren, hörte Freud, die klinischen Ergebnisse der Psychoanalyse würden nachgeprüft von dem Direktor des ›Burghölzli‹ in Zürich, Professor Eugen Bleuler (1857–1939) und seinem Oberarzt Dr. med. Carl Gustav Jung (1875–1961). Im selben Jahre wurde die erste Arbeit über Psychoanalyse in Englisch publiziert: von Dr. James J. Putnam, Professor der Neurologie (Harvard University). 1908 fand der erste Kongreß für Psychoanalyse in Salzburg statt (bis 1954 gab es 18); Bleuler und Jung nahmen an ihm teil. Auf den Einladungen hieß es: ›Zusammenkunft für Freudsche Psychologie‹. 1909 begann das von Freud und Bleuler herausgegebene ›Jahrbuch für psychoanalytische und psychopathologische Forschungen‹ zu erscheinen; Jung wurde sein Redakteur (bis 1914 kamen 6 Bände heraus). Im selben Jahr, 1909, reiste Freud mit Jung nach Amerika. Der Präsident der Clark University,

Worcester, Mass., Stanley Hull, hatte beide Gelehrte aufgefordert, zur Feier des zwanzigsten Geburtstags seiner Universität Gast-Vorlesungen zu halten. 1910 wurde in Nürnberg die Internationale Gesellschaft für Psychoanalyse gegründet, mit Jung als Präsident. Im selben Jahr erschien zum ersten Mal das monatliche ›Zentralblatt für Psychoanalyse‹ (Herausgeber: Adler und Stekel) und das ›Correspondenzblatt der Internationalen Psychoanalytischen Vereinigung‹. 1911 fand in Weimar der dritte, 1913 der vierte Kongreß statt. In diesem Jahr erschien der erste Band der ›Zeitschrift für ärztliche Psychoanalyse‹. 1912 war anstelle des ›Zentralblatts‹ unter der Redaktion von Ferenczi, Rank und Jones die ›Internationale Zeitschrift für Psychoanalyse‹ entstanden.

Ein Jahr vor dem Münchner Kongreß, 1912, war Jungs Buch ›Symbole und Wandlungen der Libido‹ erschienen; Freud erklärte nun in München, daß Jungs Theorie keine echte Entwicklung der Psychoanalyse sei. Trotzdem wurde Jung noch einmal für zwei Jahre wiedergewählt. Aber der Bruch war da. Jung hatte das Wort ›Libido‹ über seinen engeren Begriff sexuelle Libido hinaus zu dem sehr umrißlosen erweitert: Libido gleich Seelen-Energie. Freuds Kritik lautete: »Von der Absicht, das Anstößige der Familienkomplexe zu beseitigen, um dies Anstößige nicht in Religion und Ethik wiederzufinden, strahlen alle die Abänderungen aus, welche Jung an der Psychoanalyse vorgenommen hat. Die sexuelle Libido wurde durch einen abstrakten Begriff ersetzt, von dem man behaupten darf, daß er für Weise wie für Toren gleich geheimnisvoll und unfaßbar geblieben ist. Der Oedipus-Komplex war nur symbolisch gemeint, die Mutter darin bedeutet das Unerreichbare, auf welches man im Interesse der Kulturentwicklung verzichten muß; der Vater, der im Oedipus-Mythos getötet wird, ist der ›innerliche‹ Vater, von dem man sich freizumachen sucht, um selbständig zu werden ... In Wirklichkeit hatte man aus der Symphonie des Weltgeschehens ein paar kulturelle Obertöne herausgehört und die urgewaltige Triebmelodie wieder einmal überhört.«

Jung hat seine Differenzen mit Freud in einem Aufsatz ›Freud und Jung‹ dargestellt. Am deutlichsten sprach er über Freud und seine Lehre im Jahre 1934, im ›Zentralblatt für Psychotherapie‹: »Meines Erachtens ist es ein schwerer Fehler der medizinischen Psychologie gewesen, daß sie jüdische Kategorien unbesehen auf den christlichen Germanen anwandte; damit hat sie nämlich das kostbare Geheimnis des germanischen Menschen, seinen schöpferisch-ahnungsvollen Seelengrund, als kindisch-banalen Sumpf erklärt. Diese Verdächtigung ist von Freud ausgegangen. Er kannte die germanische Seele nicht, so wenig wie alle seine Nachfolger sie kannten. Hat sie die gewaltige Erscheinung des Nationalsozialismus, auf die die ganze Welt mit Erstaunen blickt, eines Besseren belehrt? Wo war die unerhörte Spannung und Wucht, als es noch keinen Nationalsozialismus gab? Sie lag verborgen in der germanischen Seele, in jenem tiefen Grunde, der alles andere ist als der Kehricht unerfüllbarer Kinderwünsche ... Eine Bewegung, die ein ganzes Volk ergreift, ist auch in jedem einzelnen frei geworden.« Ernest Jones, der unparteiische Historiker, fand schon im Jahre 1913, daß Jung in Rasse-Kategorien dachte.

Jung nannte seine Abzweigung von der Psychoanalyse: ›Analytische Psychologie‹. (Seine bekanntesten Bücher: ›Psychologische Typen‹, 1921; ›Seelenprobleme der Gegenwart‹, 1931; ›Wirklichkeit der Seele‹, 1934.) Der Registrator dieser Fehde wird am besten den Zwist so resümieren: Jung wurde in gewisser Weise dadurch gerechtfertigt, daß Freud bald selbst dahin kam, den Begriff Libido weiter zu fassen, als es in den ersten Jahrzehnten geschehen war. Freud aber sah schon damals voraus, daß Jung die Psychoanalyse auf den Weg der Respektabilität zu führen gedachte: nicht nur, was die Sexualität – auch was die Religion anbetrifft. Noch im Jahre 1955 gab Jung der amerikanischen Zeitschrift ›*New Republic*‹ eine Äußerung zur Veröffentlichung (16. Mai), in der er von Freuds ›*notorious inability to understand religion*‹ sprach. Mit solchen verhetzenden, dem allgemeinen Geschmack entgegenkommenden, aber nicht treffenden Bemerkungen wird nur verschleiert, daß Jung sich (ebenso wie Freud) der Religion als Psychologe, nicht als Gläubiger näherte; auch Jung betonte, daß seine Forschungen auf dem Gebiete der Religion es nicht mit Gott, sondern nur mit den menschlichen Vorstellungen von Gott zu tun haben. Überhaupt ist die Differenz zwischen Freud und Jung (auch z. B. was das ›Kollektive Unbewußte‹ anbetrifft; 1911 bereits von Freud angenommen – ohne diese Wort-Prägung) nicht so groß wie die Parteinahme der ›religiösen‹, über das Sexuelle erhabenen Zeitgenossen vermuten läßt. Jung war der große Schüler Freuds, der versuchte, die Welt mit der Psychoanalyse diplomatisch auszusöhnen. Wahrscheinlich wird die Zukunft das Wort Professor Victor von Weizsäckers bestätigen, das in seiner Autobiographie zu finden ist: »daß alle wesentlichen Entdeckungen und Erkenntnisse der Psychoanalyse ausschließlich auf Freud zurückgehen«. Dieser Spruch gilt wohl auch für den ersten großen ›Abfall‹ aus dem Jahre 1911: den Abfall Alfred Adlers (1870–1937). Er promovierte 1894 in Wien, war als Psychiater und Dozent des Pädagogischen Instituts in Wien tätig und lehrte an der Columbia University (New York). Er starb in Aberdeen. Von seinen Arbeiten sind vor allem zu nennen: ›Studie über Minderwertigkeit von Organen‹ (1907), ›Über den nervösen Charakter‹ (1912), ›Praxis und Theorie der Individualpsychologie‹ (1912), ›Der Sinn des Lebens‹ (1933). Einer der besten Kenner der Konflikte innerhalb des Kreises um Freud, Fritz Wittels, sagte von Adler: er sei einer der fähigsten Freud-Schüler gewesen; nur hätte er einen Fehler gehabt, er konnte nicht analysieren. Adler, stark beeinflußt von Nietzsches ›Wille zur Macht‹, sah in diesem Willen und den Niederlagen in seinem Gefolge die ›Ursachen des Inferioritätskomplexes‹, des ›männlichen Protests‹ – ein wesentlicheres Agens, seiner Meinung nach, als die Sexualität. Freud schätzte Adler sehr und stellte ihn an die Spitze der Wiener Psychoanalytischen Gesellschaft. Er hoffte, ihn zu halten. Auch Adler wollte einen Ausgleich.

Im Jahre 1911 bewilligte ihm Freud drei Abende der regelmäßigen Mittwoch-Zusammenkünfte, um seine Abweichung von der Lehre darzustellen. Am vierten Abend begann die Diskussion. Am fünften gab es einen erbitterten Zusammenstoß. Adler verließ mit neun Anhängern, alle zehn Sozialisten, die ›Gesellschaft‹. Er nannte seine Lehre zur Unterscheidung von der Psychoanalyse ›Individualpsychologie‹. Freud verwarf durchaus nicht Adlers Theorie. Er betonte, daß ›die Adlersche Forschung der Psychoanalyse etwas Neues brachte, ein Stück der Ich-Psychologie‹; wandte aber auch energisch ein, Adler wolle sich ›dieses Geschenk allzu teuer bezahlen lassen durch die Verwerfung aller grundlegenden analytischen Lehren‹. Gerade der Fall Alfred Adler stellt die Frage, ob Freud nicht mit mehr Entgegenkommen den Verlust eines so bedeutenden Mitarbeiters hätte vermeiden können. Doch darf nicht vergessen werden, daß auch wissenschaftliche Gruppen die Toleranz nur bis zu dem Punkt ausüben können, wo Nachgiebigkeit – Auflösung aller Konturen bedeutet. 1912 folgte der Bruch mit Wilhelm Stekel (1868–1940).

Die Geschichte der psychoanalytischen Bewegung ist mehr als ein halbes Jahrhundert alt. Es ist in dieser kleinen Skizze nicht möglich gewesen, alle die Namen zu nennen, die hier eine Erwähnung verdienen. Infolge der deutschen Jahre 1933–1945 ist die Forschung auf diesem Gebiet und das Interesse für sie in den Ländern Mitteleuropas sehr zurückgegangen. In dem (1934 bei Alfred Kröner erschienenen) Lexikon ›Philosophisches Wörterbuch‹ ist zu lesen: »Die Psychoanalyse – als Ganzes – wird mehr und mehr als ›artfremdes‹, ›mechanistisch-materialistisches Denken‹ bekämpft, wenn auch bestimmte Ergebnisse Freuds als Forschungsfortschritte anerkannt werden.«

Vielleicht liegt hier einer der Gründe, daß Theorie und Praxis der Psycho-Analyse in den englischsprechenden Ländern noch immer üppiger gedeihen als in Deutschland und in Österreich.

I.
Freud — analysiert

Diskretion

> »*Schade, daß man sich für's Intimste immer den Mund verschließt.*« Freud

Augustin begann die Beschreibung seines Lebens mit Gott, dessen er so gewiß war, daß er sein Dasein von ihm ableitete. Von den frühen Jahren berichtete er ausdrücklich nichts: er erinnere sich an sie so wenig wie an die Zeit im Mutterleib. Allerdings schaltete er eine kleine, unakzentuierte Frage ein: »Wo ist diese Zeit hingekommen?« Fünfzehnhundert Jahre später versuchte Freud, dieses unbeachtete Rätsel zu lösen.

Im übrigen beantwortete Augustin mehr, als irgendeiner seiner großen Nachfolger zu fragen wagte. Er konnte sein Leben sehr umfänglich deuten, weil er genau wußte, was ein Mensch ist: von Gott gemacht und außerdem noch in Sünde empfangen. Man weiß von sich soviel, wie man von ›Gott‹ weiß. Man wurde sich rätselhaft in dem Maße, in dem man ihn aus den Augen verlor.

Als Rousseau nach den *Confessiones* die *Confessions* schrieb, kam für ihn Augustinus' Bild vom Menschen so wenig in Frage, daß er mit den Worten begann: »Ich plane ein Unternehmen, welches kein Vorbild hat.« Das war also historisch falsch – und doch nicht ganz; denn er wollte einen Menschen ›in aller Wahrheit der Natur‹ abbilden ... und diese Rousseausche Menschennatur war vor ihm allerdings unbekannt gewesen. Sie bestand im ›Anders‹-Sein, auf das es ihm allein ankam; er schilderte in seiner Autobiographie eine Abweichung. Eins aber teilte der unheilige Rousseau mit dem heiligen Augustinus: auch er stellte nicht in Frage, daß so etwas wie eine Selbstdarstellung möglich ist.

Rousseau hatte sich sehr geirrt, als er schrieb, daß er ›niemals einen Nachahmer finden wird‹. Sein großes Thema ›Einzig und allein ich‹ beherrschte auch Stendhal, als er mit siebzehn daran ging, seine unpathetischeren, weniger exhibitionistischen Tagebuch-Eintragungen zu machen. Auch Stendhal fragte sich nicht, ob er denn wisse, was ein Mensch sei – so daß er ihn darstellen könne; sah aber, obwohl er nicht für den Druck schrieb, daß ein ungewöhnlicher Mut nötig ist. Die Problematik solch eines Unternehmens trat ins Bewußtsein.

›Dichtung und Wahrheit‹ beginnt goethesch-unbekümmert, ohne dogmatisch-feierliche Anrufung des Gottes oder der Natur, mit den Worten: ›Am 28ten August 1749 ...‹ Er hatte die Augustinische und Rousseausche Präambel nicht nötig; brauchte sich nicht einmal à la Stendhal Mut zu machen. Er suchte gar nicht mehr die fragwürdige ›Wahrheit‹ seiner Existenz; er wollte sie nur zum Kunstwerk erhöhen. Das ist ihm voll gelungen; so sehr, daß er heute als Mythos unter uns lebt. Im ›Vorwort‹ zu diesem gedichteten Leben steht der Satz: es werde mit einer wahren Autobiographie »kaum Erreichbares gefordert, daß nämlich das Individuum sich und sein Jahrhundert kenne«. Goethe versuchte gar nicht mehr, die unverfälschte Wahrheit abzubilden. Diese Bescheidenheit stammte schon aus der post-dogmatischen Ära unserer Überlieferung. In ihr wuchs die mißtrauische Haltung zum Selbst-Bekenntnis enorm. Dies Mißtrauen weiß meist nicht genau, wem es eigentlich mißtraut. So wird an Konfessionen, Selbst-Darstellungen, Memoiren immer wieder die Frage gerichtet: wie weit Wahrheit? von wo ab Dichtung? Alles, was man herauszubringen trachtet, ist die bewußte oder unbewußte Entstellung. Kaum wird je gefragt: was ist das eigentlich – autobiographische Wahrheit?

Das Vorurteil sagt, es sei leichter, das Leben eines anderen zu beschreiben. Manchmal: ja, manchmal: nein. Wenn ich mit jemand spreche – und beobachte zu gleicher Zeit ihn und mich, so ist nicht von vornherein ausgemacht, wen ich richtiger sehe. Es mag sogar sein: mich; weil ich vielleicht in diesem Moment nicht so interessiert an mir bin. Es ist also ein Aberglauben, daß Selbst-Bildnisse mehr von Illusionen gefährdet sein müssen als Bildnisse von Zeitgenossen oder historischen Figuren, nach Dokumenten gemalt.

Das Selbst-Bildnis teilt mit der Biographie die Gefahr der Ablenkung durch zwei Kräfte: das besondere Motiv, welches das Porträt veranlaßt; und die allgemeine Vorstellung von dem, was ein Mensch ist. Ihr allgemeinstes, metapsychologisches Vorurteil ist den meisten Darstellern von Menschen verborgen. Die großen Vorbilder Augustin, Rousseau, Stendhal durchschauten nicht das Bild vom Menschen, welches ihr Selbst-Porträt erst ermöglichte. Aber nicht bevor dies Vorurteil ins Bewußtsein gehoben wird, ist vollendete

Selbst-Erkenntnis möglich. Erkenne dich selbst! hat zur Voraussetzung: wisse, was ein Mensch ist. Man kann deshalb annehmen: der ideale Autobiograph wird ein großer Psychologe sein – begabt mit soviel Phantasie, daß er sein Leben als Illustration seiner Theorie von der Natur des Menschen abbilden kann.

Diese seltene Vereinigung von psychologischer Bewußtheit und poetischer Begabung, den individuellen Fall darzustellen, war im zwanzigsten Jahrhundert gegeben: in Freud. Nach seinen ersten Arbeiten schrieb Krafft-Ebing: »Es klingt wie ein wissenschaftliches Märchen.« Freud selbst fand, daß seine Krankengeschichten sich wie ›Novellen‹ lesen. Sein Gesamtwerk könnte man überschreiben: von der ›trockenen Phantastik der Wissenschaft‹ – eine Wendung, in der er die beiden Elemente seines Schaffens glücklich verschmolz. Wenige Jahre vor seinem Tod bezeichnete er in einem Brief an Einstein diese ›trockene Phantastik‹ als Merkmal jeder Wissenschaft. »Vielleicht haben Sie den Eindruck«, heißt es da, »unsere Theorien seien eine Art Mythologie, nicht einmal eine erfreuliche in diesem Fall. Aber läuft nicht jede Naturwissenschaft auf eine solche Art von Mythologie hinaus? Geht es Ihnen heute in der Physik anders?« Man hat in unseren Tagen die Methode der Philosophie ›vernünftige oder systematische Phantasie‹ genannt. Freud besaß sie in hohem Maße. Er wäre also der Mann gewesen, ein Selbst-Bildnis zu schaffen: durchsichtig wie noch keins gewesen ist zwischen Augustinus und Strindberg. Er hätte seine Psychologie in einem Fall, in seinem Fall, darstellen können. Daß er es nicht tat, ist einer seiner wesentlichsten Züge.

Der französische Philosoph Jean Wahl teilte mit, sein Freund Bergson habe testamentarisch jede Veröffentlichung aus dem Nachlaß – aus Vorlesungen, Vorträgen, Briefen – untersagt. Er wollte, daß die Welt ihn nur als Autor der für den Druck bestimmten Arbeiten kenne. Freud machte keine so scharfe Trennung zwischen Werk und Werkstätte. Aufs schroffste aber wehrte er der Welt den Zugang zum Werker. Bergson scheint nur ästhetische Bedenken gehabt zu haben. Der furchtlose Freud fürchtete nichts mehr als das Erkanntwerden. Der Schöpfer der indiskretesten Wissenschaft war, was sein eigenes Leben angeht, von einer geradezu aggressiven Diskretion.

Es ist nicht festzustellen, wieweit er sich selbst sein Leben erhellte von den Lichtquellen her, die er geschaffen hatte; dargestellt hat er das erhellte Leben nicht. Seine selbstbiographischen Skizzen und Bemerkungen verdienen nicht diesen Namen. Sie dürfen sich eher rühmen, durch Beschreibung (nicht seines Selbst, sondern) seiner wissenschaftlichen Probleme von diesem Selbst abgelenkt zu haben. Wie die Romantiker liebte er es, Bekenntnisse zu verschlüsseln. Aber hinter den Verschlüsselungen Kierkegaards verbargen sich wirkliche Geheimnisse. Hinter Freuds unkenntlich gemachten Offenbarungen stecken die harmlosesten Mitteilungen. Einige ›Deckerinnerungen‹ hat ein detektivisch begabter Forscher aufgedeckt. Was da zutage kam, waren die unverfänglichsten Angaben über Freuds frühe Jahre. Trat er selbst hervor, vor allem in der ›Traumdeutung‹, so sorgte er dafür, daß nicht mehr herauskam, als unbedingt nötig war, das Problem zu illustrieren. Manches geheimnisvolle Bis-hierhin-und-nichtweiter gibt zu verstehen, daß er es ablehnte, sich zu zeigen. Der offizielle Biograph, der englische Freund Ernest Jones, versichert: Freud zensurierte alle Informationen über sich viel strenger, als man gewöhnlich annimmt.

Man ziehe nicht den Schluß, er hätte weniger gewagt, wäre weniger aufrichtig gewesen als die klassischen Beichtkinder. Er hätte sich nur nicht mit Wahrheit und Dichtung begnügt. Auch war seine seltene Empfindlichkeit für wahr und nicht-wahr, seine Unfähigkeit, Täuschungen zu unterliegen, zu groß, als daß er sich à la Rousseau hätte pathetisch zieren können. Dem Fanatiker der Nüchternheit fehlte der Hang zum Exhibitionismus – dem größten Fälscher öffentlicher Beichten. Er hätte die ideale Konfession ablegen können. Aber das einmalige Zusammen von ungewöhnlicher Unfähigkeit zum Selbstbetrug und einer für einen Aufklärer ungewöhnlichen Schüchternheit vor dem, was seine Gesellschaft erwartete, verdarb die größte Chance, die es in der Geschichte der Selbst-Bildnerei gegeben hat: das Freud-Porträt Freuds.

Er war über alle Maßen scheu. Er vertrug nicht, daß man ihn anstarrte; auch deshalb saß er hinter dem Kopfende des Patienten. Er wollte eher noch einen ungünstigen Eindruck machen als etwas preisgeben von seinem persönlichsten Leben. Deshalb – und nur deshalb – kam für ihn nicht in Frage, sich analysieren zu lassen. Eine seiner Ausreden lautete: »Ich bin noch heute der Meinung, daß bei einem guten Träumer und nicht allzu abnormen Menschen die Selbstanalyse mit Hilfe der Traumdeutung genügen kann.« Ein anderes Mal entschuldigte er sich: alle Analytiker seien seine

Schüler; das hätte ihm unmöglich gemacht, in die Analyse zu gehen. Der Mann, der die Preisgabe des Verschwiegensten zum Fundament der Therapie machte, war selbst nicht bereit, sich preiszugeben.

Auch trug er schon früh Sorge, daß nur ein sehr zensuriertes Bild von ihm auf die Nachwelt kam. Als er neunundzwanzig war, schrieb er an die Braut: machen wir es meinen künftigen Biographen schwer! ›Ich habe alle Tagebücher der letzten vierzehn Jahre vernichtet. Soll jeder von ihnen glauben, er allein habe die richtige Vorstellung von der Entwicklung des Helden!‹

Diese fast gehässige Schadenfreude verrät Angst vor den Einbrechern in sein Privatleben. In den künftigen Biographen sah er bereits als junger Mann – Feinde, gegen die man beizeiten Maßnahmen zu ergreifen hat. Wer immer sich an ihn um persönliche Informationen wandte, erhielt eine unfreundliche Abfuhr. Da hieß es: das Publikum geht nichts an, wer ich bin; da ist nichts zu lernen, wenn ich nicht alles sage – und ich kann nicht alles sagen. Das war die Antwort an einen biographierenden Schüler. ›Selbstschutz‹ nannte Freud sein Motiv. Später dachte er, sich dem Unabwendbaren anpassend: wenn schon Eindringlinge – dann wenigstens lizensierte. Der Autor eines der besten Freud-Bücher wurde als ›ungebetener Biograph‹ gebrandmarkt... als ob es Biographie-Lizenzen gäbe. Und selbst der offizielle Ernest Jones, nach Freuds Tode von der Familie approbiert, wußte, daß der Meister ihm nicht einmal seine sehr zurückhaltende Darstellung gestattet hätte.

Freuds Abneigung gegen eine psychologische Obduktion wurde auch von den Erben respektiert. Sie halten unser Wissen von der Seele des großen Seelenforschers in sehr engen Grenzen; darin Nachfolger der Nietzsches und der Wagners. Fünfundzwanzighundert Familienbriefe, zum guten Teil Briefe, die Freud schrieb, sind ungedruckt. Fünfzehnhundert Liebesbriefe, neunhundert von Freud an die Verlobte, sechshundert von ihr an ihn, sind ungedruckt... und wieviel mehr an Freunde, an Schüler, an Fremde? Eine ›Geheime Chronik‹, welche die Brautleute gemeinsam verfaßten, ist ungedruckt. Alles dies stellte die Familie als einzigem dem englischen Analytiker Ernest Jones, einem der ältesten Schüler und Freunde Freuds, zur Verfügung; er machte davon nur sehr zurückhaltend Gebrauch. Jones, der das ganze ungeheure Material kennt – auch die vielen hundert Briefe an Abraham, Ferenczi, Jung –, Jones, der Eingeweihteste, ist im Sinne des Meisters nicht ein ›ungebetener‹, sondern ein gebetener Biograph. Er ist eingesetzt als der große Zensor; das verringert nicht den Respekt vor diesem hingebenden, durch Kenntnis, Fleiß und Sorgfalt ausgezeichneten Porträtisten.

Er ist besonders einsilbig, wenn er von Freuds Liebeserfahrungen spricht. Nietzsche sagte von Schopenhauer: die große Rolle, die er dem Eros zugewiesen habe, sei charakteristisch für das Lebensalter, in dem sein System entstand. Es ist keine Schlüsselloch-Neugierde, wenn man in allen Freud-Darstellungen die individuelle Geschichte jenes Triebs vermißt, dem er die Allmacht über das Leben (wenn auch nicht über den Tod) zugesprochen hat. Sein voreheliches Liebesleben wird von dem Eingeweihtesten in einem Paragraphen abgetan – mit der Versicherung, daß es keins gegeben habe; obwohl schon aus den spärlichen (als Zitate veröffentlichten) Briefen hervorgeht, daß er einer der stürmischsten Liebhaber gewesen sein muß. Der nicht ›ungebetene‹ Biograph schreibt: Freud schenkte dem andern Geschlecht wenig Beachtung, habe fast alles sublimiert. So ähnlich sagt's der Pfarrer auch. Über sein Eheleben, das doch, angesichts von sechs Kindern, offenbar konsumiert, nicht sublimiert worden ist, findet sich kein Wort. Man weiß nur, daß Freud der Tradition folgte: der Mann habe zu führen. Die amerikanische Frau hielt er für ein Unglück, weil sie an die Gleichheit der Geschlechter glaube. Der stärkste Ausdruck dieser männlichen Überheblichkeit war Freuds Erfindung des weiblichen Penis-Neids. Wie aber der Familienvater Frau und Töchter regierte, hat niemand beschrieben.

Denn die Freunde, die ihn abgemalt haben, sind ebenso verschwiegen – wie der Meister es nicht liebte, wenn das Thema nicht Sigmund Freud war. Als einer der ältesten Freudianer, einer der engsten Freunde, in einem Kreis von Analytikern gebeten wurde, den Liebhaber Freud darzustellen, lehnte er scheu ab; nachdem er einen Tag zuvor in breitester Öffentlichkeit die gewagtesten Mitteilungen aus seiner Praxis zum besten gegeben hatte. Diejenige Wissenschaft, die den Respekt vor dem Verhüllten mehr als irgendeine zerstört hat, respektiert unerbittlich das verschleierte Bild zu Wien. Übrigens würde wohl eine soziologische Untersuchung von Dichter-und-Denker-Bünden ergeben, daß die Freudianer sich zu dem Stern ihres Bundes nicht anders als andere Sekten zu ihrem Stifter verhalten.

Gegen seinen ausdrücklichen Willen wurde nach seinem Tod der Briefwechsel mit Doktor Fliess, der in andere Hände gekommen war, gedruckt. Freud hatte sich einer Veröffentlichung um so mehr widersetzt, als hier seine Selbst-Analyse publik gemacht würde. Dieses Dokument erschien also schließlich – aber zensuriert. Und wieweit hatte Freud bereits die Mitteilungen von seiner Selbst-Analyse zensuriert? Und wieweit war dieses Sich-Öffnen nicht auch das Gegenteil: ein Sich-Zudecken? Das wird die Frage sein, die immer wieder gestellt werden muß.

Im einundvierzigsten Jahr seines Lebens, im Sommer 1897, vivisezierte Freud sich selbst und teilte die Ergebnisse (oder einige?) dem einzigen Freunde mit, den er damals besaß. Hier und da verrät ein Satz, daß er ›etwas neurotisch‹ sei. Hier und da klagt er über Ängste, vor allem über die Furcht vor Eisenbahnfahrten. Einer ›kleinen Hysterie‹ wird Erwähnung getan. Viel findet er nicht. So ist er als Diagnostiker schwer geniert: »Es ist ja peinlich für den Medicus, der sich alle Stunden des Tages mit dem Verständnis der Neurosen quält, nicht zu wissen, ob er an einer logischen oder hypochondrischen Verstimmung leidet.« Das einzig Faßbare in diesen Klagen sind noch besagte Eisenbahnfahrten. Sie waren damals fünfzig Jahre alt – nur etwas älter als heute die Flüge. Heute sitzen die meisten im Zug, als könne nichts geschehen; während sie im Flugzeug immer noch an die Gefahr denken. Freuds Angst damals war nicht neurotisch; und unsere Angst heute ist auch nicht neurotisch.

Er öffnete in seiner Selbst-Analyse den Krankheitsherd mit Instrumenten, denen er vielleicht erst bei dieser Gelegenheit ihre Vollkommenheit gab. Seine Neurose – wie sie sich äußerte, wird nicht recht klar – stammt also von einem ›häßlichen, älteren, aber klugen Weib‹, das ihm viel vom lieben Gott und der Hölle erzählte und seine ›Lehrerin in sexuellen Dingen‹ gewesen war: sie hat ›geschimpft‹, wenn er sich ›ungeschickt‹ benahm, ›nichts gekonnt habe‹ – der Ursprung aller Ängste vor allem Nicht-Können. Zwischen zwei und zweieinhalb erwachte in Klein Sigmund *libido* ›gegen *matrem*‹, als er sie *›nudam‹* sah; im achtzehnten Jahrhundert sagten deutsche Männer (zum Beispiel: Mozart) auf französisch, was sie nicht deutsch hinschreiben mochten. Nun ist also der halbe *Oedipus-Komplex* da: erst der halbe; denn ›der Alte‹, schrieb Freud, spielte in seinem Fall ›keine aktive Rolle‹. Ein Schönheitsfehler übrigens, den der offizielle Biograph durch eine komplizierte Hilfskonstruktion zu reparieren suchte: um den Oedipus-Komplex für Freud und Freud für den Oedipus-Komplex zu retten.

In voller Pracht wird auf den Spuren der verlorenen Zeit wieder freigelegt: die Quelle des Schuldgefühls. Es entstand, als Sigmunds (ein Jahr alter) Bruder, den er ›mit bösen Wünschen und echter Kinder-Eifersucht begrüßt hatte‹, starb. Außerdem hatte er (im Verein mit einem anderen Jungen) ein um ein Jahr jüngeres Mädchen ›grausam‹ behandelt. Das war der doppelte Ursprung. Ursprung? Um sich ein erstes Mal schuldig zu fühlen, muß doch schon etwas da sein, was als ›Schuld‹ aktualisiert werden kann. So daß man vielleicht sagen darf: das erste Auftauchen ist weniger erforschenswert als diese seltsame Möglichkeit. Und war es überhaupt das erste Auftauchen? Und wäre (zum

Beispiel) das moderne umfassende Schuldgefühl der Privilegierten nicht da – ohne solche und ähnliche Präzedenzien in der Kindheit?

Man lernt aus diesem Briefwechsel (und auch später) nicht recht, wie sich diese fast vierzig Jahre zurückliegenden Ereignisse (falls sie stattgefunden haben sollten) im Laufe des Lebens auswirkten. Und wieweit beeinflußten diese Ausgrabungen (Freud liebte die damals hochaktuellen Vergleiche mit der Archäologie) das Leben des armen, jüdischen, glücklich verheirateten, mit Kindern gesegneten Privatdozenten für Nervenkrankheiten an der Universität Wien? Wieweit konnte ihre operative Entfernung aus dem Unbewußten sein Dasein ändern? Weshalb versetzte ihn der Rückblick in solch eine trübe Stimmung? Bekümmert schrieb er, angesichts der Gespenster, die er heraufbeschworen hatte: »Mancher Stolz und Vorzug wird seiner bescheidenen Herkunft inne.« Aber da er es uns nicht zeigt, ist schwer einzusehen, daß der großartige Bau seines Werks die ›bescheidene Herkunft‹ in einer häßlichen Kinderfrau gehabt hat. War er vielleicht traurig, daß er sein Dasein nicht, wie Augustin es konnte, auf einen Gott zurückzuführen vermochte?

Freuds Selbst-Analyse drängt den Leser zu der Frage: ob die Fixierung der Tiefen-Psychologie an die frühe Vergangenheit (gar an die Vorzeit der Menschen) nicht abgeklopft werden muß auf die Nebentöne. Vielleicht war sie eine Art des zeitgenössischen Historismus, des Grabens in Archiven und unter der Erde nach allen Vergangenheiten, die dann bei Freud als Verfallensein an die individuelle und generelle Frühgeschichte ausschlug. Der Historismus, eine Blüte und ein Symptom der Romantik, ist längst als Eskapismus entdeckt worden – so daß die analytische Präokkupation mit der Herkunft auch als Ablenkung, nicht nur als Hinlenkung gedeutet werden mag. Diese historisierende Überbetonung des Beginns kann sehr wohl auch verstanden werden als ›Widerstand‹ gegen eine Rechenschaft von der näheren Vergangenheit und der Gegenwart – die viel mehr sich sträuben, ins Licht des Bewußtseins gehoben zu werden als eine mehr oder weniger archaische Kinderfrau ... und übrigens auch als der ›Archetyp‹. In den Briefen, in denen soviel hergemacht wird von der nackten Mutter und der Lehrerin *in sexualibus* vor vier Jahrzehnten – wird nicht erwähnt (außer in Schlußformeln): die junge Dame, mit der er in junger Ehe lebt. War sie vielleicht ein von der alten Kinderfrau protegiertes Geheimnis? Die Funde der Selbst-Analyse unterscheiden sich in ihrer Generalität kaum von den vielen anderen wissenschaftlichen Mitteilungen, die in dieser Korrespondenz das Persönliche ganz an den Rand drängten; und haben wohl auch weniger die Funktion der Selbsterkenntnis gehabt – als der Selbstbestätigung vor der werdenden Theorie.

Schopenhauer sagte in aller Offenheit von seinem System: daß es wegen der ›allerersten Mitteilung eines noch nie dagewesenen Gedankens‹ nicht frei sein könne ›von den Spuren der Individualität, in welcher er zuerst sich erzeugte‹. Auch Freud setzte einen noch nie dagewesenen Gedanken in die Welt, der die Züge seines Erzeugers verrät. Seine Psychologie ist auch in seiner persönlichen Erfahrung verwurzelt: dem ›Widerstand‹ gegen das Licht der Welt. Mit Zähnen und

Klauen verteidigte er die Zugänge zu seinen Geheimnissen ... auch gegen das Eindringen des zudringlichen Freud. Deshalb fand er, daß seine Selbst-Analyse ›härter ist als irgendeine andere Analyse‹. Er sei sein Hauptpatient; der mache ihm mehr Scherereien als jeder Fremde. Es war viel schmerzloser für ihn, wenn der Nebenmensch ihm sein Innerstes preisgab; und Freud schloß von sich auf die andern: es müsse für sie ebenso schmerzvoll sein. Er entdeckte der Menschheit obstinate Tendenz zum Verheimlichen. Als er dreiunddreißig Jahre später die Frankfurter Goethe-Medaille erhielt, schilderte er einen Goethe, der nicht nur ein großer Enthüller, auch ein ›sorgsamer Verhüller‹ war. Freuds ›Widerstand‹ wurde zum Maß des Menschen.

Die Analyse ist eine Zumutung – das war es, was er vor allem fand, als er daran ging, sich selbst dieser Tortur zu unterziehen. Was preßt sie nicht aus dem Opfer heraus! Seine ›Mitteilungen betreffen das Intimste seines Seelenlebens, alles, was er als sozial selbständige Person verbergen muß, und in weiterem alles, was er als einheitliche Person sich selbst nicht eingestehen will‹. Dieser doppelte Widerstand war in Freud so unermeßlich stark, daß er ihn dem Grad und der Verbreitung nach für universal hielt. Er fragte nie: ist die Stärke des Widerstands nicht bestimmt von der sozialen Situation und der individuellen Art? Können manche Schichten sich's nicht eher leisten, sind manche Typen nicht eher geneigt, Verborgenes herauszulassen? Mancher ertrug es leicht, keine einheitliche Person zu sein – zum Beispiel Walt Whitman, der sagte: »Widerspreche ich mir? Gut, dann widerspreche ich mir.«

Freud gab in seiner Theorie vom ›Widerstand‹ ein vollendetes Selbstporträt. Man müßte für ihn ein neues Wort prägen: ein Wort-Pendant zum Exhibitionismus – der ihm so fremd war, dem er so wenig Beachtung schenkte.

Dieser Widerstand war um so grotesker, als er selbst höchst indiskret war und Geheimnisse ausplauderte. Außerdem hatte er einen *furor biographicus* – wie einer seiner Schüler die Leidenschaft nannte, in das Allerheiligste einzudringen. Im Interesse von Theorie und Heilung forderte Freud die äußerste Indiskretion – sobald es sich nicht um Freud handelte. Als Arzt und als Forscher war er angewiesen auf die intimsten Mitteilungen. ›Schade, daß man sich für's Intimste immer den Mund verschließt‹: er war keineswegs einverstanden mit der Diskretion – der andern. Er war unzufrieden mit einer Conrad Ferdinand Meyer-Biographie: weil der Verfasser entweder nichts Intimes wisse oder zu diskret sei, es mitzuteilen. Als ein Dostojewski-Kenner schrieb, er könne eine bestimmte Information über das Eheleben der Eltern des Dichters nicht bekanntgeben, kommentierte Freud sehr streng: »Biographik und Neurosenforschung können dieser Diskretion nicht zu Dank verpflichtet sein.« »Für gewöhnlich«, klagte der diskrete Freud, »erfahren wir ja, dank ihrer eigenen Diskretion und der Verlogenheit ihrer Biographen von unseren vorbildlichen großen Männern wenig Intimes.« Fiel ihm, als er sich so beschwerte, nicht der vorbildlich große Mann Sigmund Freud ein? Es ist nicht immer Verlogenheit gewesen, was die Millionen Biographien, die wir haben, so unlebendig machte; viel öfter ganz gewiß dieselbe Scheu, die Freud und seine Biographen in Bann schlug.

Diese Verschwiegenheit des Meisters und seiner Schüler über den personalen Ursprung der Psycho-Analyse – Kern der wesentlichsten Differenzen innerhalb der Bewegung – ist nicht in Einklang zu bringen mit einer Lehre, welche prinzipiell die konventionelle Scheidung zwischen Person und Werk zerstörte (zum Beispiel in Freuds Darstellung Leonardos, Goethes, Dostojewskis) – mehr als irgendeine Theorie vorher. Nur Nietzsche ist hier der große unbekannte Vorfahr gewesen. Er hatte in allen geistigen Schöpfungen vor allem den Schöpfer gesucht. Unter seinen nachgelassenen Schriften gibt es eine mit dem Titel ›Das Philosophenbuch‹. In jungen Jahren hatte er die Geschichte der Vorsokratiker zu schreiben geplant und damals angekündigt: »Ich will nur den Punkt aus jedem System herausheben, der ein Stück Persönlichkeit ist und zu jenem Unwiderleglichen, Undiskutierbaren gehört, das die Geschichte aufzubewahren hat.« Schon vorher hatte der Philologe Nietzsche sein Interesse an den Schöpfern der Philosophien gezeigt, als er die Quellen des Diogenes Laertius untersuchte, dem alle Nachrichten über die Lebensläufe der griechischen Denker zu danken sind. Es war nicht die Theorie, sondern das Subjekt, das Nietzsche für denkwürdig hielt ... oder vielmehr die Verwurzelung des Problems und seiner Lösung im Löser, im Erlöser. Die Analyse teilt mit Nietzsche dies Interesse für die Geburt der objektiven Kultur aus der subjektiven Not.

Es wäre Freud gewesen, der, dank seiner Leidenschaft des Eindringens, in rücksichtsloser Selbstdarstellung mehr hätte hineinleuchten können in sein Dasein, in die Grundlagen der Psychoanalyse, in das Motiv-Geflecht hinter wissenschaftlichem Denken und Philosophieren als irgendeiner – hätte nicht sein ›Widerstand‹ ein solches Ausmaß angenommen, daß er sich den größten Fall seines Lebens, der ihm zur öffentlichen Belehrung geschenkt worden war: den Fall Freud... hätte entgehen lassen.

Skepsis

Um ein Haus zu bauen, braucht man ein Gerüst. Man braucht ein Begriffsgerüst, um einen Menschen begrifflich nachzukonstruieren. Im Gegensatz zum Roman-Schriftsteller tut der Begriffs-Schriftsteller gut daran, die Hilfslinien sichtbar zu machen. Die beiden Koordinaten, die nun für eine Rekonstruktion verwendet werden, heißen: Skepsis und Vertrauen. Der Mann, der hier sehr kritisch verehrt wird, soll als eine einmalige Verschränkung dieser beiden Tendenzen gezeigt werden. Nie aber darf man vergessen, daß sie nicht in der isolierten Darstellung, nur in der gegenseitigen Durchdringung ihre Lebenswahrheit haben.

Eine Vokabel wie Skepsis wird skeptisch aufgenommen. Thomas Mann nennt solch ein Gebilde das »wohlfeile, abgenutzte und ungefähr über das Leben hinpfuschende Wort«. Aber dies wohlfeile Ungefähr ist nur ein Anfang – bestimmt, etwas zu werden. Als abstrakter Begriff ist Skepsis umgeben von einem Hof von Vorstellungen: Zurückhaltung, Vorsicht, Kritik, Resignation. Er wird weniger ungefähr, sobald man den Ursprüngen des skeptisch genannten Verhaltens nachgeht. Man wird in ihm immer die Folge eines geschwächten Vertrauens finden. Wenn man dann fragt: was schwächte es? so macht man aus einer Wort-Wolke ein genau umrissenes Wort.

Bevor der Versuch gemacht wird, diese schwierige Frage zu beantworten, soll die folgende sehr beredte kleine Geschichte ein Bild von diesem geschwächten Vertrauen vermitteln. Im Jahre 1902 hatte sich ein kleiner Kreis um Freud gebildet, die sogenannte Mittwochs-Gesellschaft. Man kam einmal wöchentlich beim Meister zusammen, um die gemeinsamen Probleme zu diskutieren. Da versandte er, zur Überraschung aller, im September 1907 einen Brief, in dem er vorschlug, diese Gesellschaft aufzulösen – und sofort neu zu konstituieren. Die Begründung war echtester Freud. Die menschlichen Beziehungen wandelten sich ständig. Was einer einem vor Jahren gewesen sei, bedeute er einem vielleicht nicht mehr. So wollen wir, schlug er vor, alle drei Jahre einem jeden die Freiheit geben, wegzubleiben – ohne den feindlichen Akt des Austritts vornehmen zu müssen. Und wahrscheinlich sah er gar nicht, wie sehr sein tiefes Mißtrauen, das man auf dem Gebiete des Intellekts ›Skepsis‹ nennt, in dieser Regelung zum Ausdruck kam. Woher stammte es?

Es ist nicht von der Hand zu weisen, daß Freuds Skepsis einen ihrer zahlreichen Ursprünge in der ebenso energischen wie unmütterlichen und häßlichen Kinderfrau gehabt hat. Allerdings bleibt eine solche Ätiologie recht vage, wo der Zusammenhang nicht konkreter nachgewiesen werden kann. Sehr wenig erfahren wir (in Freuds Fall wie in anderen Fällen), was vielleicht immer wesentlicher ist: wieweit die Kraft oder Schwäche seiner Augen, seiner Ohren, seiner Vitalität das Vertrauen in die Solidität seines Körpers, ein entscheidendes Vertrauen, geschwächt hat.

Hingegen wissen wir, daß er kein Vertrauen zu sich hatte, Menschen anzuziehen. Davon spricht er mit Leidenschaft; dieser Mangel hat ihn sehr beschäftigt. Er glaubte, eine schlechte Figur zu machen. Spätestens mit dreißig, wahrscheinlich viel früher, wurde er sich klar: die Natur hat ihn nicht mit jenem gewissen Etwas beschenkt, das einen den Menschen angenehm macht. Er sah zurück und stellte fest: nichts fehlte ihm mehr als gerade dieser Charme, um sein Leben rosig zu machen. Er hätte immer lange gebraucht, einen Freund zu gewinnen; zu Beginn hielte man nie viel von ihm. Das habe sein Leben sehr ungünstig beeinflußt.

Was steckte hinter diesem Mangel an Attraktion? Freud antwortete: meine Unjugendlichkeit. Und was steckte hinter dieser Unjugendlichkeit? Zweifel an seinen Fähigkeiten. Mit dreißig hielt er sich nicht für besonders talentiert, höchstens für einen Mann ohne größeres intellektuelles Manko. Und er war fast vierzig, Autor von vielen wichtigen Arbeiten, da hatte er immer noch keine übertriebene Vorstellung von seiner Unentbehrlichkeit. Hinter dem Ehrgeiz war aber wiederum der Trieb, mit Leistungen auszugleichen, was seine persönliche Wirkung nicht erreichen konnte. Er kam nicht darüber hinweg, daß man nicht lieb zu ihm war – die Liebe wurde in seinem Werk das Zentrum des lebenden Universums. Freud, so zurückhaltend mit privaten Mitteilungen, beklagte durch die Jahrzehnte, was man ihm angetan habe. Man hätte ihn einsam gemacht. Früh malt er sich als ›armen Einsiedler‹, eine Leere rund um sich; er sei so isoliert, daß man annehmen möchte, er habe die größten Wahrheiten entdeckt. Diese Einsamkeit war nicht romantischer Art. Sein Verhältnis zu Natur und Mensch war nicht gestört. Er war kein Fremdling, nicht zerfallen mit dem Dasein. Er war nur beruflich geächtet. Und es wurde fast ein Gesetz, daß er immer wieder von den Nächsten verlassen wurde. Freund Breuer lobte ihn öffentlich – und sagte unter vier Augen: »Ich glaube es ja doch nicht.« Freund Fliess war fünfzehn Jahre lang der Vertraute aller frühen Entdeckungen – und eröffnete ihm eines Tages: daß er alles nur für pure Einbildung halte. Nach 1900 war er völlig allein: in Wien gemieden, im Ausland übersehen, in den Zeitschriften übergangen. Er ist nicht hoffähig, nicht ordentlicher Professor; denn es ist nicht geheuer mit ihm. Das ist dem objektiven Geist egal, aber nicht dem subjektiven. Der Mensch lebt nicht vom Genie allein; er muß auch anerkannt werden. Sigmund Freuds achtzehnbändige Gesamtausgabe war noch nicht da, manchmal war ihm selbst nicht recht klar, ob er etwas Nennenswertes gefunden hatte ... und auch sonst gab es um die Jahrhundertwende, in seinem vierundvierzigsten Jahr, nicht allzuviel Freuden. Schwere Zigarren – er rauchte zwanzig am Tag – waren ihm untersagt, Alkohol bedeutete ihm nichts, mit dem Kindermachen war er durch (es ist nicht recht klar, wieweit diese Bemerkung geht) – und viele Bekannte hatte er nicht. Samstag abend spielte er Tarock, jeden zweiten Donnerstag war er bei den B'nai-B'rith-Brüdern. Beweglich klagt er über sein Los. Die Kiebitze aber machen es sich sehr einfach und sagen: ein großer Mann lebt von seiner Größe. Dieser große Mann wurde vergiftet von der Nichtanerkennung. Dreiundfünfzig Jahre alt, fühlte er sich immer noch in Europa geächtet; die Anerkennung, die er damals auf einer Amerikareise fand, tat ihm sehr wohl. In der aufgezwungenen Einsamkeit, im Abfall der Freunde, in der Feindseligkeit der Öffentlichkeit fand er den Anlaß für seinen immer stärker hervortretenden Mangel an ›intellektueller Nachgiebigkeit‹. Das aber ist erst ein Teilaspekt des alten griesgrämigen Freud.

Er hatte diese Entwicklung nicht vorausgesehen. Er hatte auf eine andere gehofft. Als junger Mensch hatte er argumentiert: ich werde schlecht behandelt; ich habe deshalb die Menschen zu fürchten. Aber wenn ich mir eines Tages eine unabhängige Position geschaffen habe, wird die Furcht wegfallen; ich werde mich nicht mehr zu schützen brauchen, ich werde zugänglicher werden. Diese Zukunftsperspektive entwickelte er mit Hilfe eines Analogieschlusses. In der Schule war er immer in Opposition zu den Lehrern. Sobald er aber Klassenprimus geworden war, legte sich sein Widerstand. Darauf baute er. Er war also nicht ohne Hoffnung, als er, in der Mitte seines Lebens, auf die Niederlagen zurückblickte. Er glaubte zu ahnen, wie sich alles glücklich wenden wird. Er wußte noch nicht, daß er niemals wieder Klassenprimus werden sollte; trotz seines weltweiten Ruhms erhielt er nie den Nobelpreis, das Äquivalent eines Klassenersten.

Der Achtzigjährige war noch ebenso unfreundlich, schroff, unzugänglich, wie es der Dreißigjährige von sich gesagt hatte. Damals sah er noch eine Umkehr voraus. Der Greis war ein vollendeter Menschenfeind, nachdem er (daneben) einer der größten Wohltäter der Menschheit geworden war. Die Geschichte der Verstockung, die kein Dichter mächtiger dargestellt hat als Gerhart Hauptmann, hat Freud selbst in hundert unscheinbaren Illustrationen bildhaft gemacht. Er registrierte alle Nadelstiche; noch die winzigsten waren wert, gebucht zu werden. Wenn er Schillers Geburtsort ›Marburg‹ nannte (statt Marbach), wenn er Hannibals Vater ›Hasdrubal‹ nannte (statt Hamilkar) – so fand man hier Beweise für die Unzuverlässigkeit seiner Theorien. Lud man ihn ein, in der ›Philosophischen Gesellschaft‹ seine Ideen vorzutragen, so erhielt er ein paar Stunden vor Beginn einen Rohrpostbrief: er möge doch unverfängliche Beispiele anführen und zeitig ankündigen, wenn er zu einem heiklen Punkt käme – dann eine Pause machen und den Damen die Möglichkeit geben, den Saal zu verlassen. Obwohl er Privates nicht mitzuteilen liebte, ließe sich immerhin eine detaillierte Geschichte ›die Welt gegen Freud‹ schreiben.

Heute ist es eine Quelle des Amüsements, daß im Jahre 1910 der Geheime Medizinalrat Professor Wilhelm Weygandt auf einem Hamburger Kongreß schrie – und mit der Faust aufs Podium schlug: Freuds Theorien gingen die Wissenschaft nichts an, sie seien vielmehr eine Angelegenheit der Polizei; seine Behandlung sei etwas wie eine Massage der Geschlechtsorgane. Und im selben Jahr ermutigte der Professor Oppenheim, auch auf einem Kongreß, seine Kollegen: jedes Institut zu boykottieren, das Freuds Ideen toleriere ... Zwei Jahre später enthüllte ein bekannter New Yorker Neurologe in der *New York Times*, daß

Freuds Theorien ihren Ursprung in dem unmoralischen Leben hätten, das er führte. Und der deutsch-amerikanische Professor Muensterberg hatte das überwältigende Argument: er hätte bei einem Patienten, der ein hysterisches Sichübergeben zeigte, als Grund festgestellt, daß der Mann eine heiße Kartoffel verschluckt habe. So suchte man die Neurosen-Lehre zu erledigen. Die Nachgeborenen haben gut lachen. Für den Märtyrer hingegen hatte es einige Folgen.

Die Folge war zum Beispiel, daß er es schließlich – in seiner unpathetischen, ›ermäßigten‹ Art – mit dem grollenden Achilleus aufnehmen konnte. Es ist fraglich, ob ihn so viele Jäger jagten, wie das Opfer sich vorstellte. Das Motto seines Lebens wurde: »Ich weiß, was ich mache, ist der Mehrzahl widerwärtig.« Er ging nicht so weit wie Schopenhauer, der aus sich eine Festung mit hochgezogener Brücke schuf: Freuds Leben war ebenso wie sein Werk ›ermäßigt‹. Aber auch er konnte im Jahre 1932 einem Bewunderer, der ihm mitteilte, er wolle ihn nicht belästigen, mit diesem einen Satz antworten: »Dank für Ihr freundliches Schreiben und Ihre Bereitschaft, auf einen Besuch zu verzichten.« Und als dieser Bewunderer ihn Jahre später dann doch sah und zum Abschied eine Photographie erbat, gestand der berühmte Europäer: »Sie werden es mir nicht glauben – aber ich habe keine.«

Man warf ihm vor: er sei »verbohrt, extrem, sehr sonderbar« – so wurde er es. Wie die Affekte, die im Traum ausgelöst werden, nicht verschwinden, auch wenn man gewahr wird: es war nur ein Traum ... so zergingen die Bitterkeiten eines langen Lebens – nicht bei Schopenhauer und nicht bei Freud vor dem späten Erfolg. Als er sechzig war, sagte der Erfolgreiche gekränkt: »Der Erfolg geht ohnedies nicht mit dem Verdienst.« Und als dem Fünfundsiebzigjährigen in ehrerbietigen Worten mitgeteilt wurde, daß ihm eine der höchsten deutschen Auszeichnungen, der Frankfurter Goethe-Preis, verliehen worden sei, antwortete er auf das kratzbürstigste: »Ich bin durch öffentliche Ehrungen nicht verwöhnt worden und habe mich darum so eingerichtet, daß ich solches entbehren konnte.«

Er hatte sich sehr schlecht eingerichtet: als Grobianus. Er meinte, Kulanz, im kaufmännischen Leben sehr geschätzt, sei im wissenschaftlichen Betrieb nicht recht angebracht. Aber seine ›Objektivität‹, seine ›Wissenschaftlichkeit‹ war doch zu oft nichts als rationalisierte Widerborstigkeit: wenn er etwa von dem ›zu Anfang so sehr verdienstvollen, später so verwahrlosten Stekel‹ schrieb; oder wenn er, in seinen letzten Jahren, einem Freund und Schüler des englischen Sexologen Havelock Ellis ins Gesicht schmetterte: bei diesem Mann stimme doch etwas nicht, wie käme er sonst zur Sexualwissenschaft.

Freud war kein Polemiker von Geblüt. Er liebte den Streit nicht. Er war, wie er schrieb, gegen Gladiatorenkämpfe zum Vergnügen des erlauchten Mobs, der sich anmaßte, über die wissenschaftlichen Ergebnisse des Forschers abzustimmen. In einer Zeit, da er den Destruktionstrieb noch nicht entdeckt hatte, heißt es: er habe sich nicht von der Wahrheit überzeugen können, daß der Streit der Vater aller Dinge sei. Wissenschaftliches ›Gezänk‹, das er bisweilen mit wissenschaftlichen Auseinandersetzungen identifizierte, war ihm verhaßt. Er trug keine Fehden aus; und beeinflußte die Seinen, nicht zu antworten. Seine Mahnung lautete: seid deutlich – aber kümmert euch nicht um die Wirkung! Nur ein einziges Mal in seinem Leben hat er einen Kritiker kritisiert. Er war aufrichtig genug, im literarischen Streit nichts als ein Abreagieren zu sehen. »Ich kann so gut wüten und schimpfen wie ein anderer«, schrieb er, »aber ich verstehe es nicht, die Äußerungen der zugrunde liegenden Affekte literaturhistorisch zu machen ... Darum ziehe ich die völlige Enthaltung vor.« Das war nicht richtig gesagt: er hätte sagen sollen: darum ziehe ich das unverkleidete Schimpfen vor. Er war gegen die Maskierung des Hasses in der Polemik. Er war innerhalb der deutschen Tradition dem Krakeeler Schopenhauer verwandter als den großen Florettfechtern Heine und Nietzsche; aber er krakeelte nicht öffentlich.

Er wurde nie mit den Wunden fertig, welche die Zeitgenossen ihm geschlagen, obwohl er doch in großartiger Sachlichkeit erkannte, was er den Mitmenschen angetan hatte. Er hat sie mit einer ungeheuren Kränkung herausgefordert. Nachdem Kopernikus der Menschen-Erde den zentralen Platz im Universum streitig gemacht, nachdem Darwin den Menschen des sechsten Tages entthront hatte, fügte ihm Freud, wie er stolz zu Protokoll gab, ›die dritte und empfindlichste Kränkung‹ seiner ›naiven Eigenliebe‹ zu – in der Entdeckung: daß dieses bevorzugte Geschöpf Gottes ›nicht einmal Herr im eigenen Hause‹ sei. Aber dies Bewußtsein von seiner historischen Mission war offenbar nicht stark genug, um ihn gegen die Stiche der ahnungslosen und dummdreisten Mücken des zwanzigsten Jahrhunderts zu schützen. Es war der zerstochene Freud, der im Fleisch über die Erde wandelte. Obwohl er verstand, weshalb die Psychoanalyse ›das Schlechteste in jedem Menschen zum Vorschein bringt‹ – mußte er übelnehmen. Er hätte an sich selbst studieren können, daß Klarheit über das Motiv einer Gereiztheit – sie noch nicht verschwinden läßt.

Diese Gereiztheit – nicht ein (angeblich) tyrannisches Temperament – wollte Schüler, nicht Kritiker. Er haßte den Widerspruch. Er entdeckte noch in der Anerkennung – den Widerstand. Zum Schluß brachte ihn noch in Zorn, daß man ihn ein ›Genie‹ titulierte; erst nenne man ihn so – und dann verwerfe man alle seine Einsichten. Man solle ihn nicht so hochtrabend klassifizieren, lieber sich seiner Autorität unterwerfen. Das Wort ›Autorität‹ hat in den verschiedensten Vokabularien einen verschiedenen Ton. Freud war so verwundet, daß er Erörterung und Angriff schon nicht mehr auseinanderhielt. Auch war er so wund, daß er Speichelleckerei und Höflichkeit verwechselte. Sie hätte nichts in der Psychoanalyse zu suchen! kommandierte er. Weshalb eigentlich nicht? Weil es ihn trieb zu brüskieren. Er mußte zurückschlagen. Seine Strenge verrät seine Niederlagen. Nie lächelte er wissend. Er war ein Weiser mit Zuchtrute. »Wer die Türe vom Wartezimmer zum Sprechzimmer des Arztes offenstehen läßt«, heißt es bei ihm, »der gehört zum Pöbel und verdient, unfreundlich empfangen zu werden.« Ihm genügte nicht die Einsicht, er mußte strafen. Der Entdecker der ›Sublimation‹ hat herzlich viel – nicht sublimiert.

Sehr persönliche und soziale Ohnmacht verstärkten, schwächten einander. In den biographischen Skizzen, die er Dichtern und bildenden Künstlern widmete, hat er ihre Gesellschaft nicht einmal erwähnt. Wahrscheinlich hat Freud die gesellschaftliche Wurzel seines Mißtrauens kaum beachtet. Nur das vage Wort ›Wien‹, Summe aller Widrigkeiten, die ihm hier zugestoßen waren, steht neben der Kinderfrau und seiner unattraktiven Natur als dritter Schuldiger da. Er lebte in dieser Stadt schon fast fünfzig Jahre, als er sich schließlich entschloß, ihr ›Bürger‹ zu werden. Die armen Heimaten! Was sie schon alles zu hören bekamen, wenn sich ihre an die Scholle gefesselten berühmten Söhne nicht wohl fühlten. Hölderlin schlug Deutschland, Mozart Salzburg, Schubert und Freud schlugen Wien. Er haßte diese Stadt mit einem geradezu persönlichen Haß – wie er noch unterstrich. Er fand in sich das genaue Gegenstück des Riesen *Antaeus*: wenn er, Freud, seine Füße vom Boden der Heimat höbe, fühle er neue Kraft. Das ferne, aufstrebende Berlin (das er nicht kannte) wurde zum Paradies. Wien aber war ihm die Stadt, in der er nichts galt. Als der Fiskus seine Steuererklärung anzweifelte, da doch sein Ruhm sogar ausländische, gut zahlende Patienten anzöge, antwortete der gekränkte Steuerzahler: »Ich stelle mit Vergnügen diese erste, offizielle Anerkennung fest, die meinem Werk in Österreich zuteil wird.« Er fand nur ein Haar in der Behauptung des Amtsschimmels, daß sein Name weit über die Grenzen Österreichs hinaus einen Klang habe; er korrigierte: an diesen Grenzen fange er erst zu klingen an.

Er wurde groß in den Jahren, in denen ein liberaler Jude zur zweiten Klasse gehörte, sowohl wegen seines Freisinns als auch wegen seiner Religion. Im Jahre 1895 wurden die Liberalen im dritten Wiener Wahlbezirk geschlagen: 46 zu 0. Der Führer der siegreichen Christlich-Sozialen, der Antisemit Doktor Karl Lueger, wurde Oberbürgermeister von Wien. Ein Jahr lang konnte Freud, der liberal gewählt hatte, den ›Simplizissimus‹ las und Zola verehrte, sich trösten, daß der Kaiser die Bestätigung zurückhielt. Dann war Lueger (Hitlers großer Vorgänger, der die verarmten Mittelschichten der aufblühenden Sozialdemokratie wegschnappte) der Herr Wiens – bis zu seinem Tod im Jahre 1910. Freud wurde bei Ernennungen zum Professor aus rassischen Gründen übergangen; die Fakultät schlug ihn vor, der Kultusminister ließ das Gesuch liegen. Freud, puritanisch, rechtschaffen bis zur Bockigkeit, beharrte lange bei der Kalenderweisheit: das Gute setzt sich von selber durch. Als es das dann nicht tat, kam er unter die Diktatur des ›Realitätsprinzips‹ und zur entgegengesetzten Maxime: das Gute setzt sich durch – wenn man kräftig nachhilft. »So beschloß ich denn«, schrieb er, »mit der strengen Tugend zu brechen ... von etwas muß man sein Heil erwarten können –, und wählte den Titel zum Heiland.« Er spannte einen ehemaligen Lehrer ein und eine gegenwärtige Patientin und wurde Professor Freud. Und identifizierte alle seine Plagen mit der Stadt, in der es dem Guten so sauer wurde, zu etwas zu kommen.

Er war nicht nur ein österreichischer Jude, der im Interesse seines Werks bedauerte, nicht ›Oberhuber‹ zu heißen, und der bereit war, für sein Werk einige Ungerechtigkeiten hinzunehmen – er war auch noch ein armer österreichischer Jude. Er stand nicht mit festen Füßen auf der Erde. Es ist viel von Armut die

Rede, später viel von Geld. Sein Geisteszustand, klagt der junge Ehemann, hänge sehr von seinen Einnahmen ab; es müsse sehr schwer sein, reich zu werden. Auch Reichtum wäre natürlich ein Schutz gegen den Mangel an Attraktion. Man wird sehr an Hebbel erinnert, wenn Freud seine ›Hungerphobie‹ auf die frühen Jahre zurückführt. Er vergleicht sich mit den wilden Pferden in den Pampas, die, einmal mit dem Lasso eingefangen, ihr Leben lang etwas Ängstliches behalten. So hätte ihn hilflose Armut getroffen; er behielt davon die Angst zu verhungern zurück. Diese ›Verarmungsphantasie‹ wurde (wie bei Hebbel) immer von neuem virulent. Die ›infantile Gefräßigkeit‹ kam wieder durch – gelegentlich der ›Mitgiftlosigkeit‹ seiner Frau. Und vielleicht ist (wie bei Hebbel) diese nie überwundene Angst vor der Armut eine starke Quelle seiner Abneigung gegen politische Umwälzungen gewesen. Hebbel zitterte während der achtundvierziger Revolution: er könnte aus seiner gesicherten Position wieder an den gefährdeten Anfang zurückgeworfen werden.

›Der ganze Mißmut des Wienertums‹, der in den drei Österreichern Schnitzler, Hofmannsthal und Freud einen starken Ausdruck erhalten hat, wurzelte wohl auch im Zerfall des Habsburger-Reichs. Aber war nicht auch Schopenhauer mißmutig und Kierkegaard und Nietzsche? Dieser Kleinmut, diese melancholische Skepsis war eine Schwäche, die auch Freud befallen hatte – und immer stärker wurde, je länger er lebte. Was war dem Jahrhundert geschehen? Es wußte zu viel.

Man ist gerade für diese so mächtige Schwäche blind, weil man von Bacon und Comte gelernt hat, Wissenschaft und Macht ohne viel Federlesen gleichzusetzen.

Jeder hört diesen Glaubenssatz auf der Schule; und in der Tat verdankt die Wissenschaft ihr enormes Renommee dem Vermögen, Macht zu schaffen. Von ihrem großen ›Vergeblich‹ wird weniger gesprochen, da niemand Interesse daran hat. Freuds gewaltige Skepsis wurzelte tief in diesem Vergeblich: »Das Reale wird immer unerkennbar bleiben«, war sein letztes Wort. Daß Wissen dieser Art schwächt, wird so leicht übersehen, weil Freud die wohltätige Herrschaft der menschlichen Vernunft über den blind umgetriebenen Menschen wesentlich erweitert hat. Seine Feinde aber vergaßen nie, wie sehr fortschreitendes Erkennen auch fortschreitende Erschütterung der Sicherheit ist; und rächten sich an ihm für das Gefühl der Ohnmacht, das er verstärkt hatte. Freud brachte viel Licht in die dunkelsten Bezirke; leuchtete aber auch Dunkelheiten an, die man nicht geahnt hatte. Er gehörte zu jenen großen Denkern, welche die Vorstellung von der Welt wahrer machten in der Herausarbeitung ihrer Rätselhaftigkeit.

Diese (aus so vielen Quellen genährte) Skepsis zeigte sich leuchtend in einem hervorstechenden Zug seiner Art: einer Bescheidenheit, die vielen verdeckt wird von seiner Schroffheit. Klopstock sagte von dem Bescheidenen: »Er sieht viel seltener auf die Höhen, die er schon überstiegen hat, herunter, als er nach denen heraufsieht, die er noch vor sich hat und die er vielleicht niemals völlig ersteigen kann.« Freud kam niemals zu Ende; sein Werk ist kein Gebäude, eher ein Fluß. Ironisch wandte er sich an die Schüler, die eine runde Sache wollten: es sei ihre Aufgabe, aus den Bausteinen, die er geschaffen, eine Harmonie herzustellen. Er ließ sich nie von der Sirenenstimme: alles paßt gut zueinander ... verlocken. Er war immer bereit, ›der leisen Stimme aufmerksam Gehör‹ zu ›schenken, die mir sagt, meine Erklärungen schlügen nicht ein‹. Wohl war er sehr widerspenstig gegen die Kritik seiner Kollegen und Schüler; wenn er entschieden hatte, war er unzugänglich. Aber er hatte sich die Entscheidung viel kosten lassen: »Es heißt demütig sein, seine Sympathien und Antipathien fein zurückzustellen, wenn man erfahren will, was in dieser Welt real ist.«

Er war nicht vom Stamme der großen Unzugänglichen, die der Welt Dogmen diktierten. Er hatte nie den Schopenhauer-Schwung, in dem ein Dreißigjähriger sofort und ein für allemal die ganze Wahrheit erflog. Freud zitierte gern Rückerts ›Makamen des Hariri‹: »Was man nicht erfliegen kann, muß man erhinken.« Bevor die Welt seine Theorien anzweifelte, verwarf er sie selbst. Er hatte manchen Verdacht gegen sich. Er ertappte sich auf dem Zusammenhang zwischen Theorie und persönlichem Interesse: Geld und Ruhm. Seine Briefe ähneln den Kantischen im Willen zur Rücksichtslosigkeit gegen den eigenen Bau. Beide reglementierten ihre Ideen nicht – und sind voll von Nicht-Zusammenstimmendem. Freud tat alles, um nicht in die Rolle eines dogmatischen Popanz gedrängt zu werden. In seinen ›Vorlesungen‹ stellte er die ›Unvollkommenheiten‹, die »notwendigerweise dem Unterricht in der Psycho-Analyse anhaften«, ins hellste Licht. In seiner ›Geschichte der analytischen Bewegung‹ erklärte er: die Psycho-Analyse habe »niemals beansprucht, eine vollständige Thesis des menschlichen Seelenlebens zu geben«. Er hielt es für überflüssig, daß

»eine Wissenschaft, die etwas zu bieten hat, um Gehör und Anhänger« wirbt. An der Theorie war er interessiert, nicht an der Blüte eines Erwerbszweigs. Der Skeptiker ließ diese Theorie in einem Zustand zurück, daß nur die Orthodoxesten unter den Seinen sich einbilden konnten: um die Kathedrale könne man Häuser bauen. Man kann nicht.

Die ordinären Simplifikateure schieben ihm immer noch die Äußerung zu, daß alle Träume sexuelle Bedeutung haben; und werden nicht schwankend vor seinem ausdrücklichen Widerspruch und seinen Hinweisen auf die »Bedürfnisse des Hungers, Durstes, der Sehnsucht nach Freiheit« als gleichwertige Ursprünge. Das Schlagwort vom Pansexualismus lebt üppig weiter, obwohl er (»bei dem gegenwärtigen Dunkel der Trieblehre«) hinter die Frage: ›ob alle und jede Organlust eine sexuelle genannt werden darf‹ – ein großes Fragezeichen setzte. Gegen tausend ebenso unsterbliche wie törichte Fälschungen stehe hier ein Satz aus der Schrift ›Jenseits des Lustprinzips‹: »Es bleibt mißlich, daß uns die Analyse bisher immer nur in den Stand gesetzt hat, libidinöse Triebe nachzuweisen. Den Schluß, daß es andere nicht gibt, möchten wir doch darum nicht mitmachen.« Und wieviel Vorsicht, Zurückhaltung, Selbstbescheidung vor den andern Lieblings-Ideen, die dann ohne Vorsicht, Zurückhaltung und Bescheidenheit zu Tode zitiert wurden. »Wir behaupten nicht«, heißt es, »daß jede vorkommende Fehlleistung sinnreich sei, wiewohl ich das für wahrscheinlich halte«; es »mögen Fälle mit rein physiologischer Begründung vorkommen«. Die Geschichte bringt immer wieder dieselbe Melodie hervor: Freud war kein Freudianer; sie waren, von ehrenvollen Ausnahmen abgesehen, nur das unvermeidliche Neben-Produkt.

Diese intellektuelle Sensibilität schuf das Vokabular des Skeptikers, in dem Worte wie ›vielleicht‹, ›möglicherweise‹ vorherrschen. Der Dogmatiker ist zu erkennen an der Abwesenheit solcher Schüchternheiten. Man sehe sich den Sprachgebrauch der verschiedenen Denker auf ihre Beziehung zu einem ›So ist es‹ an. Während der philosophische Papst den Leser festhält, vergißt Freud nie, ihn in Bewegung zu setzen. Er wird reichlich umgetrieben. Fiktive Opponenten werden eingeführt und dienen nicht nur einer dramatischen Belebung des diskursiven Stils. Man wird gezwungen, auf eine Gegenseite zu treten und Freuds Argumente von einem feindlichen Blickpunkt aus zu überschauen. Nicht selten gibt er sich selbst preis: »Es ist nicht angenehm, daran zu denken, aber es hilft nichts, es zu verleugnen, ich habe oftmals den Satz vertreten ... das kann ich also heute nicht mehr festhalten«. Den eisernen Griff des Systematikers, der erbarmungslos sein Opfer vom abstraktesten Primum Principium bis zum konkretesten Das-da durchschleust, hatte der Skeptiker nicht. Der sagte höchstens: »Diese Möglichkeit getraue ich mich mit Entschiedenheit abzuweisen.« Das ist so ziemlich die diktatorischste Wendung, die man hier finden kann. Häufiger heißt es: »Ich würde mich nicht wundern, wenn...« Oder: »Manchmal glaubt man zu erkennen... Es mag ein Irrtum sein, es ist schwer zu entscheiden.« Oder: »Ich will meinen Eifer ermäßigen und die Möglichkeit zugestehen, daß auch ich einer Illusion nachjage.« Man übersieht zu oft, daß es ein

Zeichen von Demut sein kann, ›Ich‹ zu sagen. Freud sagte sehr oft: Ich. Dogmatischere Wissenschaftler lieben es, unpersönlicher zu schreiben; was dann bedeutet, daß die Wahrheit persönlich die anonyme Feder führt.

Es sind die großen befreienden Skeptiker, mit denen sich eigentlich niemand recht befreunden kann, weil sie jeden in zuviel Freiheit stürzen. Freud ist gewiß auch der Schöpfer einer neuen medizinischen Disziplin und der erste Theoretiker einer neuen Seelenkunde gewesen. Seine größere Wirkung ging wohl von seiner Destruktion des Baufälligen aus. Wenn Priester, Theologen, Universitäts-Professoren und ihr populäres Echo, vor allem die gebildeten Zeitschriften für Ungebildete, so laut gegen ihn schreiben, so verraten sie eine Irritation, die nicht von seiner Neurosen-Lehre herrührt oder der Diagnose des Traums und der Fehlleistungen. Es waren nicht so sehr die Kranken wie die Gesunden und nicht so sehr die Wissenschaftler wie die Bürger, die so heftig protestierten. Es sind die Hüter alles ›Positiven‹: der verschiedenen Bibeln, Moral-Kodexe, Metaphysiken, die bis zu diesem Tage unter seinem Werke stöhnen. Und weil er nicht einmal im Negativen positiv war – nicht einmal ein Atheist oder Amoralist, kein Skeptiker auf Deubel komm raus ... kriegt er es sowohl von den westlichen Frommen wie von den östlichen Unfrommen und von allen dazwischen. Man kann nicht viel Staat mit ihm machen, in keiner großen und keiner kleinen Sekte: seine Behutsamkeit gibt keine Musik für Fanfaren her. Das ist sein Signum. Es ist alles ›*ermäßigt*‹: auf ein bescheidenes unpathetisches Maß herabgesetzt.

Zwar stammt seine Definition »Der Mensch ist ein

Wesen von schwacher Intelligenz, das von seinen Wünschen beherrscht wird«, offenbar aus einem Vademecum für Trübsinnige. Seine Schriften sind auch die Begleitmusik zum Ersten Weltkrieg und die Antizipationsmusik zum Zweiten – und ihr Motto lautet: »Wie für die Menschheit im ganzen, so ist für den einzelnen das Leben schwer zu ertragen.« Aber im Jahre 1917 sagte er, viel gelassener abdankend als der große Vorfahr: »Gegen Vorurteile kann man nichts tun; Sie sehen es ja jetzt wieder an den Vorurteilen, die eine Gruppe von kriegführenden Mächten gegen die andere entwickelt hat. Das Vernünftigste ist, man wartet und überläßt sie der Zeit, welche sie abnützt. Eines Tages denken dieselben Menschen über dieselben Dinge ganz anders als bisher; warum sie nicht schon früher so gedacht haben, bleibt ein dunkles Geheimnis.« Er wurde kein Über-Schopenhauer des zwanzigsten Jahrhunderts, obwohl die Zustände es wahrlich gerechtfertigt hätten. Er war auch gegen die Zuschwarz-Seher skeptisch. Er ließ sich nicht dazu hinreißen, nichts zu sehen als das gewaltige Trieb-Gebrodel – das er entdeckt hatte. Er erkannte ›die edlen Strebungen der menschlichen Natur‹ und verweilte ›bei dem Bösen im Menschen‹ nur deshalb mit ›stärkerem Nachdruck, weil die anderen es verleugnen‹. Der Schüler Reik war ihm viel zu pessimistisch. Freud war vor der Schöpfung Mensch – leise resigniert. Ein Aufstand gegen die Welt-Unordnung à la Prometheus oder Hiob oder Marx war ihm fremd. Er war aus ihrem Geschlecht, lebte aber, um das Freudsche Wort immer wieder zu gebrauchen, in den Tagen des ›ermäßigten‹ Anspruchs.

So sah er der Zukunft nur auf mittlerer Ebene entgegen, zwischen utopischem Enthusiasmus und greller Hoffnungslosigkeit. Er jubilierte nicht vorwärts; er war kein Vertröster auf kommende Seligkeiten: göttliche oder bolschewistische. Wie kaum ein anderer im ängstlichen zwanzigsten Jahrhundert hatte er den Mut zu sagen: »Ich beuge mich Ihrem Vorwurf, daß ich keinen Trost zu bringen weiß.« Solch ein Geständnis ist eine viel größere Trostlosigkeit als die Mitteilung: daß man in allen Höllen braten wird; er tröstete einen nicht einmal mit einem Alles-vergebens.

Er glaubte an eine bessere Zukunft – vielleicht; an eine bessere, die nicht allzu gut sein wird. »Der geheilte Nervöse«, schreibt er, »ist wirklich ein anderer Mensch geworden, im Grunde ist er aber natürlich derselbe.« Er stellte sich vor, daß man den Menschen kurieren kann – ohne ihn viel schöner zu machen. Wenn der Satz von der Heilung des Nervösen auf die Heilung der Menschheit übertragen wird, so könnte man ihn hoffnungsvoll sagen lassen: aus dem Menschen kann noch etwas werden ... und hoffnungslos hinzufügen: im Grunde wird er natürlich derselbe bleiben. Freud war ein sehr skeptischer Progressiver.

Er war der resigniertste Ratgeber in der weltgeschichtlich populärsten Frage: wie werde ich glücklich? Sie ist aus der Mode gekommen; das heißt: sie ist auf die Mode-Schriftsteller herabgekommen. Er gab dem Wort ›Glück‹ auf seine skeptische, etwas ungläubige und doch nicht ganz verzichtende Weise das Antlitz Freuds. Der leiseste, unbacchantischste, pflicht-bewußteste Epikureer ähnelte auch darin Schopenhauer, daß er ›das Endziel der seelischen Tätigkeit‹ vor allem im

›Streben ... nach Unlustvermeidung‹ sah. Doch redete er auch von ›Lustgewinn‹; und nirgends offenbarte er sich klarer als in der Schöpfung des vorsichtigen Glücks: »Wie der vorsichtige Kaufmann es vermeidet, sein ganzes Kapital an einer Stelle festzulegen, so wird vielleicht auch die Lebensweisheit raten, nicht alle Befriedigung von einer einzigen Strebung zu erwarten.« An welchen Stellen soll man investieren? Das ist »ein Problem der individuellen Libidoökonomie«; »ein jeder muß selbst versuchen, auf welche besondere Façon er selig werden kann.«

Freuds Façon war das wissenschaftliche Denken. Als er von einem Chirurgen hörte, der vor Gottes Thron einen vom Krebs zerfressenen Knochen anklagend vorzeigen wollte, meinte er: »Der entscheidende Vorwurf, den ich dem Allmächtigen machen würde: warum er mir kein besseres Gehirn gegeben?«

Vertrauen

Jede Skepsis erhält den individuellen Umriß von ihrer Grenze: wo ist ein Skeptiker nicht mehr skeptisch? Welches Vertrauen begrenzte Freuds Zweifel? Der Freund Josef Breuer entdeckte bereits, daß sich hinter dem scheuen jungen Mann ein ungewöhnlich kühner, furchtloser, zuversichtlicher Mensch verberge. Der fühlte sich ganz als Erbe jener Vorfahren, die den Tempel verteidigt hatten; er wußte, daß er sein Leben an eine große Sache setzen könne. Aus einer noch früheren Zeit, der ersten Eintragung in die ›Geheime Chronik‹, die er gemeinsam mit der Verlobten niederschrieb, stammt eine Äußerung über die Quelle seines Muts: die Liebe zur Wahrheit und das deutliche Gefühl für die Lebenswerte. Der Skeptiker zweifelte also – auf einer sehr soliden Grundlage von Vertrauen. Es war nur nicht so laut wie sein Mißtrauen.

Trotz aller Bedenklichkeiten, welche die wissenschaftliche Welt noch nährte, war immer er es, der vertrauensvoll attackierte. Die gefährlichste Attacke im Leben jedes Neuerers ist der Angriff auf die Autoritäten. Er war noch recht unbekannt, als er zum Thema ›Traum‹ die Erklärung abgab: daß das Werk eines sehr angesehenen deutschen Neuropathologen nicht mehr Beziehung zur Realität habe als etwa ›ein ägyptisches Traumbuch‹, wie es in unseren Volksbuchhandlungen verkauft wird. Die zweitgrößte Kühnheit eines Gelehrten ist die umfassende Behauptung, der man sicher ist – ohne sie schon beweisen zu können. »Man kann Leute nicht entbehren«, rechtfertigte er sich, »die den Mut haben, Neues zu denken, ehe sie es aufzeigen können.« Der Abenteurer ist unentbehrlich; wird aber immer erst anerkannt, wenn sich herausgestellt hat, daß er Amerika entdeckte. Wovon lebt er bis dahin? Woher nahm Freud seine Courage?

Seine Begabung schenkte ihm die Gewißheit, Epoche zu machen – eine erst kommende. Feierlich kündigte der Namenlose an, wenn ›ein neues Stück Erkenntnis geboren wurde‹. Seine besondere Fähigkeit fand er in einem ›Talent für Interpretieren‹. Die vertrauensseligsten Interpreten werden Philosophen genannt. Zwar ist er zu Beginn Physiologe gewesen, Neurologe, Arzt; noch in seine letzten Schriften spielen Kategorien biologischer Herkunft hinein. Aber ihn interessierte nicht so sehr die Natur als die Kultur, nicht so sehr die Naturwissenschaft als die Wissenschaft vom Innenleben. Er war auch ein Heiler. Das aber verdeckte nur, was er von Anbeginn an viel mehr war und von Jahrzehnt zu Jahrzehnt sichtbarer wurde: ein Philosoph. Sein Zeitgenosse Einstein begnügte sich, wie er versicherte, mit den Erscheinungen. Auch Freud erforschte vor allem ihr Klipp-Klapp; aber das Meta, das Dahinter, ließ ihm keine Ruhe.

Er war ein Philosoph – ohne das Vertrauen der großen Philosophen ... oder, wie er vielleicht sagen würde: nur mit einem ›ermäßigten‹ Vertrauen. Er war der leiseste, unpathetischste, unrethorischste Philosoph. Da er aber außerdem noch ein erklärter Feind aller Philosophie war, muß dieser neue Typus genau abgemalt werden. Schon ›in den Jugendjahren wurde das Bedürfnis, etwas von den Rätseln dieser Welt zu verstehen ... übermächtig‹. In den Briefen steht unmißverständlich: »Ich habe als junger Mensch keine andere Sehnsucht gekannt als die nach philosophischer Erkenntnis ... Therapeut bin ich wider Willen geworden.« Therapeut ist er wider Willen geblieben; diese Widerwilligkeit kam in der sarkastischen und nicht sehr gerechten Wendung durch, daß ihm zum Arzt ›die sadistische Disposition‹ fehle. Er war nie so sehr auf die Erklärung von Neurosen und Träumen und Fehlleistungen aus – die Themen der ersten Jahrzehnte, als auf sein ›Anfangsziel‹, das Ziel von allem Anfang her: ›Philosophie‹; »das wollte ich ursprünglich, als mir noch gar nicht klar war, wozu ich auf der Welt bin.« Immer noch, bis zu diesem Tag, steht seine Therapie im Vordergrund – in Nachahmungen, Erweiterungen,

Abweichungen täglich praktiziert; die tiefere und breitere Wirkung auf Anhänger und Feinde hatte seine Philosophie, sein Bild vom Menschen: die Zukunft einer Desillusion.

Es ist wohl aber dieser klare Denker so zwielichtig, sein Vertrauen so problematisch, weil sich in ihm die zwei Typen – ›Philosoph‹ und ›Wissenschaftler‹ genannt – so verwirrend kreuzten. Er war kein Philosoph nach dem Bilde, das die Geschichte geformt hat. Philosophen sind durch die Jahrhunderte von Philosophen gezeugt worden: Platon von Sokrates, Aristoteles von Platon, Fichte von Kant, Marx von Hegel, Nietzsche von Schopenhauer ... lauter fruchtbare Dissidenten. Freud war kein Fortsetzer, der abwich. Er hatte nie Philosophie gelernt. Von 1872 an brauchten Medizin-Studenten der Universität Wien nicht mehr philosophische Kollegs zu hören. Freud wohnte ein paar Brentano-Vorlesungen bei: über Logik, über Aristoteles – viel mehr hatte er mit der Tradition nicht zu tun. Er war kein studierter Denker. Erst seine Leser erzählten ihm dann, welchen großen Ideen der Vergangenheit er folgte, Havelock Ellis machte ihn darauf aufmerksam, daß schon Platon die Hysterie auf Sexualität zurückgeführt habe. ›Sehr spät im Leben‹ las er Schopenhauer – und war dann erstaunt, ›unversehens‹ in den ›Hafen‹ dieses Mannes eingelaufen zu sein. Ein verspäteter Schopenhauerianer entdeckte einen verfrühten Freudianer.

Die klassischen Philosophen spielten im Leben Freuds eine ähnliche Rolle wie die klassischen Dichter: nicht als Lehrmeister, sondern als Kronzeugen. Wenn er sie erwähnte, stellte er ihnen immer die Frage:

was hat Empedokles, Platon, die Mystik, Kant beigesteuert zur Analyse? »Der ›Eros‹ des Philosophen Platon«, fand er, »zeigt in seiner Herkunft, Leistung und Beziehung zur Geschlechtsliebe eine vollkommene Deckung mit der Liebeskraft, der Libido der Psychoanalyse.« Die Mystik definierte er als ›die dunkle Selbstwahrnehmung des Reichs außerhalb des Ich, des Es‹. Der Kantische Satz, daß Raum und Zeit notwendige Formen unseres Denkens sind, könne heute infolge gewisser psychoanalytischer Erkenntnisse einer Diskussion unterworfen werden. Die Philosophen waren als Bestätigungen angenehm. Öfter sah er in ihnen Verführer; er war immer auf der Hut. Im Zeitalter der militanten Wissenschaft, ein glühender Anhänger der ›Wissenschaftsreligion‹, bekämpfte er die Rasse der Metaphysiker. Lange mied er sogar Nietzsche, ›dessen Annahmen und Einsichten sich oft in der erstaunlichsten Weise mit den mühsamen Ergebnissen der Psychoanalyse decken‹. Das Mühsame gehörte zur Wissenschafts-Moral. Er beneidete den Poeten. Er beneidete ›die intuitiv gewonnenen Einsichten des Philosophen‹. Aber vielleicht nur so, wie Erwachsene Kinder beneiden; sie möchten nicht tauschen.

Als Professor Putnam von der Harvard University auf dem ersten Psychoanalytischen Kongreß seine Arbeit über ›Die Wichtigkeit der Philosophie für die weitere Entwicklung der Psychoanalyse‹ vorgelesen hatte, machte Freud die Bemerkung: Putnams Philosophie erinnert mich an ein dekoratives Schaustück; jeder bewundert es, niemand faßt es an. Und in der ›Selbstdarstellung‹ steht ein Satz, der jede Absicht, ihn als Philosophen darzustellen, zunichte zu machen scheint:

»Auch wo ich mich von der Beobachtung entfernte, habe ich die Annäherung an die eigentliche Philosophie sorgfältig vermieden.« Hätte er das am Ende seines Lebens wiederholen können? War nicht Empedokles, den er schließlich zum Zeugen für das ewige Duell zwischen Liebe und Tod aufrief, ›eigentliche Philosophie‹? War Aristophanes' Theorie der Liebe (in Platons ›Gastmahl‹), auf die Freud sich berief, nicht ›eigentliche Philosophie‹? Waren zentrale Ideen Kants und Schopenhauers, die er beifällig heranzog, nicht ›eigentliche Philosophie‹?

In Rechtfertigung seines Verdikts gegen die ›eigentliche Philosophie‹, auf die er dennoch immer aus war – und die immer ein mythisch dargestelltes Vertrauen ist ... schrieb er: »Konstitutionelle Unfähigkeit hat mir solche Enthaltung sehr erleichtert.« Enthaltung wovon? Vom System! Das System ist ein Schneckenhaus. Eine Psychologie des Systematikers, die noch nicht existiert, würde deutlich machen, wieviel Vertrauen Philosophen bezogen haben von dem Gehäuse, das sie produzierten, um nicht unter freiem Himmel leben zu müssen. Freud war schon illusionslos. Er ging nur sehr vorsichtig vor. Er begann mit einigen Theorien über die Hysterie, den Traum und das Versprechen. Das Begriffs-Geflecht wurde immer weiter, nahm immer mehr Seele, ja: immer mehr Leben auf; die Grenze zwischen dem Entwurf der Möglichkeit und dem Anspruch auf Wahrheit wurde nie überschritten. Aber je wahrscheinlicher und breiter sein Universum wurde, um so mehr wurde es ›eigentliche Philosophie‹.

Ihn trennte von der ›eigentlichen Philosophie‹ nur

ihr übermäßiger Anspruch. In einer Zeit, in der man noch immer munter, aber doch schon ohne die alte Naivität spekulierte – hinderte ihn eine ›konstitutionelle Unfähigkeit‹, welche nichts war als die Skepsis der nach-metaphysischen Ära, so sicher zu sein (oder sich so sicher zu gebärden), wie einst Aristoteles und Thomas und Spinoza und Hegel und schließlich noch Schopenhauer – vielleicht gewesen waren. Freud war ein nachgeborener, nicht mehr möglicher Metaphysiker. Er zitierte Faust mit dem stolzen »Zwar bin ich gescheiter als alle die Laffen« – aber auch mit dem kleinmütigen »und sehe, daß wir nichts wissen können«. Er resümierte das Lebensgefühl der Schnitzler und Hofmannsthal und Zweig mit dem Satz: »Das Leben ist bekanntlich sehr schwierig und sehr kompliziert, und es gibt viele Wege zum Zentralfriedhof« ... keinen Weg aber zu Gott und zur zeitlosen Wahrheit und zu einem wirksamen Trost. Seine ›konstitutionelle Unfähigkeit‹ zur ›eigentlichen Philosophie‹ war das Schicksal einer Menschheit, die schon zu viele Kinderglauben überlebt hatte.

Freud war ein Philosoph mit den alten Philosophen-Trieben ... und dem neuen schlechten Gewissen. Er klammerte sich an den einzelnen Fall, weil er so sehr der Spekulation verfallen war. Die strenge Disziplin, die er sich verordnete (wie Nietzsche sich die Philologie gegen die Musik verordnet hatte), war eine Buße für den ausschweifenden Denktrieb; und zugleich ein Zeichen des herabgeminderten Vertrauens. Zwischen den Polen Versuchsobjekt (Patient) und Begriffs-Phantasie fluktuierte sein Denken. Aber es hielt ihn immer weniger, je länger er lebte. Er hatte in beruhigender

Tuchfühlung mit der strammsten Wissenschaft begonnen. Von seinem Lehrer hatte er gelernt: die physikalisch-chemischen Kräfte regieren auch den Organismus; die Anwendung auf die Psychologie war der ›Satz von der Konstanz der Erregungssumme‹. Das war ›wissenschaftlich‹: mit diesem Wort hatte er sich beruhigt vor dem unzuverlässigen Kontinent Seele, der ihn anzog. Er hatte begonnen mit dem Helmholtz der Psyche, der Professor Brücke hieß – und endete mit einem Vorsokratiker und zwei Trieben, die griechische Namen erhielten, weil sie in der Mythologie der Hellenen eine große Rolle gespielt hatten. Dies uneingedämmte Philosophieren erlaubte er sich erst recht spät und nur in sehr kleinen Dosen und nur mit Bedenken.

So fragwürdig sind den Ahnen die Grund-Begriffe nicht gewesen. Aber diese Fragwürdigkeit war nicht mehr als ein retardierendes, dämpfendes Moment in Freuds recht erheblichem Vertrauen. Vertrauen worauf? Immer noch auf die ›Vernunft‹. Die berühmtesten deutschen Irrationalisten: Novalis, Schopenhauer, Nietzsche, Freud ... waren vor allem Anbeter der Vernunft. Das wird nicht bemerkt, weil die klassischen Aufklärer die dunklen Kontinente übersahen; seitdem scheint es zur Definition des Aufklärers zu gehören, das Dunkel ... zur Definition des Romantikers, die Helle des Bewußtseins zu ignorieren. Freud sah in das Dunkel, beschrieb es, maß es, fand es gewaltig und war ein Sonnen-Anbeter, ein Vernunft-Gläubiger. Er brachte Sonne in die Unterwelt, Logik in das ›Reich der Unlogik‹. Er bekannte eine einzige Religion: die ›Wissenschaftsreligion‹. Ihr erster Lehrsatz lautet: »Es gibt keine Instanz über der Vernunft.« Dies ist ein großartiger Satz, soweit er sich auf alle Schlupfwinkel der Leiden-schaffenden Unvernunft bezieht – nur soweit.

Jede Zeit hat ihr spezifisches Dunkel, das zu erhellen ist. Im Jahr 1898 gab es in Wien einen öffentlichen Dialog zwischen Maximilian Harden und Bismarcks Doktor Schweninger. Der Arzt machte sich lustig über die diagnostische Auswertung der Röntgenstrahlen. Auch verkündete er: die Tierärzte seien zu beneiden, weil ihre Patienten nicht sprächen. Das war in den Jahren, in denen Freud alles versuchte, die Patienten zum Sprechen zu bringen. Damals verkündete der berühmte Schweninger den leider unsterblichen Satz: »Dem Mutigen gehört die Welt, auch dem mutigen Kranken.« Inzwischen hat eine Reihe nicht nur mutiger, sondern geradezu übermütiger Kranker die Welt ruiniert. Freud, der die Schweninger-Veranstaltung nicht besuchte, nur angeekelt kommentierte, hatte den Aufklärer-Glauben: die Welt gehört den mutigen Ärzten. Mehr als zehn Jahre später schrieb er in einem Brief an Jung über die Pflicht, gegen Staat und Kirche zu kämpfen, wo sie Unrecht begehen.

Die harte Scheidung von Theorie und Praxis ist eine akademische Erfindung. Freud kam nicht im Laboratorium zur Welt, seine Wirkungen waren hier nicht zu Ende. »Zola hält uns in Atem«, schrieb er 1898. Die Wiener Antisemiten und die Neurosen und die Dreyfus-Affäre und ein kranker Zar und der Erste Weltkrieg stießen ihn darauf, daß manches geändert werden müsse. Gemäß seiner Profession sah er vor allem Geisteskranke; und dachte daran, die Welt in Ordnung zu bringen, indem er sie kurierte – zunächst einmal Nikolaus II. Als Graf Murawjew, der russische Außenminister, den in St. Petersburg akkreditierten Gesandten die Einladung des Zaren zu einer Friedenskonferenz überbrachte, bemerkte Freud, daß die Russen das Wort ›Frieden‹ benutzen, um die ›friedliche Teilung‹ Chinas zu verschleiern. Seine besondere Aufmerksamkeit erregte die revolutionäre Sprache der Proklamation. Würde eine demokratische Zeitung in Wien so sprechen wie der Herrscher in Moskau, sie würde sofort konfisziert werden. Würde ein Journalist in Rußland so schreiben wie dieser Zar, er würde in Sibirien enden. Der ›revolutionäre‹ Autokrat wird einen Krieg entfesseln – wenn man Freud nicht erlaubt, ihn zu heilen. Aus der Sprache dieses Friedens-Manifestes las er die verschlüsselte Manifestation eines aggressiven Patienten heraus ... Vierunddreißig Jahre später, 1932, in einem Brief an Einstein, macht er eine ähnliche Diagnose: »Auch die Bolschewisten hoffen, daß sie die menschliche Aggression zum Verschwinden bringen können ... Ich halte das für eine Illusion. Vorläufig sind sie auf das sorgfältigste bewaffnet und halten ihre Anhänger nicht zum mindesten durch den Haß gegen alle Außenstehenden zusammen.« Freud machte sich nicht mehr anheischig, diesen Patienten zu behandeln. Er hatte in einem langen Leben eine ganze Portion Hoffnung verloren.

Wie Marx war er ein heimlicher, verstohlener, verschämter Idealist, der eine Menge Vertrauen eingeschmuggelt hatte; naiv setzte der große kritische Kultur-Psychologe ›die wahren Werte des Lebens‹ gegen ›Macht, Erfolg, Reichtum‹. Marx war so selbstsicher (oder gab es vielleicht vor: ein intellektueller Vabanqueur?), daß er die riesigsten Opfer nicht scheute. Freud war von ängstlicherem Glauben; man soll die

Angst nicht übersehen – aber auch nicht den Glauben. Er war ›für die Zukunft der Menschheit optimistisch‹. Die Stimme der Vernunft sei leise, ruhe aber nicht, ehe sie sich Gehör verschaffe: am Ende, nach unzählig oft wiederholten Abweisungen, findet sie es doch. So ähnlich sagte es der Hegel auch – obwohl Freud nicht (wie der idealistische Lehrer und der ›materialistische‹ Schüler) die Endzeit schon hinter der nächsten Ecke erwartete. Ein Muster des ›ermäßigten‹ Vertrauens, mischte er in einem einzigen Satz Skepsis und Zuversicht: »Der Primat des Intellekts liegt gewiß in weiter, weiter, aber wahrscheinlich nicht in unendlicher Ferne.«

Unter dem ›Primat des Intellekts‹ stellte er sich etwas ganz Bestimmtes vor, etwa: Gesundheit, langes Leben, bescheidenen Komfort, friedliche Ko-Existenz ... und vertraute, daß er mit seiner Arbeit auf dem richtigen Wege dahin sei. Er war also auch ganz hübsch anspruchsvoll. Zwar war er ein bescheidener Schwärmer, der den ›Gott Logos‹ nicht für ›sehr allmächtig‹ hielt, aber immerhin, *à la longue*, doch für ganz einflußreich. An der Wurzel der Psychoanalyse ist ebenso wie an der Wurzel des Pragmatismus und des Marxismus – den drei als nihilistisch verschrienen Lehren – das traditionelle Vertrauen zu finden ... wenn auch schon recht verdünnt. Freud gehörte nicht (wie Kierkegaard, wie Nietzsche) zu den großen Radikalen des letzten Jahrhunderts. Auch seine Skepsis war ›ermäßigt‹. Er war ein Makkabäer – in der Zeit von Schnitzlers Anatol.

So hätte man das Bild von einem sehr zögernden Vertrauen, wenn nicht auch dies noch einmal korrigiert werden müßte. Man kann Neurosen heilen – aber es ist der Kulturprozeß, der jeden Tag von neuem und mehr die Voraussetzung für sie schafft. Man kann Aggressionen ablenken, indem man sie verinnerlicht; aber das fördere nicht gerade das Glück des einzelnen. Man kann einen jungen Mann, der onaniert, ein Mädchen, dessen Zärtlichkeit an Vater und Bruder gebunden ist, eine polygame Frau – in die lobenswerteste Richtung lenken ... doch sehe man die Menschen gerade dann oft erkranken, wenn sie ein Ideal erreichen wollen. Eros und Thanatos treiben ihr ewig zyklisches Spiel. Diese entmutigende Vorstellung – entmutigte ihn nicht. Freud ist ein neues Beispiel dafür, daß der Wille zum besseren Morgen nicht an ein verläßliches Übermorgen gebunden ist. Biographen von Homunculi nehmen an, daß man so nicht leben kann: als Skeptiker – und voll Vertrauen; als Fortschrittler – in der Vorstellung von der ewigen Wiederkehr des Auf und Ab; als kleinbürgerlicher prüder – Revolutionär. Man kann! Freuds Leben ist die beste Illustration. Er war ein Musterkind. Er war ein weiser Berater seiner Geschwister. Er war acht Jahre Klassen-Erster im Wiener Sperl-Gymnasium. Er hatte eine weniger aufgeregte Pubertät als die Mehrzahl der Menschen. Er zeugte zwischen 1887 und 1895 drei Söhne und drei Töchter. Er war ein guter Schläfer. Ganz im Sinne dieser untadeligen Vorgeschichte schreibt der große Biograph des Sexus: »Es ist nicht die Rede davon, daß der Rat, sich sexuell auszuleben, in der analytischen Therapie eine Rolle spielen könnte.« Es ist wirklich nicht die Rede davon. Eine andere Frage ist: liegt jener Rat nicht vielleicht in der Logik dieser Theorie – auch wenn nicht die Rede davon ist? Sollten deshalb nicht die (von allen abgeschüttelten)

Sekten die echten Erben sein, welche (wie schon der große Vorgänger Richard Wagner) in einer radikalen Revolution der Institutionen, die den Verkehr der Geschlechter dämmen, die entscheidende Umwälzung sehen? Freud würde diese schwärmenden Eroten abgeschüttelt haben. Es ist aber ein nicht genug zu bedenkendes Phänomen, daß die tiefsten schöpferischen Motive oft nur im Werk ... und auch dort vielleicht nur sehr leise erscheinen – nicht aber im Leben, von dem sie durch die stärksten Gegen-Motive ausgeschlossen wurden.

Dies Leben war von bürgerlichen Tabus gefesselt. Einst machte er mit Martha, seiner Verlobten, einen Spaziergang. Achtzehn Monate später kam er darauf zurück, daß sie beiseite gegangen sei, um sich die Strümpfe hochzuziehen; und entschuldigte sich für die Kühnheit, das zu erwähnen. Als sie ihm mitteilte, daß sie mit einer alten, kürzlich verheirateten Freundin eine Weile zusammenwohnen wolle, war er dagegen: die Freundin hatte bereits vor der Ehe mit ihrem Mann gelebt. So war er auch ängstlich bedacht, die Psychoanalyse frei zu halten von dem Verdacht des Konflikts mit bürgerlichen Verboten. Wenn sich ein abstinenter junger Mann zum illegitimen Verkehr entschließe und eine unbefriedigte Frau zum Ehebruch – Freud wusch immer seine Hände in Unschuld.

Das ist die eine Seite der Geschichte, die sehr sichtbare – nur verdeckt von dem Glanz libertinistischer Schlagworte. Aber die Schlagworte haben auch recht. Sie haben auf das, was bei ihm nur in sehr unauffälligen Äußerungen Wort geworden ist, ein Schlaglicht geworfen. Man muß sehr sorgfältig lesen – dann findet man plötzlich das Unerwartete: daß die Mucker, die ihn angreifen, mehr erspürt haben als die Respektablen, die ihn mit allen herrschenden Mächten biographisch und systematisch auszusöhnen suchen.

Auch Freud spielte mit dem Feuer, der zurückhaltendste aller Prometheusse. Er definierte die Sublimierung der ›Sexualbestrebung‹, die ›ihr auf Partiallust oder Fortpflanzungslust gerichtetes Ziel aufgibt‹; er hob diese Sublimierung in den Rang des Ideals – und malte dann sein ergreifendstes Selbstporträt in 22 schlichten Worten: »Wir heißen den Prozeß ›Sublimierung‹, wobei wir uns der allgemeinen Schätzung *fügen*, welche soziale Ziele höher stellt als die im Grunde selbstsüchtigen sexuellen.« Fügen! Nachgeben! Zugeständnisse machen! Wie sehr das ohne Begeisterung ist! Wie sehr das nach Resignation klingt! Dies Sich-›der-allgemeinen-Schätzung-Fügen‹ verrät, wie sehr er sich nur *fügte* bei der Erhöhung der Sublimation über den Trieb, der sozialen Ziele über die selbstsüchtigen sexuellen. Mit diesem leisen, ängstlichen, vorsichtigen, nur widerwillig konformistischen ›Fügen‹ gehört er in die Reihe jener protestierenden Protestanten des neunzehnten Jahrhunderts, die sich auflehnten – sowohl gegen den sogenannten objektiven Geist als auch gegen die (den einzelnen niederhaltende) Gruppe. Jene Männer waren laut. Er aber verriet sich nur in dem kaum hörbaren ›Fügen‹. Man hört diesen Seufzer nur selten im Werk Freuds – noch einmal in einem Konditionalsatz: »wenn man überhaupt für Wunschverzicht und Ergebung in das Schicksal plädiert«. Er plädierte – schweren Herzens; denn er wußte, auf wieviel Verzicht die Kultur aufgebaut ist.

Er propagierte den Verzicht. »Das Verbot der inzestuösen Objektwahl ist vielleicht die einschneidendste Verstümmelung, die das menschliche Liebesleben im Laufe der Zeiten erfahren hat« – und zugleich der Beginn des Kulturprozesses. Da er Leben und Liebesleben zu einem guten Teil gleichsetzte: was lag näher, als das ›Unbehagen‹ in der Kultur mit der Aufhebung der ›Verstümmelung‹ aufzuheben? Trat er dafür ein? Er rebellierte dagegen, daß man ›die Jugend mit so unrichtiger psychologischer Orientierung ins Leben entläßt‹ – ›als wenn man Leute, die auf eine Polarexpedition gehen, mit Sommerkleidern und Karten der oberitalienischen Seen ausrüsten würde‹. Was unternahm er dagegen? Wie alle deutschen Idealisten, von Kant bis zu Schopenhauer, war er groß im unerbittlichen Denken. Vor der Wirklichkeit benahmen sich alle diese Denker sehr ordentlich.

Kant forderte von einem angestellten Geistlichen, daß er als Angestellter lehre, was seine Vorgesetzten wollten – und als Gelehrter vielleicht das Gegenteil schriebe, wenn es ihm sein Gewissen gebot. Der kühne Nietzsche, in gleichem Schrecken vor der Anarchie, forderte in einer Zeit, die so zahme Auswege nicht mehr zuließ, gleich die Ordnung schaffende Lüge. Wie Kant und wie Nietzsche vor ihm suchte Freud die Wahrheit, die er erkannt hatte – unschädlich zu machen. Er war heimlich: für das Es gegen das Über-Ich ... und sprach sich sehr streng aus: für das Über-Ich gegen das Es; »Erstarkung des Über-Ich ist ein höchst wertvoller psychologischer Kulturbesitz.« Er war vom Stamme Rousseaus – und suchte nach Kräften, die Zivilisation zu kräftigen, die Natur zu denaturieren.

Beide Parteien haben deshalb recht: die, welche Freud nachsagen (lobend oder tadelnd), daß er die sexuelle Anarchie begünstigt habe – und die andern, welche Freud als konservativen, staatserhaltenden Bürger preisen oder schelten. Freud, der Bourgeois, ist sogar der erste große Anti-Freudianer gewesen ... Wegbereiter aller Ankläger gegen seine degradierende Theorie vom Menschen. Dieser Freud-feindliche Freud schrieb: »Ich kann dir kaum ausführen, was sich mir alles (ein neuer *Midas*) in Dreck auflöst. Es stimmt ganz zur Lehre vom innerlichen Stinken.« Sagen das nicht die Gegner seit eh und je, daß die Psychoanalyse es nur mit dem stinkenden Menschen zu tun hat?

So zeichnet man, je nachdem man das eine oder das andere zur Dominante macht, ein anderes Bild von diesem Mann. Er war nicht eindeutig – und deshalb der Wahrheit nicht so fern wie eindeutigere Zeitgenossen.

II.

Die Biographie von Jedermann

Die neue Kunde von der Seele

> »Menschen zu beschreiben, ist deswegen bis jetzt unmöglich gewesen, weil man nicht gewußt hat, was ein Mensch ist. Wenn man erst wissen wird, was ein Mensch ist, so wird man auch Individuen wahrhaft genetisch beschreiben können.« Novalis

> »In unseren Zeiten ist die Psychologie, die doch vor anderen das Recht hat, sich in der schäumenden Mannigfaltigkeit des Lebens zu berauschen, so mager und nüchtern wie ein Asket geworden.« Kierkegaard

Einmal hat einer zum ersten Mal ›Ich‹ erfahren und einmal zum ersten Mal das Ich im ›Körper‹ gesucht. Dies Ereignis war der Ursprung eines jahrtausendealten Herumratens: Wo lebt die Seele? Wie verhält sie sich zu ihrem Leichnam?

Die Geschichten der Psychologie registrieren das Herumraten. Ihre Motive sind vielfältig: eins, das kaum beachtet wird, ist narzißtischer Art. Der einzelne ist auch in die Menschheit verliebt und hält alles für aufhebenswert, was von ihrem Erdenweg Kunde gibt. So verzeichnet man, daß (nach hinduistischer Vorstellung) Weisheit und Güte im Hirn sitzen, Leidenschaften in der Brust, die sogenannten tierischen Instinkte im Unterleib. Oben und unten wurden vom Körper auf die

Wertskala projiziert – bis zu Schopenhauer, der nach alter Sitte verfuhr. Die jüngsten Aberglauben sind sehr ehrwürdige Greise; und der jüngste Fortschritt schreitet schon seit einigen Jahrtausenden fort. Hippokrates entheiligte bereits die ›Heilige Krankheit‹, die Epilepsie. »Mir scheint sie«, so hieß es bei ihm, »nicht göttlicher oder heiliger zu sein als andere Krankheiten; wie andere Störungen hat sie eine natürliche Ursache.« Hippokrates schrieb gegen die Scharlatane, geweihte und ungeweihte. Sie mögen nur das Gehirn aufmachen – und werden dort keinen Gott treffen, nur einen Verfall.

Können wir alles, was uns vertraut oder seltsam erscheint an den vielen alten Psychologien, mit den Schlüsseln Aberglauben und Aufklärung getrost entziffern? Wenn man in unseren Tagen liest, daß *Hannah*, die Mutter des Propheten *Samuel*, eine schwere Neurose hatte; daß *Saul* an Depressions-Zyklen litt; daß *Ezechiel* ein Koprophage war ... so vergesse man nicht die geheime Voraussetzung solcher Deutungen: die Seele zwischen *Adam* und Einstein habe sich nicht gewandelt, nur das Auge, das sie betrachtet. Es gäbe zwar eine Geschichte der Bestandsaufnahme, nicht des aufgenommenen Objekts. Vielleicht aber ist in jeder alten Psychologie mehr niedergelegt als Aberglaube und Aufklärung einer verflossenen Zeit: eine verstorbene Seele, deren man nicht habhaft werden kann. Die ›Veden‹, das ›Totenbuch‹, der ›Hiob‹, die ›homerischen Epen‹, die ›Merseburger Zaubersprüche‹ werden heute ›verstanden‹ – in der Zurechtmachung für den Hausgebrauch des zwanzigsten Jahrhunderts. Aber Kierkegaards Bild von *Abraham* ist mehr ein Selbstbildnis als eine ergründete Vergangenheit. Existentialistische, marxistische und psychoanalytische Interpretationen sind stets sowohl wahr als auch – naiv-robuste Entstellungen, die wegblenden, wozu sie keinen Zugang mehr haben. Versteht man Augustinus wirklich, wenn man seine Frage: wieviel Engel auf der Spitze einer Nadel Platz haben ... psychologisch oder soziologisch – ignoriert? Man muß also in Betracht ziehen, daß vergangene Erklärungen der Seele nicht nur unscharfe Abbildungen eines seit *Adam* Modell sitzenden, unveränderlichen Seelengebildes sind – sondern daß sie vielleicht auch Seelen abbildeten, die tot sind, unzugänglich. Daß immer schon Menschen gegessen, getrunken, Liebe gepflogen, sich gespreizt und einander totgeschlagen haben, verdeckt allzusehr, daß wir sie noch nicht verstehen, wenn wir sie vom Gemeinsamen her verstehen. Die tierische Erbschaft des Menschen scheint ewig zu sein. Hingegen sind die sogenannten ewigen Vorstellungen von Schicksal, Seele, Geist und Tod so vergänglich, daß eine spätere Zeit keinen rechten Zugang mehr hat.

Wieweit also die Neue Psychologie, die im neunzehnten Jahrhundert sich durchsetzte, den Moses richtiger sah als der biblische Autor, ist fraglich. Hervorragend porträtierte sie die Zeitgenossen, uns – auch wenn sich herausstellen sollte, daß sie die besonderen Züge einer begrenzten zeitgenössischen Schicht mit einzeichnete ins Bild. Diese Neue Psychologie war am Ende des vorigen Jahrhunderts neu – was die systematische Kodifizierung betraf. Freud zitierte mit Hingabe die poetischen Vorläufer. Aber die Einsichten der Dichter machen noch keine Psychologie; werden erst Einsichten – dank einer Lichtquelle, die nach rückwärts gerichtet wird, einer Theorie von der Seele. So hatte schon Schiller einen ›Linnaeus‹ gefordert, der ›nach Trieben und Neigungen klassifizierte‹. Man bemerkte diese Forderung erst, nachdem der Seelen-Linnaeus sein Werk geschaffen hatte.

Auch die psychologischen Aphoristiker von La Rochefoucauld bis zu Stendhal und Novalis hatten die Neue Psychologie, schufen sie aber nicht. Sie registrierten unzusammenhängende Beobachtungen, bei Gelegenheit der gestrigen Abendgesellschaft; sie erhärteten nicht Resultate in systematischem Zusammenhang. Unübertrefflich vivisezierten sie sich selbst auf frischer Tat: der siebzehnjährige Stendhal, der fünfundzwanzigjährige Novalis nach dem Tode seiner Braut. In Balzacs Roman ›Glanz und Elend der Kurtisanen‹ steht: »Man kennt eben die Lebenskräfte noch nicht in ihrem ganzen Ausmaße; sie stammen aus der Gewalt der Natur selber, und wir schöpfen sie aus uns unbekannten Reserven.« Solche Aperçus hingen glänzend in der Luft. Als dann aber Nietzsche fragte: »Wo sind die neuen Ärzte der Seele?« – waren sie schon auf dem Weg. Freud brachte die Ernte ein: als Theoretiker und Heiler. Wenn hier Freud gesagt wird, so sind immer auch die Sekten gemeint, die von ihm abzweigten. Sie machten seine Theorie geräumiger; das aber sollte niemand veranlassen zu übersehen, »daß alle wesentlichen Entdeckungen und Erkenntnisse der Psychoanalyse ausschließlich auf Freud zurückgehen« (Victor von Weizsäcker).

Man sieht das Neue am besten vor dem Hintergrund des Alten. Dies Alte – die spekulative, die rein deskriptive, die der Sinnesphysiologie verhaftete experimentelle Psychologie – repräsentierte noch mächtig, als das Neue schon in voller Blüte stand. Das ist die Regel. Freud erinnerte in den Tagen der Koryphäe Wundt, der das Unbewußte nicht anerkannte, an eine Stelle in Ariosts ›Orlando Furioso‹: dem Helden wird der Kopf abgeschnitten, aber in der Hitze des Gefechts merkt er es nicht und kämpft weiter. So lebte die Alte Psychologie laut weiter, noch so spät wie 1921. Damals erschien in einem repräsentativen wissenschaftlichen Verlag ein repräsentatives Werk, das von den angesehensten deutschen Philosophie-Professoren geschrieben worden war. Das Psychologie-Kapitel handelte von ›Gehirn und Seele‹, ›Wechselwirkung und Parallelismus‹, ›Wahrnehmung‹, ›Erinnerung‹, ›Sprache‹, ›Denken‹, ›Glaube‹, ›Religion‹, ›Kunst‹, ›Sittlichkeit‹. Es war verfaßt mit jener alexandrinisch-akademischen Gleichgültigkeit, mit jener überschauenden Gelehrsamkeit, mit jener konventionellen Katalogisierungs-Technik, die ebenso glücklich das Feuilletonistisch-Fesche vermied – wie die Neue Seele verfehlte. Von jener Psychologie hatte schon Novalis gesagt: »Sonderbar, daß das Innere des Menschen nur so dürftig betrachtet und so geistlos behandelt worden ist.«

In der akademischen Bestandsaufnahme von 1921 sind viele Psychologen versammelt, von Aristoteles bis Wundt – der fünfundsechzigjährige Freud existiert nicht, nicht einmal im Literaturverzeichnis. Die ganze Richtung existiert kaum: Charcot nicht, Bernheim nicht – von Binet ist in der Bibliographie das Buch ›*La Suggestibilité*‹ (1900), von Janet der (1889 erschienene) ›*L'Automatisme Psychologique*‹ erwähnt. Was das Neue an der Neuen Psychologie war, entdeckt man sofort, wenn man zusieht, wer hier nicht beachtet wurde. Schopenhauer hatte gewußt: die sogenannte Seele ist »keineswegs so unverfänglich wie die Psyche und *anima*, als welche Atem bedeuten«; die Menschen sind ›nicht als von vorne gezogen, sondern als von hinten getrieben‹ darzustellen. Schopenhauer, der große Ahn des Neuen, kam nur einmal vor. Man hängte ihm das Fachwort ›Voluntarismus‹ an. Um ganz deutlich zu machen, daß man sein Bild vom Menschen nicht verstand, nannte man seine Entdeckung des ›Willens‹ in einem Atem mit Kants und Fichtes Praktischer Vernunft – und verdeckte so sein Neues: die Unpraktische Vernunft, die Praktische Unvernunft. Nietzsche, der reichste, wenn auch unsystematischste Psychologe der Neuen Seele, wurde nicht ein einziges Mal erwähnt. Es liegt im Wesen des Akademischen, nur das Tote zu berücksichtigen; ganz sicher kann man nur dessen sein, das sich nicht mehr ändern kann. Der Bericht von 1921 war das Porträt einer Seele, die nicht mehr lebte.

Wie sah sie aus? ›Die letzten Elemente‹ des Seelenlebens, die hier registriert wurden, waren (erstens) ›Die Empfindungen‹, (zweitens) ›Die Vorstellungen‹ und (drittens) ›Die Gefühle‹, denen zweieinhalb Druckseiten gewidmet wurden gegen sieben für die nichtaffektiven Fakultäten. Wo blieben die Triebe? Wo blieb der Wille? Diese Fragen wurden mit einem schroffen, geradezu verräterischen Ukas beantwortet: »Als eine letzte Klasse seelischer Elemente ... Triebe und Willensakte zu nennen, besteht keine Veranlassung.« Weshalb nicht? »Außer Empfindungen, Lust- oder Unlustgefühlen, Vorstellungen ist nichts vorhanden.« Also veröffentlicht: 102 Jahre nach Erscheinen der ›Welt als Wille und

Vorstellung‹, 41 Jahre nach ›Menschliches, Allzumenschliches‹, 31 Jahre nach William James' ›*The Principles of Psychology*‹, 21 Jahre nach Freuds ›Traumdeutung‹, 14 Jahre nach Bergsons ›*Evolution Créatrice*‹. Die Triebe, die Willensakte figurierten in dieser Seelen-Inventur nur als Kombinationen von Vorstellungen und Gefühlen.

Die Alte Psychologie kannte nicht die ›Kloaken‹ der Seele, die Nietzsche aufgestöbert und Freud in die psychologische Landkarte eingetragen hatte. Das alte Inventar verzeichnete weder die Unterwelt noch den Himmel der Neuen Seele. Die alte Genügsamkeit zitierte beifällig Heraklits »Der Seele Grenzen kannst du nicht ausfinden, und ob du jegliche Straße abschrittest, so tiefen Grund hat sie« – und dispensierte sich davon, diesem ›tiefen Grund‹ sich zu nähern.

Platon und Aristoteles waren noch immer die Schutzheiligen dieser späten Akademiker. Die Seele besteht also aus zwei Teilen: dem vernünftigen und dem unvernünftigen. Es herrscht der vernünftige, sterbliche, seine Residenz ist das Gehirn. Der beherrschte unvernünftige sterbliche – die Quelle aller Lust, des Schmerzes, der Furcht und der Liebe – ist zweitrangig. Wahnsinn entsteht (nach Platon) aus der zeitweiligen oder dauernden Trennung der niederen Seele von der höheren. Die amtlichen deutschen Psychologen 1921 unterschieden sich von Platon und Aristoteles nicht in ihrer Abneigung gegen Gefühle und Triebe; höchstens darin, daß sie die Gefühle viel gefühlvoller präsentierten – und die Triebe ganz wegdiskutierten. Ein eindrucksvolles Selbst-Porträt des Bürgertums vor dem Ersten Weltkrieg.

Es sind vor allem Ärzte gewesen, von Hippokrates bis Galen, von Paracelsus bis Freud, denen die Psychologie zu Dank verpflichtet ist. Das hat seinen Sinn. Sehen und Werten stehen im innigsten Zusammenhang. Was man nicht mag, sieht man nicht so genau an – oder nur, wenn man gezwungen wird: zum Beispiel den Kranken. Der Arzt ist gezwungen, den Kranken sehr genau anzusehen. So sieht er manches, von dem sonst weggesehen wird.

Ein philosophierender Mediziner, Hans Much, Zeitgenosse Freuds, fand, daß es die Körperstörungen sind, welche das normale Funktionieren des Körpers erst so recht sichtbar machen. In diesem Sinne entdeckte Freud am Neurotiker – die gesunde Seele. Man hat den Umstand, daß er vom Kranken ausging, zum Argument gegen seine Lehre gemacht. Sein Weg war nicht die Ausnahme, sondern die Regel: bis zur Romantik, bis zu Nietzsche. Daß die neue Lehre von der Seele am Patienten gefunden wurde, macht sie nicht zu einer kranken Lehre; zeigt vielmehr, daß Peinliches nur gesehen wird, wenn ein Zwang zum Hinsehen da ist. Der Kranke drängte Freud die Psychologie auf, die der Gesunde erfolgreich kaschierte.

Die anonyme Versuchsperson des experimentellen Psychologen wandelte sich zum Patienten, einem Individuum. Das (1879 gegründete) Wundtsche Laboratorium, das einem Auge oder einem Ohr oder isolierten Assoziationen gewidmet war, verwandelte sich ins Ordinationszimmer, in dem man – mit Unamuno zu sprechen – den Menschen aus Fleisch und Blut vor sich hatte. Die Neue Psychologie hatte es nicht mehr mit parzellierten Seelenbezirken zu tun. Das Pathos Stirners, Kierkegaards, Nietzsches, Unamunos, die im einzelnen, in diesem siebzig Jahre währenden Perpetuum mobile, das A und O der Seelen-Kunde, der Seelen-Heilung, des Seelen-Heils sahen, lebte in der neuen Wissenschaft. Sie ist deshalb den Dichter-Psychologen so nahe: alle *dramatis personae* sind (mehr oder weniger) durchleuchtete – Fälle. Die Figuren der Dichter waren nie geschlechtslose Versuchsobjekte, synthetisiert aus ›Empfindungen‹, ›Vorstellungen‹ und ›Gefühlen‹. In Freuds Wendung zur Welt der Leidenschaften, von den Dichtern immer dargestellt, von den Wissenschaften immer stiefmütterlich behandelt, bekam der einzelne seinen Columbus. Die aber, welche diesen einzelnen nicht gebrauchen können, weil er die Manipulierung der Massen immer stört, verketzern die Neue Psychologie als ›bourgeois‹.

Das Neue ist also: Seelen sind mehr als zur Vorstellung abgeklärte, gefühlsbetonte Empfindungen. Die Seele ist mehr als eine Wiese, auf der drei so liebe Elfen wie Empfindungen, Vorstellungen und Gefühle (das gefühlvollste Wort für eine mächtige Wirklichkeit) im milden Licht der Sonne ihren Reigen tanzen. Das Neue ist: die Entdeckung jenes Drängens, das Schopenhauer noch unter dem konventionellen Wort ›Wille‹ ins Bewußtsein hob. Das Neue ist: die Eruption, die Dynamik, die Nietzsche mit dem mythologisch-dämonischen Wort ›Dionys‹ rief. Freud taufte Dionys um – auf den Namen: ›das Getriebe der seelischen Kräfte‹; er machte ihre dramatischen Zusammenstöße, ihren ›Bürgerkrieg‹ sichtbar. Das Reich der Dämonen registrierte er ganz undämonisch-nüchtern, unter dem zurückhaltenden Namen ›Es‹. Allein schon in der Wortgebung ist niedergelegt sein Verhältnis zu den Ahnen, die er übrigens noch nicht kannte, als er auf Abenteuer auszog; er war der unpathetischste, stillste, nüchternste Entdecker der Unterwelt.

Er fand nicht das ›Unbewußte‹, das kannte man schon vor ihm. Das kannte sein Lehrer Brentano, das kannte Eduard von Hartmann. Carl Gustav Carus (1789–1869) hatte geschrieben: »Der Schlüssel zur Erkenntnis des bewußten Seelenlebens liegt im Unbewußten...« Kierkegaard, der diesen Satz zitierte, fügte hinzu: »Aber was ist das für ein Schlüssel, wenn wir den Übergang vom Unbewußten zum Bewußten nicht erklären können.« Freud erklärte. Er studierte den Übergang, den Grenzverkehr – das Hin und Zurück. Er fand die Explosivstoffe, die im Unbewußten produziert werden und im Sichtbaren einschlagen. Er zertrümmerte das Atom ›Leidenschaft‹; nur daß mit dieser Zertrümmerung nicht neue Energien in die Welt gesetzt, sondern alte unter Kontrolle gebracht wurden.

Das Neue lag ganz bestimmt nicht in dem, worin man es gern sähe, um es bequem abzulehnen: in einer Darstellung der Seele als Mechanismus. La Mettrie und Hobbes waren darauf aus gewesen. Das war damals ein Schritt vorwärts, über die grassierende Vielgötterei in der Psychologie hinaus: als man der Dame ›Urteilskraft‹ riet, sie möge doch vor dem Herrn ›Witz‹ sehr auf der Hut sein. Der Psychologe Herbart hatte dann verkündet: »Die Gesetzmäßigkeit im Seelenleben gleicht vollkommen der am Sternenhimmel« – und Freud hätte gewiß nicht widersprochen; nur unter Gesetzmäßigkeit etwas anderes verstanden, nämlich die ›genetische Ableitung‹. Der von Freud verehrte Herbart wollte dem unsichtbaren Gestirn »durch Erwägung der Größen und durch Rechnung« beikommen; Freud ging andere Wege. Nie näherte er sich der Seele rechnend und messend. Und als sein Wiener Lehrer im Jahre 1894 einen ›Entwurf zu einer physiologischen Erklärung der psychischen Erscheinungen‹ veröffentlichte, hatte Freud bereits begonnen, in die entgegengesetzte Richtung zu gehen: die Psychologie von den Naturwissenschaften zu lösen.

Das Neue lag in seiner (nicht-metaphysischen) Frage nach ›einem Sinn‹. Im scheinbar Sinnlosen: in Träumen, Fehlleistungen, neurotischen Symptomen, primitiven Sitten ... deckte er den ›Sinn‹ auf. Die Seelenkunde ohne Kunde vom Sinn, den Behaviorismus, hielt er für eine ›Naivität‹. Im Jahre 1922 forderte ein junger Psychologe, Eduard Spranger, das Wort Psychologie solle wieder an die Wissenschaft vom Verstehen des Lebens zurückgegeben werden. Damals hatte Freud bereits ein Vierteljahrhundert lang diese Forderung erfüllt. Es hatte sich nur noch nicht bis zu den akademischen Kreisen herumgesprochen.

Das dramatische Leben

Das neue Verständnis schuf die neue Biographie von Jedermann.

Das alte Schema hieß: Lehrjahre – Wanderjahre – Meisterjahre. Zu Beginn: die Kindheit im individuellen Garten Eden; zu guter Letzt: die Reife des wallenden Patriarchenbartes. Das Leben: ein Weg zur Vollendung ... so sah sich Goethe noch, vielleicht nicht ohne Recht; eine Psychologie ist immer auch einer bestimmten Seele zugeordnet.

Die Neue Lehre schuf eine andere Biographie. Der neue Biograph war am stärksten interessiert an jenen frühen Jahren, denen ›Dichtung und Wahrheit‹ (zum Beispiel) nur wenige Absätze widmete. Freud studierte sie aufmerksam, verglich sie mit ähnlichen Berichten von Patienten – und holte aus einem einzigen Ereignis der Kindheit die ganze Lebensgeschichte Goethes heraus. Dasselbe versuchte er, als er Leonardo und Dostojewski zu entziffern unternahm. Er hätte zur Rechtfertigung dieser Praxis Goethe zitieren sollen: »Niemand meine, die ersten Eindrücke seiner Jugend verwinden zu können.«

Nach der alten Vorstellung beginnt der eigentliche Mensch mit den Jahren der geschlechtlichen Reife. Dann setzt ein Bildungsprozeß ein: das Hineinwachsen in die Gesellschaft, der Aufstieg in ihr, die Entfaltung der Anlagen. Begriffe wie Epoche, Nation, Klasse waren die Bausteine des Biographen. Das Allgemeine wurde individualisiert von Talent und Fleiß und Glück. Das Leben des Individuums vor dieser Entwicklung, in Anekdoten berichtet, war paradiesisch geschichtslos: »Wo Kinder sind, da ist ein goldenes Zeitalter.« (Novalis) Nach Freuds kopernikanischer Wendung wurde – übertrieben ausgedrückt – das Leben nach der Pubertät geschichtslos; die wesentliche Geschichte ist mit dem Erreichen der Mannbarkeit zu Ende. Das Schicksal des einzelnen wird zwischen zwei und fünf besiegelt. Was nach dieser ›Frühblüte‹ kommt, die restlichen fünfundsechzig Jahre, die Nachblüten, sind nicht viel mehr als (reiche orchestrierte) Variationen.

Die individuelle Prä-Historie wird lebendig. Diese mythische Ära (unter der Vorstellung vom Kinder-Paradies verborgen) tritt als ein sehr differenziertes, katastrophenträchtiges, folgenreiches Geschehen in Erscheinung. Und wie die großen Geschichts-Philosophen die Epochen der Menschheit voneinander scheiden – als drei oder vier oder fünf eigenartige Gebilde, so sah Freud in dem, was bisher nichts als eine kurze poetische Ouvertüre gewesen war, eine sehr klar zu beschreibende Himmel-und-Höllen-Fahrt in fünf Akten. Dies fünfaktige Drama hat als Helden die Geschichte einer individuellen Lust: Libido. Freuds Werk ist ein einziger Hymnus auf die Liebe; er meinte, von Shaws Werk werde nicht viel übrigbleiben, weil er sie nicht verstanden habe. Freud war ein Dithyrambiker des Eros – im Zeitalter der Biologie. Seine ›Liebe‹ führt von Jahr zu Jahr einen anderen Namen. Zuerst heißt sie ›polymorph‹, weil sie an keinen Teil des Körpers vorzugsweise gebunden ist; dann wird sie provinzieller. Sie lehnt sich an lokale Körper-Funktionen an und erhält ihren Namen von ihnen. Sie verbindet sich mit dem Saugen (und heißt deshalb: ›oral‹), mit dem Verdauen (und heißt deshalb: ›anal‹), mit den Erregungen des Phallus. Schließlich geht die Lust eine Bindung ein mit einem Exemplar des andern Geschlechts. Diese fünfte Lustbefriedigung, die ›genitale‹, wurde von Freud und seiner Gesellschaft mit hohen Ehren ausgezeichnet, zum Beispiel mit dem Prädikat ›gesund‹, ›normal‹, ›sozial‹. Der Biologe war auch ein Moralist.

Der Held ›Libido‹ wandert also von Platz zu Platz. Man könnte traurig denken, er kommt aus dem Paradies – und dann in beschränktere Verhältnisse. Freud weicht dieser Logik nicht durchaus aus; versichert aber auch, nichts wird aufgegeben, vielmehr wird eine Anarchie verwandelt in eine Hierarchie, mit der Fortpflanzungslust als Königin. Aber dieses frühe Erdenwallen der Lust hinterläßt einen zwiespältigen Eindruck. Der Biograph sympathisiert mit dem universalen Paradies des Babys ... und öffentlich noch mehr mit der Endphase, der Unterordnung aller Lüste unter die Monogamie. Schließlich scheint eben doch die Libido im Dienste der Rasse wichtiger zu sein als die zwecklose Lust des Individuums. Der zuverlässige Staatsbürger Schopenhauer entschied ganz genau so. Dies Schwanken zwischen einer leisen Neigung zu einem radikalen, energischen Epikureismus und der Bekundung bürgerlichen Stehens zum Primat der Selbsterhaltung des Menschengeschlechts – gibt dem Lebenslauf, wie Freud ihn sah, eine faszinierende Zweideutigkeit.

Für den einzelnen ist entscheidend, wie er durch die für die Lust vorgezeichneten fünf Stadien kommt. Er ist immer in Gefahr, kleben zu bleiben – wegen der ›Zähigkeit oder Klebrigkeit der Libido, die einmal von ihr besetzte Gebiete nicht gern verläßt‹; es ist übrigens nicht nur eine Eigentümlichkeit Freuds, daß man so oft im ungewissen ist, ob ein Ausdruck wörtlich zu nehmen ist oder metaphorisch. Eine ›ererbte Anlage‹ mag verhindern, daß es glatt vorwärtsgeht von Station zu Station. Freud hat das Vererbte nie ignoriert; nur sich dagegen verwahrt, ›wenn jemand über diesem Anspruch alle anderen vernachlässigt‹. Allerdings lag ihm mehr am Herzen die von ihm entdeckte, in der frühen Kindheit erworbene Disposition.

Sie wird erworben in der Zugehörigkeit des einzelnen

zur Familie. Die neue Biographie von Jedermann – mag er Dostojewski heißen oder keinen Namen haben – hat ihren Mittelpunkt in der biologisch-gesellschaftlichen Ur-Situation; in der Konstellation zwischen Jedermann, Mutter, Vater und Geschwistern. Sie sind die Sterne im Horoskop des einzelnen. Freud war ebenso Soziologe wie Biologe; seine psychologischen Grundbegriffe enthalten Relationen zwischen Menschen. Allerdings interessierte ihn an der Gruppe ›Familie‹ nur das Triebverhältnis: die Liebe zur Mutter, die Eifersucht auf den Vater (Oedipus-Komplex), die Angst vor dem Vater (Kastrations-Komplex), die Bewunderung des Vaters (Identifikation), die Rivalität mit Vater und Geschwistern – also der Wille zur Macht, den nicht erst Schüler Adler (frei nach Nietzsche) gefunden hat. Freuds nie geschriebene Utopie lautete: ein Leben allein mit der Mutter. Wenn er einmal des ›normalen Oedipus-Komplexes‹ gedenkt – so liegt in dem Wort ›normal‹ eine Resignation.

Freud entdeckte am kranken Menschen die Gesundheit – wie Marx an der kranken Gesellschaft. Utopie und Gesundheit, Moral und Gesundheit sind hier identisch. Krankheit hatte schon immer den Unterton von Verbrechen. Bei Luther heißt es: »Über das ist kein Zweifel, daß Pestilenz und Fiber und ander schwer Krankeyten nichts anderes sein, denn des Teufels Werke.« Nirgends aber rückten die Störungen des psychophysischen Individuums und die gesellschaftlichen Konflikte so eng zusammen wie bei Freud. Das fand seinen hellen Ausdruck in dem zwielichtigen Wort ›Perversion‹. Hier schwingt die moralisch-gesellschaftliche Verfehlung mit. Zwar definierte Freud sie als ein Kleben an nicht-erledigten Entwicklungs-Stadien oder als ›Regression‹. Er katalogisierte die Vielfalt ihres Vorkommens mit Linnäischer Ordnungsliebe. Kühl dozierte er: was allein dem Lustgewinn dient, wird mit dem nicht ehrenvollen Namen des ›Perversen‹ belegt und ›geächtet‹. Aber auch er – ächtete. Die Einsicht des Arztes verhinderte nicht die Verurteilung, die der Bürger aussprach: ein Herz und eine Seele mit Schopenhauer, dem er es an Abscheu vor Perversionen gleichtat.

Freuds Schema von den frühen Stadien ist glasklar – und schlimm getrübt von denen, die nicht hinsehen, aber urteilen. Man kann die Mißverständnisse (von den Mißbräuchen wird hier nicht gesprochen) zusammenbündeln unter dem Kennwort: die ihn tadeln, glauben, er leugne, wovon er kaum spricht. Er spricht kaum von der Vererbung – und leugnet sie nicht. Er spricht kaum von den nicht-sexuellen Trieben – und erkennt ihre Existenz an. »Ich kann nicht über alles sprechen«, verteidigte er sich ärgerlich. Er hatte recht. Nicht nur das Zeichnen ist (nach einem berühmten Wort) Weglassen; jedes Erkennen ist Weglassen. Wer Unbekanntes ins Licht stellen will, ist nicht geneigt, das Bekannte zu wiederholen.

Nichts aber ist ihm so sehr verdacht worden wie das Nichtbeachten der sozialen Faktoren, jenseits der Trieb-Situation. Im Zeitalter des Glaubens an die ›Soziologie‹, dessen erster Artikel lautet: am sechsten Tage schuf die Gesellschaft den Menschen ... in dieser Ära zeigt man mit Fingern auf einen Mann, weil er seine Patienten nicht fragte: war Ihr Herr Vater Sozialdemokrat? Wahrscheinlich war es so: zuerst beachtete Freud die soziale Determinante nicht, weil er gebannt auf das Neue blickte, das seinen Blick voll in Anspruch nahm. Später aber ignorierte er die gesellschaftlichen Elemente mit Absicht, weil er bereits erkannte, daß ein spezielles Trauma dem Arzt zugänglich ist – nicht aber die kranke Gesellschaft. Es war der Arzt Freud, nicht der Psychologe, der ablehnte einzubeziehen, was der Doktor nicht ändern kann ... zum Beispiel die Klassen-Gesellschaft.

Freud hat gesehen, was die Schicht, der Beruf für den einzelnen bedeuten. In seinem Bild vom Menschen waren sie nur untergeordnete Kräfte. Die herrschenden Mächte malte er in jenen beiden Tragödien, die verdienen, im großen klassischen Sinne als Schicksals-Tragödien bezeichnet zu werden. Nur daß er die *Moira*, die *Ananke*, das eherne Schicksal viel detaillierter porträtierte als Äschylos. Freud hat nicht die Lust, die Libido entdeckt – sondern ihre zwei gewaltigen Tragödien; die erste, engere, die der junge Freud beschrieb, wurde ein Teil der zweiten, weiteren, als der Horizont sich weitete. Im ersten Trauerspiel hat der Gegenspieler die Namen: ›Egoismus‹ und ›Über-Ich‹. Der Held aber heißt: ›Trieb‹, ›Sexualität‹, ›Libido‹, ›Es‹. Diese Namen haben nicht bei jedem Auftauchen dieselbe Aura. Aber es kommt doch immer wieder darauf hinaus, daß der Held ›Trieb‹, eine unpersönliche Gier, und sein Feind, das Ego, der Anwalt des Triebverzichts, den die Realität in ihrer materiellen oder gesellschaftlichen Form fordert (um der Selbstbehauptung willen) ..., daß diese beiden Urmächte aneinander geraten. Lust oder Leben – das ist die Frage. Die Epikureer aller Jahrhunderte haben sich den Kopf zerbrochen: wieviel soll man genießen, wieviel opfern?

Freud, dessen leise Ethik dem großen Epikur nicht unverwandt ist, entdeckte bei der Betrachtung des welthistorischen Duells: daß die besiegte Lust nicht aus der Welt herausgesiegt werden kann. Zwar verschwindet sie; aber nicht aus der Seele, nur aus dem Blick. Verdrängen ist noch nicht Zerstören. Diese Erkenntnis war der Beginn vieler großartiger Entdeckungen.

Es ist wie ein Kriminalroman. Der Detektiv fragt: Wo verbirgt sich der Verdrängte? Und es begann eine beispiellos systematische Verfolgung. Die Frage führte zu Plätzen, die der große ›Immoralist‹ Nietzsche (ungebührlich moralisierend) die ›Kloaken‹ der Seele genannt hatte. Hier hielt sich der Flüchtling auf, in seltsamer Verkleidung: ent-stellt, woanders hingestellt und außerdem noch maskiert. Diesem Vermummten kam Freud auf die Schliche; in den Symptomen der Neurotiker, in Träumen, in Fehlleistungen, ja: in den Religionen und im Mona-Lisa-Lächeln wurde er demaskiert. Wo aber hielt der Gesuchte sich auf, wenn er ohne Maske war? Dies Asyl nannte Freud das Unbewußte; ein gutes Wort, wenn es nichts anzeigt als die Erkenntnis, daß die Sphäre des Bewußten und des Paraten noch nicht alles ist.

Was Schopenhauer grämlich den ›Blinden Willen‹ genannt hatte, Nietzsche in verliebter Verzückung ›Leben‹, Bergson dynamisch-heiter *élan vital* ... nannte Freud in kühler Distanz: ›Es‹. Dies Gebilde faßte er nur mit der wissenschaftlichen Feuerzange an. Er wurde nie ein ausschweifender Dithyrambiker. Er wurde nie so intim mit dem sinnlosen Gewühl wie mit den sehr sinnvollen Zensoren, welche die Dämonen der Unterwelt nicht herauflassen wollten – oder doch nur stark denaturiert. Diese Grenzkontrolle, besser: diese kontinuierliche Grenz-Schlacht hatte niemand vor ihm gesichtet. Der vorfreudschen Psychologie zeigten ›die Gefühle der Lust an, daß die sie hervorrufenden Eindrücke oder deren Ursachen unter den gegenwärtigen Umständen dem Organismus oder seinen zunächst in Anspruch genommenen Organen angemessen und förderlich sind‹. Freud hatte den Kinderglauben an die große Eintracht nicht mehr. Er sah die Tragödie, die sich an der Grenze stündlich abspielt: die notwendige Niederhaltung der Giganten. Er war ein echter Tragödien-Dichter: für den Helden – und auch für seinen Untergang. Freud feierte den wachsenden Sieg der Zivilisation über das unterirdische Gesindel – und freute sich nicht zu sehr daran. Seine Ethik wurde ein Abglanz dieser Zwiespältigkeit: einer der pflichteifrigsten preußischen Wiener war – ein heimlicher Verkünder der Lust.

Dies also war das engere Trauerspiel. Je älter er wurde, um so mehr sah er dies kleinere (ganz hübsch gewaltige) Drama eingebettet in ein universaleres. Immer mehr näherte er sich seinem größten Ahn, Schopenhauer. Freuds Tragödie vom Leben und Sterben des Jedermann hat längere historische Wurzeln als Charcot und Breuer und Bernheim. Schopenhauer, der viele Motive der europäischen Romantik einzigartig verdichtete, hatte als ›letzte Elemente der Seele‹ nicht Empfindungen, Vorstellungen und Gefühle gefunden – sondern die beiden Dioskuren, die Freud dann, zwei Generationen später, Selbstbehauptung und Lust nannte. Schon Schopenhauer hatte sie verschmolzen: die Sexualität wurde zum Diener des Egoismus der Menschenrasse. Seine Theorie des Sich-Verliebens illustrierte dies: Hans, der sich in Grete vergaffe, und Grete, die von Hans nicht lassen könne, dienten ahnungslos dem ganz bestimmten Kind, das durch sie in die Welt wolle. Hegel hat solch einen Trick die ›List der Vernunft‹ genannt. Da Schopenhauer diese Göttin nicht kannte, wird man am besten die ähnliche Machenschaft, die er fand, als List der Unvernunft bezeichnen. Und ebenso teleologisch interpretierte Schopenhauer die Homosexualität: mit ihr verhindere die Natur unerwünschte Geburten. Freud ging, zögernder, den gleichen Weg; auch er einigte schließlich die Rivalen Egoismus und Sexualität im Begriff ›Eros‹.

Und der neue Gegenspieler? Was stellte Schopenhauer dem blinden ›Willen zum Leben‹, was stellte Freud dem ›Eros‹ als ebenbürtige Macht entgegen? Den Willen zum Tod. Nur im Ausgang dieser neuen Tragödie unterscheiden sich die Denker. Schopenhauer war gläubig genug, optimistisch genug, um das Passions-Spiel in einer Erlösung enden zu lassen: der Tod war der liebe Führer zum Nichts. Freud war weniger zuversichtlich. Seine Tragödie kennt kein gutes Ende. Er sah nicht wie ›Tristan‹ im Tod den Erlöser, sondern den Zerstörer. Er sah im Tode nicht eine ›selige Rückkehr‹ – sondern eine unselige, ins Anorganische. Freud bog ein in die Metaphysik der melancholischen Skepsis. ›Stirb und Werde‹ kann auch gelesen werden: Werde und Stirb. So wird das Leben des einzelnen zu einem Schlachtfeld, auf dem zwei Gegner-Paare ihre Kämpfe nie endgültig austragen: Egoismus und Trieb bilden, unbeschadet ihres Konflikts, die Allianz ›Eros‹ – gegen die Macht, die sie beide gefährdet: Haß, Aggression,

Tod. Vor Freud hatten Empedokles, auf den er sich beruft, und Zoroaster, auf den er sich nicht beruft, ähnlich das Universum entzweit; diese Entzweiung hat schon viele Namen gehabt, bis sie nun *Eros* und *Thanatos* heißt – bis nun der Tod ein biologisches Gewand erhielt: die Tendenz des Organischen, zurückzufallen ins Anorganische. Der alte Mythos, den der alte Freud auf seine Weise adoptierte, ist eine Chiffre, die besser als jede andere anzeigt, wie wenig christlich-idealistische Zuversicht er hatte – und wie sehr er trotzdem dem Leben zugetan war.

Freud hatte, solange er die Gegner nur in Lust und Notwendigkeit des Triebverzichts gesehen hatte, als guter Diplomat versucht, die beiden Großmächte an den Konferenztisch zu bringen, um einen Kompromiß auszuhandeln: auf der einen Seite Aufgabe der tyrannischen Unterdrückung; auf der andern weises Zurückstecken der Wünsche. Zwischen Liebe und Tod ist mit Diplomatie nichts mehr zu arrangieren. Wenn Freud trotzdem ein arbeitsreiches Leben und achtzehn Bände einsetzte: für Eros, für die Integrierung des Disparaten, für die Vernunft – so könnte man diesem leuchtendsten Paradox des zwanzigsten Jahrhunderts (analog dem *Credo quia absurdum*) die Formel schenken: ich strebe, obwohl es absurd ist.

Die vierte Dimension: Kultur

Zur Biographie des einzelnen gehört auch sein Leben in einem Reich, das von dieser Welt ist – und dennoch nicht wirklich wie Hand und Haus und Licht. Es wird

›Kultur‹ genannt; unter diesem einen Wort verbergen sich sehr verschiedene Vorstellungen.

Die herrschende ließe sich übersetzen mit: nichtmaterieller Luxus; und Luxus wäre ein Ausdruck für alles Nicht-Lebensnotwendige. Zwar ist es üblich, zu tun, als hielte man diese Kultur noch für etwas mehr. Aber in ihrer Separierung vom Ernst des Lebens erhält sie die Aura unverbindlicher Erfreulichkeit. Sie ist ein reizvoll bunter Schaum über dem Soliden; das wird allerdings weniger ausgesprochen als praktiziert.

Für jenen Teil der Kultur, welcher das Lebensnotwendige besorgt, Reales in anderes Reales umformt, haben die Deutschen den respektlosen Namen ›Zivilisation‹ reserviert. Die Unterscheidung zwischen *Kultur* und *Zivilisation* hat ihren Ursprung in der idealistischen Deutung des Geistes als Himmel auf Erden: von den Menschen erbaut – aber weniger zu menschlichem Ende als zur Ehre Gottes. Damit erhielt noch das Geistfernste Element der Kultur einen Heiligen-Schein. In der Vorrede zu seiner Komödie ›Vom König, der seinem Sohn Hochzeit machte‹ berichtete ein elsässischer Dramatiker des sechzehnten Jahrhunderts, daß zwölfjährige Jungens tausend Reime auswendig lernten – um den Herrn zu preisen.

Dieser Blick auf die Kultur war nie ein Blick auf den bedürftigen Menschen, der so großartig versuchte, mit sich fertig zu werden – und immer eine Huldigung an den fernen Schöpfer. Kultur wurde ausgelegt als ein grandioses Menschenopfer. In Hegel gipfelte diese priesterliche Ansicht. Die Kulturgeschichte wurde die Nachfolgerin der Theodizee. Die überlebensgroße Kultur stellte in den Schatten den kleinen einzelnen, der gerade gut genug war, an ihr zu bauen – wie der Sklave an der Pyramide; nicht zum Verbrauch, sondern zur Erhöhung eines Allmächtigen.

Die weniger theologischen Akademiker des zwanzigsten Jahrhunderts verzichteten dann vor lauter Zurückhaltung, dieser Kultur noch einen Sinn zu geben, weder einen göttlichen noch einen menschlichen. Eine Definition, die André Malraux verfertigt hat, mag die Vorsicht der Epigonen zeigen: Kultur sei ›die Verkörperung eines Wert-Systems; oder bescheidener, eine Übereinstimmung des Empfindens‹. Freud hingegen brachte das gigantische Abstraktum ›Kultur‹ wieder in Zusammenhang mit den Sorgen des Menschen, der sie erbaut hat. Er faßte in diesem Begriff zusammen alle menschlichen Leistungen über das Tierische hinaus; und charakterisierte sie in ihrer Funktion. Dabei fand er wieder, wie so oft, das grellste, das überhellste, das schlagendste Schlagwort.

Der kürzeste Name, den er dem lebenden Träger der Kultur gab, lautete: ›Prothesengott‹. In ›Gott‹ sollte ironisch der Größenwahn getroffen, in ›Prothese‹ ihr Nutzen bezeichnet werden. In dieser Sicht ist die ›Kultur‹ nicht mehr eine Theophanie – sondern die Summe aller der großartigen Auswege, die ein Triebwesen aus hoffnungslosen Situationen gefunden hat. In dieser Sicht wird kein feiner Unterschied statuiert zwischen dem Ackerbau – und den Büchern, Bildern und Symphonien. Eins ist so dringlich wie das andere. Deshalb erklärte Freud programmatisch: »Ich verschmähe es, Kultur und Zivilisation zu trennen.« Der Mensch hat den Boden bebaut – und sein Inneres: beides, weil er mußte. Ein solcher Blick auf die Kultur wird aus ihr nicht ein Über-Wesen machen; den objektiven Geist vielmehr ausspähen nach seinen vielen Ursprüngen im einzelnen, nach seinen vielen Leistungen für den einzelnen. So verliert die Kultur ihre übermenschliche Statur und zeigt sich als ein Produkt des Menschen für den Menschen.

Daß sie ein Geschöpf der ›Not‹ ist, wußte man schon immer. Sie entstand erst nach dem Paradies, infolge des Sündenfalls. In Kants geschichts-philosophischen Arbeiten wird schon wie später in Toynbees Werk die schöpferische Rolle des Mangels gepriesen. Freud bewegt sich ganz innerhalb der Tradition, wenn er diese sehr vage ›Not‹ zu präzisieren sucht. In der Präzisierung liegt sein Neues. Die ›Not‹ definiert er, eindeutiger: als Drang zur Erfüllung von Trieben, die nicht erfüllt werden können. Die Kultur ist die große Veranstaltung der Ersatzbefriedigungen. Damit wird sie nicht entwertet – auch wenn sie nicht mehr das Kleid Gottes ist. Sie erhält eine gewaltigere Bedeutung als in allen Anhimmelungen. Sie wird der herablassenden Einordnung als Luxus ein für allemal entzogen. Sie ist nicht, wie in idealistischer Sicht, ein Gotteshaus, in das man am siebenten Tag eintreten kann, sondern unentbehrlich in allen Stunden aller Tage. Niemand hat die Kultur mehr geehrt als Freud, der in ihr die Summe aller Notausgänge für alle Alltage sah.

Rousseau hatte die ›Natur‹ so vertrauensselig angeblickt, daß ihm die ›Kultur‹ ein Zersetzungsprozeß war. Freud zweifelte eher an dieser so gepriesenen ›Natur‹ und fand in der ›Kultur‹ das großartige Unternehmen, mit der natürlichen Gebrechlichkeit fertigzuwerden. Wie konnte das geschehen? Er hat es nie mit diesen Worten gesagt, aber man darf ihn wohl sagen lassen: den Menschen unterscheidet vom Tier sein Vermögen auszuweichen. Das Phänomen des Ausweichens trat ihm zuerst in den Symptomen der Neurotiker entgegen. An ihnen entdeckte er die menschliche Fähigkeit zur Ersatzbefriedigung. Sie stöberte er dann auch in vielen anderen Aktivitäten auf. Zurückblickend kann man zusammenfassen: er entdeckte immer neue Bezirke, die ihm zeigten, daß der Mensch ein Wesen ist, welches Auswege baut. Er hatte damit begonnen, einen einzigen zu untersuchen: die Hysterie, die Psychose ... und entdeckte das Imperium des Geistes. Geisteskrankheit ist nicht Geist; aber dieselbe Not brachte sie hervor.

Er zeichnete diese Lehre nicht als System auf. Er war kein Architekt. Die Stücke passen bisweilen nicht zueinander. Leuten, die sich darüber beschwerten, erwiderte er: er könne nicht mehr tun, sollen die Späteren Ordnung hineinbringen. Der zentrale Begriff, um den seine Kultur-Philosophie am besten zu ordnen wäre, erhielt den Namen ›Sublimation‹. Der Mensch ist ein Triebwesen, das – leider nur in wenigen Exemplaren – sublimieren kann ... so könnte seine philosophische Anthropologie (wie die Schopenhauers) in äußerster Kürze formuliert werden. Es ist wichtig, das mächtige Monument ›Sublimation‹ wegzuheben und nachzusehen, welches Problem unter ihm begraben liegt.

Freud spricht einmal von den Entbehrungen, welche Krankheiten schaffen – und von den Schutzmitteln gegen sie. Unter diesen schützenden Prozessen habe einer eine besondere kulturelle Bedeutung gewonnen. Er bestehe darin, daß das sexuelle Streben sein Ziel aufgebe und ein anderes annehme.

Was geschieht bei diesem Vorgang der Sublimierung? Die eigensüchtigen Triebe werden sozial nützlich und zugleich quasi-erfüllt, in der Phantasie erfüllt. Das Leiden, das vom Nein der Realität kommt, wird vermieden, da die Sublimation ›die Triebziele‹ solcher Art zu verlegen weiß, ›daß sie von der Versagung der Außenwelt nicht getroffen werden können‹. Die Dynamik des Triebs wird auf ein ausgetauschtes Ziel gelenkt, das ihm erreichbar ist. Diese Ablenkung ist zwar auch eine Entbehrung (reale Befriedigung wird nicht erreicht) – und insofern bedauerlich. Führt aber wenigstens zur Ersatzbefriedigung – und ist insofern erfreulich. In diesem sowohl Bedauerlich als Erfreulich wurzelt Freuds sehr zwielichtige Schätzung der Kultur.

Man hat also mit Hilfe der abgelenkten Triebe ein Reich aufgebaut, das ebenso als Flucht aus der Wirklichkeit wie als (bescheidene) Glückserfüllung dargestellt werden kann. Doch ist dieser neue monistische Versuch, zwischen Trieb und Geist zu vermitteln, indem man das sogenannte Göttliche aus dem sogenannten Niederen ableitet, nicht überzeugender als irgendein früherer. Die liebliche lateinische Vokabel *sublimatio* verdeckt reizend die große Kluft. Sublim heißt erhaben. Sublimieren heißt: erhöhen. Es heißt auch: verflüchtigen. Hugo von Hofmannsthal übersetzt ›sublimieren‹ mit: ›im Geiste auflösen‹. Vieles schwingt in diesem schönen Wort mit: die Erdenschwere wird zurückgelassen, die luftige Welt des Geistes wird erreicht. Mitschwingt in der ›Sublimation‹ auch der Prozeß des Umsetzens von Gröberem in Feineres. Das Rätsel der Umwandlung von Stofflichem in Nicht-Stoffliches, von

Irdischerem in Himmlischeres ist zwar nicht gelöst, aber mit einem glänzenden Laut ausgestattet.

Vielleicht trifft dieser Einwand nicht. Die Lehre, daß ›Kultur auf Triebverzicht‹ aufgebaut ist, will vielleicht nicht sagen, daß Kultur aus Triebverzicht erbaut ist. Aus einer Negation kann schließlich nichts geformt werden; das wäre gegen Freuds Geburt der Kultur aus dem unbefriedigten Trieb zu sagen – sollte er es so gemeint haben. Auf jeden Fall ist hier energischer als je der Versuch gemacht worden, die Reiche Natur und Kultur zu verbinden. Zwar schwebt immer noch die ›Kultur‹ philosophisch in der Luft, verbunden mit dem biologisch-psychologischen Trieb nur durch die Rätsel-trächtige Sublimation. Aber die Vitalität des Schaffens-Prozesses, seine Kraftquelle hat Freud hervorragend sichtbar gemacht.

Er war kein sonntäglicher Spaziergänger in den Gefilden der Kultur. Er siedelte sie mitten im Alltag an – als ein Reich, das es möglich macht, den Alltag zu ertragen. Er schätzte die Kultur-Reiche (Religion, Metaphysik, Kunst) je nach ihrer Kraft, Glück zu spenden: Ersatz-Glück. Er brachte das bei den Denkern in Ungnade gefallene, von den Massen-Schriftstellern verballhornte ›Glück‹ wieder zurück auf den Thron, der ihm zukommt – und scheute nicht einmal den weniger respektablen Namen ›Lust‹. Er lehrte: »Es ist das Programm des Lustprinzips, das den Lebenszweck setzt«; er fand den ›Lebenszweck‹ der Kultur. Er fragte: was die Menschen selber durch ihr Verhalten als Zweck und Absicht ihres Lebens erkennen lassen – und antwortete, gut epikureisch: »Sie streben nach dem Glück, sie wollen glücklich werden und so bleiben.« Können sie erreichen, was sie erstreben? Von Hiob bis Kant machte man sich Sorgen, ob sich ein allmächtiges Wesen um dieses Glück des einzelnen kümmere. Freud antwortete eindeutig, hart: »Die Absicht, daß der Mensch glücklich sei, ist im Plan der ›Schöpfung‹ nicht enthalten.« Die Kultur ist ins Dasein gezwungen worden, um das Harte gnädig zu mildern; nicht mehr als: mildern. Denn das Glück, das sie zu geben hat, ist zwar ›feiner und höher‹ als die ordinäre, unmittelbare Erfüllung – aber auch weniger aufwühlend.

Ausweichen und Trost, Flucht und stellvertretende Befriedigung sind die Kategorien, mit denen er die Gebilde der Kultur zu erfassen suchte. Das brachte alle auf, welche vorgaben, mehr geben zu können. Egon Friedell (zum Beispiel) – als witzig bekannt, weniger als frommer Phraseur – ließ seine sehr lesenswerte ›Kulturgeschichte der Neuzeit‹ in den ebenso hochtrabenden wie nichtssagenden Satz münden: »Das nächste Kapitel der europäischen Kulturgeschichte wird die Geschichte des Lichtes sein.« Solchen Propheten ist die Psychoanalyse ein Greuel: »sie verkündet den Ausbruch des Satansreichs.« So sehr überschätzen sie die, welche sie nicht schätzen.

Aber die Ahnungslosigkeit der Gegner darf die Freunde nicht freundlich verblenden. Freuds Unterscheidung zwischen gesundem Ausweichen und pathologischem, zwischen Hysterie und Sublimation gibt seinem Kultur-Bild, gibt seinem Menschen-Bild den fragwürdigen Charakter. Kunst und Wissenschaft werden für gesund erklärt – Religion, Metaphysik und eine utopische Politik für krank. Er hat Wichtiges gefunden auf diesem Wege. Aber diese recht primitive Rangordnung der großen Veranstaltungen zur Erreichung von Trost und Glück ist doch eine sehr persönliche Mischung von Einsichten, Vorurteilen und Eigensinn. Leider sind Vorurteile und Eigensinn mehr debattiert worden als das Wissen, das sie nur verdecken ... und das der große Vorläufer Nietzsche aphoristisch-beiläufig präludierte, zum Beispiel in dem Satz: »Grad und Art der Geschlechtlichkeit eines Menschen reicht bis in die letzten Gipfel des Geistes hinauf.« Entgeistert steht man vor dieser Vitalisierung des Geistes. Als wäre er zu heilig, um mit dem Leben in Berührung zu treten.

Freud widmete viele Arbeiten der Religion, einige der Kunst, nicht mehr als Absätze der Metaphysik; und nur wenige Sätze verraten, daß ›auch die wissenschaftliche Tätigkeit‹ eine trostvolle Ablenkung ist. Man könnte aber seine Philosophie der Kultur überschreiben: von den Wegen, Umwegen und Irrwegen zum (›ermäßigten‹) Genuß des Daseins.

III.

Die Zukunft einer Desillusion

Der Mensch und sein Gott

> »*Von der Psychoanalyse braucht man nicht zu besorgen, daß sie versucht sein werde, etwas so Kompliziertes wie die Religion aus einem einzigen Ursprung abzuleiten.*«
> Freud

> »*Wenn der Wanderer in der Dunkelheit singt, verleugnet er seine Ängstlichkeit, aber er sieht darum nicht heller.*« Freud

Im Jahre 1927 veröffentlichte der deutsch-amerikanische Journalist G. S. Viereck ein Interview mit Freud. In ihm bekannte der Gelehrte seinen ›Mangel an religiöser Gläubigkeit‹ und seine ›Gleichgültigkeit gegen eine Fortdauer nach dem Tode‹. Diese Konfession hatte ein lärmendes Echo.

Ein amerikanischer Arzt, der sie las, ›ein wohlwollender Kollege‹, wie er sich nannte, nahm sich des ungläubigen, gleichgültigen Doktor Freud an und suchte ihn zu bekehren. Zu diesem Behufe erzählte er, wie er selbst einst bekehrt worden sei. Sein religiöses Erlebnis hatte in jenem Jahr stattgefunden, in dem er seine medizinischen Studien vollendete. Er hielt sich im Seziersaal auf, als die Leiche einer alten Frau hereingetragen und auf den Tisch gelegt wurde. Sie hatte ein so liebes, entzückendes Gesicht, daß sie ihm einen tiefen Eindruck machte. Da blitzte der Gedanke auf:

Nein, es gibt keinen Gott; gäbe es einen, so würde er nicht gestattet haben, daß eine so gute Alte hier endet. Am Nachmittag, zu Haus, beschloß er, nie wieder in eine Kirche zu gehen; schon vorher hatte er an den Lehren des Christentums gezweifelt. Da sei die Erleuchtung gekommen. Eine Stimme in seiner Seele, die Stimme des Herrn, machte ihm klar, daß die Bibel von Gott stamme, daß alles, was sie über Jesus Christus lehre, wahr sei, daß der Heiland ›unsere einzige Hoffnung‹ ist ...

Dies also ist der eine Weg, zu Gott zu gelangen; man geht von ihm aus. Dann zeigt er sich – unmittelbar, zum Beispiel als Stimme oder im Universum oder in den Worten der Erwählten oder in der Heiligen Schrift. Die Frage: wer oder was sich da zeigt, wird nicht gestellt – aber beantwortet. Der Gottesbeweis setzt Gott voraus. Der große, klare Mystiker des dreizehnten Jahrhunderts war viel zurückhaltender; er hatte nie ein solch eindeutiges Erlebnis wie Freuds Kollege. Meister Eckhart suchte Gott und fand: daß, was immer er fand – nicht Gott war. Zwischen Freud und ihm besteht vollkommene Harmonie. Wohingegen alle rationalen oder geoffenbarten Gottesbeweise – Gott zu haben vorgeben. Das gilt ebenso für Descartes, der angeblich mit dem Zweifel begann, um sehr schnell bei der Gewißheit zu enden, wie für den eben erwähnten Amerikaner, der wohl noch weniger zweifelte und noch mehr glaubte. Und da dieser Gott den Menschen nach seinem Ebenbilde geschaffen hatte, versteht man das Geschöpf, wenn man den Schöpfer versteht. Die Psychologie ist Teil der Theologie. In Freuds Antwort auf den Brief des besorgten Mannes zeigte sich die andere Weise, ein religiöses Erlebnis zu deuten.

Im Gegensatz zu vielen Wissenschaftlern späterer Jahrzehnte war Freud zu stolz, um seine Meinung hinter akkreditierten Worten zu verbergen. So wirken alle seine Äußerungen überhell, grell. In einem Schreiben an die ›Jüdische Pressezentrale Zürich‹ gab er einmal zu Protokoll, daß er der Judäischen Religion ebenso fern stehe wie jeder anderen. Zwar hätte er ein starkes Gefühl für sein Volk; auch bedaure er, daß ihm seine freisinnigen Religionslehrer in mißverstandenem Freisinn nicht die Kenntnis der hebräischen Sprache und Literatur vermittelt hatten. Aber die jüdische Lehre – wie jede andere – war ihm nichts als ›ein Gegenstand wissenschaftlichen Interesses‹.

Er schenkte auch keine Beachtung der engen Verbindung von Religion und Nation. Als die Hebräische Universität Jerusalem ihn zur Eröffnung einlud, schrieb er die rührend-unpassenden, der Situation unangepaßten Worte: »Eine Universität ist ein Ort, an dem Wissen mitgeteilt wird – jenseits aller Differenzen zwischen Nationen und Religionen.« Vielleicht war er sogar der Ansicht, daß seine Theorie, Moses, die größte Gestalt des Judentums, sei ein Ägypter gewesen, ganz sachlich den Studenten Jerusalems vordemonstriert werden sollte.

So detachiert zergliederte er das religiöse Erlebnis des wohlwollenden amerikanischen Mediziners, der ihn retten wollte. In Freuds Antwort war nicht mehr die Rede von Gott und seinem Menschen, sondern vom Menschen und seinem Gott; von diesem besonderen Korrespondenz-Partner und seinem besonderen Gott.

Nicht eine Theologie ist der Ausgangspunkt, sondern eine Psychologie. Sie ist nicht so unbescheiden, zu ›Gott‹ vorzudringen – nur zu einer bestimmten, emotionell geladenen Vorstellung. Freud antwortete also, Gott habe ihn noch nie seine Stimme hören lassen... was allerdings kein Einwand ist. Dann aber stellte er die gar nicht abwegige Frage: warum, angesichts des vielen Unheils in der Welt, brach die Empörung gerade bei jenem Eindruck im Seziersaal los? Und konstruierte die Bekehrung aus seelischen Vorgängen, wie sie ihm in vielen Erfahrungen vertraut geworden waren. Die Lösung, die der große Analytiker fand, der irdische Sinn, den er in der vermeintlichen Erfahrung des Überirdischen aufdeckte, mag richtig sein oder nicht. Bevor man seine speziellen Auslegungen studiert, ist das allgemeine Prinzip zu beachten: es werden keine Aussagen über Gott gemacht (keine positiven und keine negativen). Freud versucht nicht, Gott zu verstehen, sondern die menschlichen Vorstellungen und ihre überwältigende Macht. Er unterscheidet überhaupt nicht zwischen Gott und den Bildern, die sich der Mensch schuf, weil er sich nur unter ihnen etwas vorstellen kann. Damit hätte er sich auf Angelus Silesius berufen können:

»*Ich bin so groß als Gott, er ist als ich so klein,*
Er kann nicht über mich, ich unter ihm nicht sein.«

Gottfried Keller (der in der Widmung, mit der Silesius sein Hauptwerk dem lieben Gott dedizierte, die Art wiederfand, mit der man damals großen Herren Bücher zuzueignen pflegte) kommentiert den Zweizeiler im ›Grünen Heinrich‹: »Glaubt man nicht, unseren Ludwig Feuerbach zu hören?« Eine Generation später hätte er fragen können: glaubt man nicht, unseren Freud zu hören?

Die Geschichte des Nachdenkens über den Menschen und seinen Gott ist einige tausend Jahre alt. Jede Zeit überschätzt ihre Ketzer. Freud war nicht (wie aufgeregte Zeitgenossen glauben) sehr originell, als er in Gott die Projektion menschlicher Sehnsüchte auf den Himmel sah. Aber man pflegt – in immer neuer Ahnungslosigkeit – alte Weisheiten jenen Mitbürgern zuzuschreiben, die sie am auffälligsten erneuern. Dazu schenkt man ihnen viele Mißverständnisse, die Abneigung gegen das Mißverstandene und, der Einfachheit halber, auch noch alle anderen Sorgen, die man hat: so ist in diesem Jahrhundert Marx behandelt worden, Nietzsche und Freud.

Nicht Freud hat entdeckt, daß die Schutzbedürftigkeit eine mächtige Quelle aller Religionen gewesen ist. Mehr als zweitausend Jahre vor ihm hatte Epikur in der Furcht den Ursprung der Götter gesehen. In der Zeit zwischen den Sophisten und William James' *Varieties of Religious Experience* wuchs die Psychologie des Glaubens mächtig heran. Freud erneuerte nur eine alte Tradition – von seiner Theorie her, der Trieb-Soziologie. Er hielt sich nicht mehr bei den allgemeinen Reden von der Hilflosigkeit des Menschen auf, seiner Angst, seiner Sehnsucht nach dem Protektor. Er stellte theologische Prunkstücke in den weniger pathetischen Zusammenhang des Seelengetriebes, wie er es entdeckt hatte: zum Beispiel den Teufel.

Freud liebte es, einen besonderen Fall zum Ausgang zu nehmen. Eines Tages wurde ihm ein Manuskript aus der Bibliothek des Gnadenortes Mariazell zur Begutachtung vorgelegt. Es stammte aus dem siebzehnten Jahrhundert. Ein bayrischer Maler berichtet über seine Befreiung vom Teufelspakt durch die Gnade der heiligen Maria. Freud untersuchte die Lebensgeschichte und die zwei Pakte, die beilagen. Der eine war mit schwarzer Tinte geschrieben und lautete:

> *Ich Christoph Hatzmann unterschreibe mich diesen Herrn sein leibeigener Sohn auf 9 Jahr. 1669 Jahr.«*

Der zweite Pakt war mit Blut geschrieben:

> *»Anno 1669*
> *Christoph Hatzmann. Ich verschreibe mich*
> *diesen Satan, ich sein leibeigener Sohn*
> *zu sein, und in 9 Jahren ihm mein Leib und*
> *Seel zuzugeheren.«*

An den drei Dokumenten wurde ihm in einer außerordentlich subtilen Untersuchung klar, daß nicht nur Gott, auch der Teufel als ›Vaterersatz‹ in die Welt gekommen ist. In der Situation zwischen Vater und Kind hatte Freud schon immer nicht nur die ›zärtlich-unterwürfige‹, auch die ›feindselig-trotzige‹ Haltung erkannt. So fand er in diesen Schriftstücken einen empirischen Beweis für die Annahme, daß ›Gott und Teufel ursprünglich identisch waren, eine einzige Gestalt, die später in zwei mit entgegengesetzten Eigenschaften zerlegt wurde‹. Der Vater ist das individuelle Vorbild – sowohl Gottes als auch des Teufels.

Freud beschenkte die Psychologie des Glaubens mit Entdeckungen, die er am Kinde gemacht hatte. Wie im Leben des einzelnen der Vater, so hat im Leben der

Gruppe Gott den fortschreitenden ›Verzicht auf konstitutionelle Triebe‹ zu erzwingen, ›deren Betätigung dem Ich primäre Lust‹ hätte gewähren können. Die Religion hat die Aufgabe, den einzelnen zu bewegen, ›seine Trieblust der Gottheit zum Opfer zu bringen‹. Der Vater und Gott, das mächtigere Abbild, schufen die Kultur.

Diese psychologische Ableitung genügte Freud noch nicht. Er fand eine historische. Er suchte zu erklären, wie es in der Vorgeschichte der Menschheit zu dieser Transfiguration des Vaters gekommen ist. Jede religiöse Lehre, schrieb er, teilt eine ›historische Wahrheit mit, freilich in einer gewissen Umformung und Verkleidung‹; er entzifferte Religionen, wie er vorher Symptome und Träume entziffert hatte. Jenes flüchtige Abtun der Religion als Aberglaube lag ebenso weit hinter ihm wie das Abtun der Neurosen als Verrücktheiten. Er suchte den Sinn. Er wollte verstehen. Wie bei der Hysterie, wie beim Versprechen – machte er hinter unverständlichen Dogmen und Riten das (nur sehr verschlüsselte, aber sinnvolle) Leben der Seele sichtbar. Seinen großen österreichischen Zeitgenossen Hofmannsthal und Schnitzler verwandt, verstand er sich aufs Demaskieren. Man könnte ihn auch einen Gnostiker nennen; Männer wie Philo hatten damit begonnen, das jüdische und christliche Übernatürliche in Gleichnisse aufzulösen. Während sie aber aus den abstrakten Begriffen neue Transzendenzen erbauten, zog Freud hinter anschaulichen und begrifflichen Surrealismen kompakte prähistorische Geschehnisse hervor.

Was für eine ›historische Wahrheit‹ kam zum Vorschein? Der Vatermord der ersten Oedipusse. Marx hatte die menschliche Gesellschaft mit einem Ur-Kommunismus beginnen lassen – eine Vorstellung, die schon der alte Engels aufgab. Freud nahm mit Darwin an, daß die ersten Menschen-Gruppen Ur-Diktatoren gehorchten, Ur-Männchen, denen die Familie völlig untertan war, die auf alle Frauen ihrer Horde ausschließlichen Anspruch hatten. Das habe dann in sagenhafter Vorzeit zu einem Aufstand der Söhne geführt, zur Beseitigung des Vaters, zum Schuld-Gefühl der Söhne, die ja den Vater nicht nur gehaßt – auch geliebt und bewundert hatten, zum ersten Übereinkommen der Brüder, vor allem zum Inzest-Verbot, der Grundlage von Gesellschaft und Moral, und zur Erhöhung des gemordeten Alten als Totem, dem Keim aller späteren Religionen. Damit setzte ein Gestaltwandel der Götter ein, bis zum christlichen und jüdischen Monotheismus. Er verleugnet den fernen Ursprung nicht. In der Beschneidung klingt die Kastrations-Angst nach, in der Kommunion das Fest, auf dem das Totem-Tier ehrfürchtig verspeist wurde.

Das blanke Resultat aber lautet: »Wir glauben nicht, daß es einen einzigen großen Gott heute gibt, sondern daß es in Urzeiten eine einzige Person gegeben hat, die damals übergroß erscheinen mußte und die dann zur Gottheit erhöht in der Erinnerung der Menschen wiedergekehrt ist.« Diese Vermutung wurde der Ausgangspunkt seiner sehr subtilen Rekonstruktion des Moses und des Jesus: in der Ermordung des Moses wiederholte sich der erste Vatermord, in den Propheten kam das Schuldgefühl der Mörder zu Worte, in Jesus lebte das Sündenbewußtsein des Sohnes, der die alte Schuld sühnt.

Man verwechsle Freud nicht! Manche seiner Ahnen gingen in ihrem Eifer so weit, die religiöse Dogmatik durch eine religionsfeindliche, die sogenannte materialistische, zu ersetzen. Dem Wort ›Atheismus‹, einem reinen Negativum, wurde dann ein positiver Inhalt gegeben. In diesem Kampf zwischen zwei Glauben, dem gläubigen und ungläubigen, stand Freud auf keiner von beiden Seiten. Er hielt sich zurück. Er hat nie Welträtsel gelöst, nur falsche Lösungen aufgelöst. Er machte nie Aussagen über Gott – auch keine negativen, nur über die Götter der Menschen.

Man verwechsle ihn auch nicht mit jenen naiven Aufklärern, welche die Religion auf nichts als Priesterbetrug zurückführen; sie feiern seit dem Ersten Weltkrieg ihre Auferstehung in den anti-religiösen Museen der Sowjetunion. Daß Religion auch Opium fürs Volk sein kann (ebenso wie zum Beispiel die Nation, der Kommunismus und der Freie Wettbewerb), hatte sich zu seiner Zeit in Mitteleuropa bereits so weit herumgesprochen, daß Freud das nicht mehr zu entdecken brauchte. Ihn interessierte nicht mehr die Lüge der Interessenten, sondern ›die historische Wahrheit‹ der Lehre. Ihn interessierte weder der Köhlerglaube noch eine überirdische Wahrheit (die er für unerreichbar hielt), sondern die irdische – die psychologische. Der Glaube zeigte ihm nicht einen supra-naturalen Inhalt, sondern einen naturalen.

Er blickte auf die Religion nicht nur ernster als der Osten, auch ernster als der Westen – wie die vielen ins Kraut schießenden Debatten über Psychologie und Religion beweisen. Man verwechsle Freud nicht! Er hatte es nicht mit jener verdünnten Religion zu tun, die diesem Jahrhundert das Gepräge gibt. Sie kann in ihren besten Erscheinungen abgeleitet werden von dem ehrwürdigen Schleiermacher, der sie als ›Gefühl der schlechthinnigen Abhängigkeit‹ definierte – und gewiß nicht ahnte, daß er damit den Atheismus kräftiger beförderte als der mächtigste Atheismus-Klub später. Diesen verdünnten, aller Aussagen baren Religionen rief Freud das großartige Wort zu: »Du sollst den Namen des Herrn nicht zum Eitlen anrufen.« Und erwies sich in einem einzigen Satz als das hellste Gehirn in trüber Zeit: ein Mensch, der ›sich zum Gefühl der menschlichen Kleinheit und Ohnmacht vor dem Ganzen der Welt‹ bekennt, wird ›tief-religiös‹ genannt, ›obwohl nicht dieses Gefühl das Wesen der Religiosität ausmacht, sondern erst der nächste Schritt, die Reaktion darauf, die gegen dies Gefühl Abhilfe sucht‹. Mit solchen Sentenzen wischte er tausend Wolkigkeiten beiseite, wandte er sich ›zum gemeinen Mann und seiner Religion‹, ›der einzigen, die diesen Namen tragen sollte‹. Jung schrieb noch im Jahre 1955 von Freuds ›berüchtigter Unfähigkeit, Religion zu verstehen‹. Sein großer Lehrer Freud war nur unfähig gewesen, jene moderne, vage, feine, elegante, gebildet-verdrehte, meist ›mystische‹ Verballhornung dessen, was in den Jahrhunderten des Glaubens wirklich Religion gewesen war, ernst zu nehmen. Nun wird das Wort ›Gott‹ ersetzt durch das ›Numinose‹ oder andere höhere Vokabeln – und so durch völlige Entleerung vor allen Argumenten in Sicherheit gebracht. Und es sind meist die großen, in ihrer harten Enthaltsamkeit unverstandenen Mystiker, die herhalten müssen für tausend unausgegorene und feige Konfessionen. Man hält zäh an dem Wort ›Gott‹ fest – für seinen ängstlichen Unglauben.

Man verwechsle Freud nicht! Seine Ahnen waren Spinoza, Heine, Kant, Fichte; sein Zeitgenosse war Einstein. Weshalb sieht es so anders aus? Spinoza mußte zur Zeit der Religionskriege noch ›*Deus sive natura*‹ sagen; aber schon er war ein schwermütiger Vaterloser, der sich zum Trost ein philosophisches System erfand, wie er in seinem Traktat ›*De emendatione intellectus*‹ verrät. Zweihundert Jahre später beschrieb Heine deutlicher, wie ›Gott sich zum Tode bereitet‹ und die armen Sterblichen zurückblieben; und sang gerührt die schönen Elegien eines Zurückgebliebenen. Das Pathos dieser Gottlosen, ihr vergebliches Suchen nach dem Unbekannten, das in Kierkegaard seinen ergreifendsten Ausdruck fand, ist als Glaube mißverstanden und entehrt worden. Die Zeitgenossen Kants und Fichtes hingegen waren noch klar genug im Kopf, um die idealistische Auflösung der Religion in Moral als Atheismus zu bezeichnen.

Auch Einstein, dem Spinozisten und erklärten Nicht-Theisten, war Religion nichts als Moral, ›in der religiösen Sprache‹. Er war nicht religiös, sondern interessiert an der Funktion, welche ›die Religion im sozialen Leben der Menschheit zu erfüllen hat‹. Ein Kardinal in Boston denunzierte ihn als Atheisten – nicht mit Unrecht, wenn man diesem Wort den präzisen Sinn des Nicht-Theisten gibt. Auf diese Denunziation hin telegraphierte ein aufgeregter Rabbiner: »Glauben Sie an Gott? Stop. Bezahlte Antwort fünfzig Worte.« Einstein machte es kürzer, er kam mit sechsundzwanzig aus: »Ich glaube an Spinozas Gott, der sich in der

Harmonie des Seienden offenbart, nicht an einen Gott, der sich mit Schicksalen und Handlungen der Menschheit abgibt.« Warum stellt man dem frommen Einstein den Gottesleugner Freud gegenüber? Weil Freud dasselbe – mit grelleren Worten zurücktelegraphiert hätte: Ich glaube weder an den Gott der Juden noch an den Gott der Christen. Und weil Einstein das Wort Gott und Religion so oft und so wenig eindeutig verwandte, daß er den Zeitgenossen, die, wenn es geht, jeden berühmten Mann zum Gottesdienst einziehen, diese Möglichkeit nicht verwehrte.

Freud hatte nicht mehr Unglauben als die Spinoza und Heine und Kierkegaard und Nietzsche; nur lebte er in einer Zeit, in der man am Tode Gottvaters nicht mehr so litt, weil man schon als Waise geboren war; auch deckte er nicht seine Ketzereien mit ererbten Vokabeln. Überdies war bei Freud alles ›ermäßigt‹, auch sein Leiden; er sprach nicht mehr von ›Furcht und Zittern‹ – nur noch vom ›Unbehagen‹. Er stellte nicht mehr das schlimme Verhältnis des Menschen zum leeren Himmel in den Mittelpunkt; er brachte sich nicht mehr, wie mancher seiner atheistischen Vorfahren, als leidendes Opfer dem unbekannten Gotte dar. ›Bei ermäßigten Zielen‹ gibt auch Prometheus weniger an. Eine der Lieblings-Sentenzen Freuds lautete: »Man muß ein Stück Unsicherheit ertragen können.«

Wahrscheinlich wäre sein starkes wissenschaftliches Interesse an der Religion nicht unter dem Titel Irreligiosität ein Politikum geworden, hätte sein Vokabular die Geheimsprache des Fachmanns oder die biedere Kindersprache des freundlichen Popularisators gehabt. Seine Sätze aber waren eine Kreuzung aus kühler Ärztlichkeit und provokativer Humanität. Die Affekte, die von den Schlägen der Schlagworte ausgelöst wurden, verdecken bis zu diesem Tage, daß die berühmten Phrasen, die er in die Welt setzte, nur einen kleinen Teil seiner Geschichte erzählen. Wer weiß von seiner Theorie mehr, als daß die Religion eine ›universelle Zwangsneurose‹ ist, ein ›Massenwahn‹ – zu behandeln in einer ›Pathologie der menschlichen Gemeinschaften‹! Gekränkt zitiert man die Stelle über die ›Ähnlichkeit der sogenannten Zwangshandlungen Nervöser mit den Verrichtungen, durch welche der Gläubige seine Frömmigkeit bezeugt‹; was hier ›Verrichtungen‹ genannt wird, ist das heilige ›Zeremoniell‹. Und nachdem der Arzt soviel Worte dem Theologen aufgezwungen hat, schenkt er der Medizin noch eine theologische Vokabel. Er nennt die Zwangsneurose das halb-komische, halb-traurige ›Zerrbild einer Privat-Religion‹.

Diese Sprache stammt von zwei Autoren; zunächst einem Arzt, der von Beginn an darauf aus war, die Erkrankungen der Seele zu heilen – also keine Verachtung verband mit dem Namen einer Krankheit. Und hatte nicht auch Kierkegaard in sein Tagebuch eingetragen: »Glaube ist, was die Griechen heilige Verrücktheit nannten«? Freuds Sprache wurde aber auch mitgeformt von einem Mann, der sehr gereizt war gegen die Dunkelmänner, welche sich der Aufklärung und Heilung von Leiden widersetzten. Ein kühler Diagnostiker und ein eifernder Humanist waren die beiden Verfasser der berüchtigtsten Schlagworte des Jahrhunderts.

Sie verlieren viel von ihrer verletzenden Schlag-Kraft, wenn man weiterliest. Er fügte nämlich hinzu, man solle ›nicht vergessen, daß es sich doch nur um Analogien handele‹; er selbst hielt die Übertragung von Kategorien der Individual-Psychologie wie Neurose auf soziale Probleme für problematisch. Novalis sagte: »Jeder Mensch ist eine kleine Gesellschaft.« Freud sagte: jede Gesellschaft ist ein umfangreicher Mensch. Er hat daraus nie ein wissenschaftliches Dogma gemacht, wie man ihm vorwarf. Er hat nur zugesehen, ob diese Sicht nicht einiges Neue ins Gesichtsfeld bringt.

Er lehnte die Religionen nicht ab, weil er gegen das Trösten und die friedenspendende Illusion gewesen wäre, sondern weil sie ihm nicht zu leisten schienen, wofür sie da waren. Er verstand ihren sinnvollen Ursprung: Protektion gegen die drückende Übermacht der Natur; Erklärung des rätselhaften Universums; Harmonisierung von Moral und Glück. Er leugnete nicht einmal, daß die Religionen auch ihr Gutes gehabt haben. Zwar hielt er es für unbewiesen, daß in den Epochen ihrer uneingeschränkten Herrschaft Menschen glücklich gewesen seien. Aber er pries mindestens eine große Leistung des Glaubens: »die Annahme der allgemeinen Neurose überhebt die ›Gläubigen‹ der Aufgabe, eine persönliche Neurose auszubilden.«

Es stammt also seine Ablehnung nicht aus einem Ressentiment, sondern aus dem Urteil, daß die falschen Lehren sich nicht bewährten; sie machten die Menschen nicht glücklicher; sie trösteten nicht über das Unrecht hinweg, das sie wegzublenden suchten; sie waren nicht imstande, loyale Kulturträger zu erziehen ... die Erfahrungen im Ersten Weltkrieg klingen nach. So trat er für die Wissenschaft ein; nicht weil er sie überschätzte, sondern weil er ihre (bescheidenen) Erfolge schätzte. Heute würde ihm allerdings die Frage aufgedrängt, ob alle Kreuzzüge der Weltgeschichte so viel Unheil angerichtet haben – wie es die Wissenschaft in Zukunft vermag.

Die provokativen Schlagworte verdecken vor allem, wie sehr er zur ›Versöhnlichkeit‹ bereit war. Er hob hervor, daß die ›Gegnerschaft‹ nur eine zeitweilige ist, keine ›unversöhnliche‹. Er wandte sich an die Schar der Gläubigen mit einem rührend-undiplomatischen Entgegenkommen. »Wir hoffen dasselbe wie Sie«, begann er; und damit war die Friedensbotschaft schon zu Ende. Dann fuhr er kämpferisch fort: »Sie sind ungeduldiger, anspruchsvoller und – warum sollte ich es nicht sagen? – selbstsüchtiger als ich und die Meinen.« Das Friedensangebot aber machte er im Namen von vielen Ungläubigen; denn ihre Geschichte ist, was so oft vergessen wird, ebenso wie ein guter Teil des Christentums – ein Abschnitt der Geschichte des Humanismus. Das Wirken für eine menschlichere (nicht göttlichere) Welt ist nicht gebunden an die theologische und metaphysische Auslegung der Transzendenz; man kann die Bergpredigt annehmen und die angeschlossene Theologie ablehnen. Freud bekämpfte nicht den humanistischen Gehalt der Religionen. Er bekämpfte sie, soweit sie ›das Bild der Welt wahnhaft entstellen‹. Und er bekämpfte diese Entstellungen nur, wo sie den »Wert des Lebens herabsetzen«. Er war ein Anti-Nazarener wie Heine und Nietzsche. Wie sie schenkte er keine Beachtung jenem kompromißfreudigen Christentum, das mit Malebranche, der zur Congregation der Väter des Oratoriums Jesu gehörte, sagte: »Wir gehorchen Gott, wenn wir dem Instinkt nachgeben, der uns treibt, unsere

Sinne und Leidenschaften zu befriedigen.« Freud ist dem Christentum um so näher, je epikureischer es ist. Von einem Mann wie dem philosophierenden Katholiken Theodor Haecker trennte ihn nicht viel mehr als – ›die religiöse Sprache‹. Zwei Monate vor seinem Tode, am neunten Februar 1945, trug Haecker in seine ›Tag- und Nachtbücher‹ ein: »Jede Natur, die sich in Lust vollendet, tut den Willen Gottes.« Freud hätte enthusiastisch zugestimmt – und ein weniger theologisches Vokabular vorgezogen. Der Katholik forderte vom Menschen, ›daß er seinen Leib und seine Sinne spiritualisiert, nicht daß er den Leib und die Sinne vernichte‹. Dieses christliche ›spiritualisiert‹ fand eine Auferstehung im analytischen ›sublimiert‹; wie Haeckers Verdikt gegen das ›Vernichte‹ eine Auferstehung fand in Freuds Verdikt gegen das ›Verdränge‹. Der Theologe und der Psychologe sahen in der spiritualisierenden Sublimation die Bewahrung und Erhöhung des Sinnenwesens.

Obwohl Freud der christlich-idealistischen Tradition verhaftet ist, obwohl er in der Kluft zwischen Gläubigen und Ungläubigen nichts als einen Bruch gesehen hat, der sich auswachsen wird – er wäre tief erschrokken, käme er heute zurück und sähe, was aus seinem eindeutigen Aufruf zur ›Versöhnlichkeit‹ geworden ist: die tollste Vernebelung, zum Beispiel mit Hilfe von Wort-Kunststücken wie Seelen-Heilkunde und Seelenheil-Kunde. Nach der Allianz zwischen Priestern und Physikern, Theologen und Astronomen erlebt man in diesen Jahren die lärmende Eintracht zwischen Gottesmännern und Psychologen. Tausend Beweise werden herbeigezerrt, das Gemeinsame zu feiern; das ist nicht schwer, weil Geistliche und Psychotherapeuten auf dasselbe hinauswollen: die Seelen in Ordnung bringen. Das ist aber auch alles, was sie verbindet.

Freud machte den Unterschied zwischen einem Beichtvater und einem Seelen-Arzt sehr klar. Er wollte vom Patienten ›nicht nur hören, was er weiß und vor andern verbirgt‹; der Kranke soll ›auch erzählen, was er nicht weiß‹. Freud hätte noch hinzufügen können, daß er nie in der Lage war, dem Trostbedürftigen den Weg ins Paradies zu weisen. Die schnelle und oberflächliche und übereifrige Verbrüderung verdeckt hingegen, daß Thomas von Aquino und Freud, Luther und Freud sehr verschiedene Vorstellungen vom Menschen hatten: von seiner Herkunft, von seinem Ziel, von seiner Ehe, von seinem Gebet... Man möchte jetzt ganz fix und ganz billig: die Religionen miteinander verschmelzen, die politischen Ideologien, die Nationen; und da das auf echte Weise nicht geht, macht man Propaganda für Formeln, welche so weit sind, daß sie nichts mehr ausschließen. Man betrügt sich und die ganze Welt; denn die Gegensätze rumoren unter den Platitüden weiter... die einzige Weise, Konflikte zu verewigen.

Sowohl der Krieg gegen die Analyse der Religion als auch der Frieden mit ihr haben ihre Grenzen. Naive und interessierte Vermittler versuchen, sie wegzublenden. Kritische Verehrung soll sie sichtbar machen. Es war Freuds Stärke, daß er am Ende der tausendjährigen Erfahrungen mit vielen Vorstellungen vom Himmel lebte. Einige tausend Jahre verlorener Illusionen haben den Menschen erzogen und ihm vordemonstriert, wie hoffnungslos alle Versuche sind, aus dem Kreis des Menschlichen herauszuspringen. Es war Freuds

Stärke, daß er sich verbot, noch einmal in alte Sackgassen hineinzulaufen. Er öffnete neue Perspektiven auf ein bescheideneres Gebiet: die Psychologie der Baumeister des Himmels – die Motive der Schöpfer von Göttern und absoluten Wahrheiten.

Er brachte für diese Aufgabe ein ungeheures Talent mit. Man glaubt, ihn zu treffen, wenn man ihm nachweist, daß er weder statistische noch experimentelle Nachprüfungen vorgenommen hat; daß er nicht sehr bedacht darauf war, seine Hypothesen auf die Probe zu stellen. Er aber hatte eine ungewöhnliche Phantasie für Möglichkeiten und eine enorme Findigkeit, Mögliches wahrscheinlich zu machen. Gewiß: nicht nur vom Möglichen, auch vom Wahrscheinlichen ist noch ein sehr langer Weg bis zum Wirklichen. Da ist es nicht der geringste Reiz seiner Schriften, daß er den Leser unablässig warnt, sich nicht an den Einfällen seines Autors zu betrinken. An jedem Kreuzweg ernüchtert er den zu gefügigen Enthusiasmus mit einer Wendung wie »bei der außerordentlichen Komplikation aller Verursachung in Leben und Geschichte...« Ein andermal heißt es: »Meine Arbeit ist ein gutes Beispiel von strenger Isolierung des Anteils, den die psychoanalytische Betrachtung zur Lösung des religiösen Problems leisten kann.« Er hat weder Gott ins Herz getroffen noch die Religionen zum alten Eisen geworfen. Er hat nur etwas mehr Licht verbreitet über den Menschen, wie er sich im ›ozeanischen Gefühl‹, in Dogmen, Zeremoniells, Riten und Theokratien manifestiert. Das ist unendlich viel.

Erbitterte Gegner haben nach dem Schema: haltet den Dieb! ihm höhnisch zugerufen, die Psychoanalyse sei selbst eine Religion. Worauf der Angeklagte zu bedenken gab: er sei nur ein Psychologe, der sich nicht darüber täusche, wie schwer es sei, sich in dieser Welt zurechtzufinden. Auch werde man zu seinen ›Illusionen‹ nicht gezwungen. Er war immer vor allem im Krieg gegen die Tyrannis der Glaubens-Sätze. Der Wissenschaftler Freud und der Liberale Freud haben den irreligiösen Freud geschaffen. Der Wissenschaftler warf den Kirchen ›Einschüchterung der Intelligenz‹, den Theologen ihre Konkurrenz mit der Wissenschaft vor. Seine ›Wissenschaft‹ aber war kein Götze; sie hatte die Aufgabe, der (auch von dem Katholiken Haecker gepriesenen) Lust zu dienen. Freud war ein militanter Epikureer. Das war seine Stärke.

Seine Schwäche lag nicht darin, daß anthropologische Theorien, auf die er seine Hypothesen baute, von einigen Wissenschaftlern heute nicht mehr anerkannt werden. Malinowski wies darauf hin, daß die primitive Horde, wie Freud sie sich vorstellte, ausgestattet sei mit allen Vorurteilen, Minderwertigkeiten und schlechten Launen einer europäischen Familie des Mittelstandes am Ende des neunzehnten Jahrhunderts. Das mag sein ... und erschüttert nicht die Annahme: daß die Spannung zwischen einem tyrannischen *pater familias* und den Söhnen der Horde das entscheidende Ereignis gewesen sein mag, welches der Geschichte ihre Richtung gab. Der *Oedipus-Komplex* ist nicht abzutun als schlechter Traum eines mitteleuropäischen Bourgeois anno 1900. Einer der frühesten Freudianer, Diderot, schrieb hundertfünfzig Jahre zuvor: »Überließe man den kleinen Wilden sich selbst, so daß er sich seine Unvernunft bewahrte und eines Tages mit ihr die heftige Leidenschaft eines Dreißigjährigen vereinte – er würde seinem Vater den Hals umdrehen und mit seiner Mutter schlafen.« Freuds Schwäche liegt nicht darin, daß er selbstverständlich von den Wissenschaften seiner Zeit die Angaben übernommen hat, die in sein Bild paßten. Wo denn ist er verwundbar?

Er fand ›Die Zukunft einer Illusion‹, die Zukunft der Religion – in einer von ihm nicht durchschauten, neuen Illusion: in der ›Vernunft‹, dem strapaziertesten Wort der Jahrhunderte. Der amerikanische Arzt, der Freud bekehren wollte, berief sich auf einen Gott, der zu ihm persönlich gesprochen habe. Freud schüttelte den Kopf und berief sich ebenso treuherzig auf die ›Vernunft‹, die (im Gegensatz zu Gott) täglich zu jedem spräche; und somit bewiese, daß sie nicht ein höchst zweifelhaftes Privat-Erlebnis sei. Darauf baute er Ablehnung und Anspruch auf: »Man kann von allen Menschen verlangen, daß sie die Gabe der Vernunft anwenden, die sie besitzen, aber man kann nicht eine für alle giltige Verpflichtung auf ein Motiv aufbauen, das nur bei ganz wenigen existiert.« Das ist wohl unhaltbar. Er war nicht bereit, den Gestaltwandel der theoretischen und praktischen Vernunft zu untersuchen – wie den Gestaltwandel der Götter. Kleist hatte, hundert Jahre vor Freud, geschrieben: »Man sage nicht, daß eine Stimme uns heimlich und deutlich anvertraue, was recht sei. Dieselbe Stimme, die dem Christen zuruft, seinem Feinde zu vergeben, ruft dem Seeländer zu, ihn zu braten, und mit Andacht ißt er ihn auf.« Und Kleist ist noch zu wenig relativistisch gewesen – hinsichtlich der praktischen Vernunft; denn es hat fast soviel christliche Gewissen gegeben wie Menschen, die sich Christen nannten. Freud sah vor Vernunft – die Vernünfte nicht. Das große Demaskieren machte halt vor diesem Gott.

Er hat die in seinen Tagen schwer getroffene Metaphysik abgelehnt. Er hat sie nur deshalb nicht so erbittert befeindet wie die Religion, weil sie nicht so populär ist, und deswegen nicht so schädlich. Er hat der Forschung die Aufgabe gestellt, die philosophischen Systeme und ihre Architekten zu analysieren. Er selbst hat es bewenden lassen bei ein paar Seitenhieben gegen die ›Fabrikation von Weltanschauungen‹. »Man überlasse sie den Philosophen«, schrieb er hochmütig, »die eingestandenermaßen die Lebensreise ohne einen Baedeker, der über alles Auskunft gibt, nicht ausführbar finden.« Er lebte in einer Zeit, in der das System, wie es von Aristoteles bis zu Schopenhauer geblüht hatte, als Illusion durchschaut wurde. Aber einige Keime der mythologisch-begrifflichen Gewächse wuchern in ihm, unentdeckt, weiter: zum Beispiel die Illusion von einer Vernunft, die zu allen spreche – und sich, wenn auch langsam, durchsetzen werde.

Er erkannte nicht in der ›Vernunft‹ die theologisch-metaphysische Erbschaft, wie er in Religion und Metaphysik nicht Stadien des Selbstbewußtseins erkannte. Und war dennoch, mit allen Unzulänglichkeiten, einer der mächtigsten Anstifter zu unabhängigem Denken. Der Schweizer Pfarrer Oskar Pfister, einer der gläubigsten Anhänger, versicherte ihm: er sei nicht gottlos. Wer für die Wahrheit lebe, lebe in Gott. Wenn Freud nur noch seine Einsichten einfüge in die große Welt-Harmonie, dann gäbe es keinen besseren Christen als ihn ... Aber diese Brücke des Wohlwollens zeugte nur für das edle Herz des Mannes, den Freud – nach seinen eigenen Worten ein Häretiker, der nicht bereut – als ›Lieber Mann Gottes‹ anredete. Daß, wer für die Wahrheit lebt, in Gott lebt ... dieser Satz kann kaum bewiesen werden.

In Frieden mit den Künsten

Freud, der Philosoph, lebte in Hader mit den Philosophen. Die Religion bekämpfte er, wie nur irgendein Aufklärer des achtzehnten Jahrhunderts – doch subtiler, mit den Waffen einer Psychologie, die sie noch nicht ahnten. Mit den Künsten lebte er in Frieden ... man könnte fast sagen: in sehnsüchtiger Bewunderung.

Die Philosophen lehnte er ab, weil die tragenden Begriffe ihrer Systeme unreinen Ursprungs seien; die Theologen noch mehr, wegen ihrer größeren Popularität. Metaphysiker und religiöse Dogmatiker machen den Anspruch, in demselben Sinne Wahrheiten zu verkünden wie die Wissenschaften. Da Künstler nie diesen Ehrgeiz hatten, konnte er sich ihren Schöpfungen ungestört hingeben; sie sind nicht in Konflikt mit der Vernunft. Sie sind ›harmlos‹, weil sie nichts wollen als – Illusion.

Freud verharmloste die Werke der Kunst. Sie bestimmten, stärker als er ahnte, das Bild von der Wirklichkeit. Sie haben metaphysischen und religiösen Dogmen einen Zauber geschenkt, der – stärker als alle Theorien von Gott und vom Absoluten – einzelne und Gruppen theologischen und metaphysischen Begriffen unterwarf. Es sind künstlerische Mittel gewesen, die sowohl Platon als auch die christliche Theologie zu ungeheurer Wirkung brachten. Freud dachte wohl, wenn er von Kunst sprach, nur an jene Phantasie-Verknüpfungen, die sowohl vom Künstler als auch vom Publikum als romanhaft registriert werden.

Es hat allerdings der Künstler noch nie einen Zwang ausgeübt (mit Hilfe einer Macht), um einen Schein als Wahrheit durchzusetzen... nicht einmal Richard Wagner. Deshalb waren Künstler noch nie Diktatoren wie Philosophen und Theologen; immer unverbindlicher, weil – auch in der Zeit Homers und Dantes – das Element des Scheins sichtbar ihren Schöpfungen beigemengt war. So kam es, daß Freud, der in der Vernunft die große Hoffnung erblickte, in den Künsten nicht eine Gefahr für sie sah – wie in den Lehren der Priester und der spekulierenden Denker. Kunst, ›harmlos‹, könne nicht schaden.

Er hatte für sie noch mehr zu sagen, als daß sie nicht schädlich sei. Er pries sie als eine unentbehrliche Wohltat – wenn auch nicht im Sinne der idealistischen Kunst-Philosophie. Jeder Platonismus, jeder Kult der reinen Formen lag ihm fern. Er hatte nichts zu tun mit jenem Idealismus, für den die ästhetische Welt (nach Kuno Fischer) ›nur in sich ruht, nur in sich ihren Zweck hat und keine anderen Lebenszwecke erfüllt‹. Er suchte in jeder wesentlichen Äußerung des Menschen (auch in der ästhetischen) die Lebenszwecke, die sie zur Welt gebracht hatten. Er fand sie in den ›Phantasiebefriedigungen‹. Das Imperium der Phantasie ist das einzige mächtige Jenseits, das diesseits ist. Die Wünsche, die sich im härteren Medium der Realität nicht durchsetzen können, kommen hier zu bescheidener Erfüllung. Zwei Begierden werden besonders ausgezeichnet: die erotischen und die ehrgeizigen. Eine Generation vor Freud zeichnete auch Balzac sie aus, in der ›Comédie humaine‹.

Man glaubt das Wort ›Katharsis‹ wieder zu hören, wenn die Leistung des Werks in der ›Triebbefreiung‹ gefunden wird; der Künstler befreit sich, indem er, was ihn treibt, offenbar macht (man möchte sagen: wie in der Analyse). Was für einen Künstler beschrieb Freud? Er sagte von ihm, daß er das Anstößige seiner Wünsche mildert, den persönlichen Ursprung derselben verhüllt und durch die Einhaltung der Schönheitsregeln den anderen bestechende Lustprämien bietet. Damit beschrieb er (zum Beispiel) seinen Zeitgenossen Conrad Ferdinand Meyer, den er liebte.

Freuds Bild war beeinflußt von den milden Lüften im deutschen Kunstbereich am Ende des neunzehnten Jahrhunderts. Wäre er nach 1914 herangewachsen, so hätte er erfahren müssen, wie sehr die Schein-Realität der Kunst Unverhülltes und Sehr-wenig-Mildes aufnehmen kann. Und wenn er an Aeschylos und Shakespeare gedacht hätte – milderten sie die Süchte? Verhüllte Goethe den persönlichen Ursprung? Hielten Beethoven und Wagner Schönheitsregeln ein? Die Transformation der Leidenschaften in den schönen Schein kann gewiß nicht so allgemein beschrieben werden, für alle Zeiten und Schöpfer gültig. Freuds Bild von der Kunst als milder Abglanz des Verdrängten ist vor allem autobiographisch.

Sein Kunst-Eskapismus ist aber nicht reaktionär, sondern human. Er geht von der Einsicht aus, daß die Wirklichkeit für jeden härter ist, als er sie ertragen kann; daß man zeitweilige Ferien braucht; daß die Kunst als ›Lustquelle und Lebenströstung‹ dem, der sie schafft, und dem, der sie genießt, hilft. Wenn man ihn dann fragen würde, ob nicht auch Kirchen-Dogmen und Philosophen-Lehren ›Lustquelle und Lebenströstung‹ gewesen sind, so würde er erwidern, daß nur die Kunst keine schlimmen Folgen gehabt hat. Und würde vielleicht darauf hinweisen, daß man zwar im Namen von Thomas, aber nie im Namen von Michelangelo gekreuzigt hat.

Die große Tat der Kunst: dem, was in der Realität nicht leben darf, in einer Scheinwirklichkeit ein ungefährliches Leben zu schenken, weist auch hin auf ihren Ursprung. Eine der fruchtbarsten Fragen an Gebilde wie Mythos, Religion, Philosophie, Kunst und Wissenschaft lautet: welches Bedürfnis brachte sie hervor? Es ist anzunehmen, daß die Dringlichkeit, welche diese Schöpfungen zum ersten Mal ins Dasein rief, sie immer wieder ruft. Wobei niemals vergessen werden darf, daß die komplexe Fülle, die wir mit dem Gattungsnamen ›Kunst‹ bezeichnen, ganz gewiß mehr als einen Ursprung gehabt hat. Freud war (im Gegensatz zur Freud-Legende) kein Gläubiger eines Wissenschafts-Monotheismus, einer allmächtigen Methode... wie mancher Freudianer und jeder Marxist. Das muß man im Gedächtnis behalten, wenn man seine großartigen Ableitungen bewundert: zum Beispiel die Genealogie der Phantasie.

Sie entstand als ›Schonung‹, »beim schmerzlichen Übergang vom Lust- und Realitätsprinzip«, als ›Ersatz für Triebbefriedigung‹. In diesem Reich der Phantasie siedelten sich die verschiedensten Phantasierer an. Der

Paranoiker, der Neurotiker, der Träumer – auch der Fromme, der spekulative Denker und der Künstler. Ihm wird sein Platz angewiesen im ›Zwischenreich‹ zwischen der wunschversagenden Realität und der wunscherfüllenden Phantasiewelt – also: zwischen dem schlimmen Alltag und dem noch schlimmeren Wahn. Der Psychotiker ist in einer Wahn-Welt eingekerkert. Der Neurotiker hat sich schein-befriedigt in Handlungen, Ideen, Emotionen, die ihm das Leben sehr sauer machen. Der Künstler hat, wenn man es so ausdrücken darf, alle Vorteile und keine Nachteile von seinem Wahn. ›Der Rückweg von der Phantasie zur Realität‹ ist offen. Die Anerkennung des Scheins als Schein (könnte Freud sagen) schließt hier den Wahn des Geisteskranken aus. Es läge in der Linie seiner Interpretation, den Künstler einen Mann zu nennen, der mit den Störungen besser fertig zu werden weiß als irgendein anderer. Und das ist das genaue Gegenteil von der Platitüde, die im Genie den Irrsinn sieht – und nicht das Genie. Mit jener abgedroschenen Phrase hatte Freud nichts zu tun.

Die Romantiker hatten dasselbe Bild: der Poet ist freier, befreiter, mehr Mensch als der Rest der Menschheit. Freud schilderte ihn als eine Art von unzensierter, besonders heiler Ausgabe. In Heines ›Gedanken und Einfälle‹ (1856) gefiel ihm besonders dieser Ausfall: »Ich habe die friedlichste Gesinnung. Meine Wünsche sind: eine bescheidene Hütte, ein Strohdach, aber ein gutes Bett, ein gutes Essen. Milch und Butter, sehr frisch, vor dem Fenster Blumen, vor der Tür einige schöne Bäume, und wenn der liebe Gott mich ganz glücklich machen will, läßt er mich die Freude erleben, daß an diesen Bäumen etwa sechs bis sieben meiner Feinde aufgehängt werden. Mit gerührtem Herzen werde ich ihnen vor dem Tode alle Unbill verzeihen, aber nicht früher, als bis sie gehängt werden.«

In dieser Freiheit zu sich sah Freud auch einen wesentlichen Charakter des schöpferischen Prozesses. Er ist als Spiel ausgelegt worden. Solche Benennungen allein sagten ihm nichts; er deckte im Spiel, im Kinder-Spiel, im Trauer-Spiel eine zwar nicht reale, aber von der Realität hervorgetriebene, der Realität dienende Welt auf. Der verborgene Ursprung wird nie in einem ebenso verborgenen Gott oder seinem Ersatz ›Natur‹ gesucht – sondern in nachkontrollierbaren Vorgängen, die allerdings verdeckt sind. Kinder, Primitive, Kranke und Genies (Freuds bevorzugte Zugänge zur Seele) leiten ihn. Da fand er im Spiel der Kinder: gefährliche, peinliche Situationen werden aus freien Stücken wiederholt – und so in den Machtbereich des Spielenden gebracht, also entmächtigt. Die viel-umrätselte, von Ästhetikern leidenschaftlich erforschte ›Geburt der Tragödie‹, die dem Zuschauer die schmerzlichsten Eindrücke zufügt – zu seiner Lust, hat hier eine neue Deutung. Allerdings darf man hinzufügen, daß diese Herkunft des künstlerischen Spiels kaum mehr aktuell ist. Aber es wird darauf aufmerksam gemacht, daß die Kunst ›gewiß nicht als *l'art pour l'art* begonnen hat‹. Am Artistischen ist er nicht interessiert.

Er ist nicht interessiert an dem, was er ›Ästhetik‹ nennt. Er hätte lieber sagen sollen: formale Ästhetik, wie sie zum Beispiel von dem Schweizer Kunsthistoriker Woelfflin praktiziert – und im amerikanischen *New Criticism* mit einer bisher unerhörten Radikalität propagiert wurde. »Der Psychoanalytiker«, heißt es bei Freud, »arbeitet in anderen Schichten des Seelenlebens und hat mit den zielgehemmten, gedämpften ... Gefühlserregungen, die zumeist der Stoff der Ästhetik sind, wenig zu tun«. Das ist kein gerechtes Urteil. Die großen Ästhetiken, von der ›Poetik‹ bis zum dritten Buch der ›Welt als Wille und Vorstellung‹, Richard Wagners ›Kunstwerk der Zukunft‹, Nietzsches ›Geburt der Tragödie‹ und Busonis ›Entwurf einer neuen Ästhetik der Tonkunst‹ haben dasselbe versucht wie Freud: Kunst-Schaffen und Kunst-Wirkung abzuleiten aus dem, was das künstlerische Gebilde für den Schöpfer und sein Publikum tut. Deshalb hätte Freud ohne Bedenken das Wort Ästhetik akzeptieren können – für alle seine Überlegungen, die er Künstlern und Kunstwerken widmete: für seine lange Studie über Jensens Novelle ›Gradiva‹, für seine Untersuchung ›Das Unheimliche‹, für die biographischen Skizzen, welche Leonardo, Goethe und Dostojewski zum Thema haben.

War sein Vorgehen eine Respektlosigkeit vor der künstlerischen Inspiration, praktiziert von einem Rationalisten? Künstler verabscheuen in der Regel das Meditieren über Kunst, weil sie nicht gewohnt sind, ins Bewußtsein zu heben, was sie tun. Sie verwechseln das Ins-Bewußtsein-Heben mit Vernünftelei; sie sollten daran denken, daß eine Reihe der größten Musiker, Bildner und Poeten sich Rechenschaft gaben von ihrem Tun. Ganz besonders verachten die Theorie-Feindlichen einen Deuter wie Freud, der ihre Intuitionen nicht vom Himmel hoch herkommen läßt. Aber nie unterwarf er Künstler und Kunstwerke seiner Theorie. Man könnte ihm eher vorwerfen, daß er zu zaghaft war. Unermüdlich, fast ängstlich weist er darauf hin, wo seine Grenze ist. »Leider muß die Analyse vor dem Problem des Dichters die Waffen strecken«, heißt es zu Beginn der Dostojewski-Arbeit. Die Psychoanalyse kann ›die künstlerische Begabung‹ nicht erklären, das heißt: nicht ›auf seelische Urtriebe‹ zurückführen. Vielleicht ist er mit diesem Diktum eher zu skeptisch gewesen als zu rationalistisch.

Fremd war ihm jede rationale Reduzierung der Kunst — etwa ihre Deutung als: Illustration für theoretische und moralische Begriffe, wie es die Aufklärung liebte, die in Kants Musik-Philosophie einen ihrer krassesten Ausdrücke fand. Freud trug eher noch die Kategorien der Kunst in die Wissenschaft (da sind zum Beispiel sehr dramatische Elemente im Ensemble seiner Grund-Begriffe) als die Kategorien der Wissenschaft in die Kunst. Der sogenannte Rationalist Freud sprach ausdrücklich vom viel mißbrauchten ›Vorrecht der bewußten Tätigkeit‹, daß sie uns alle anderen verdecken darf, wo immer sie mittut. Was sie zum Beispiel verdeckt, ist das meist verschwiegene Ereignis, daß auch Wissenschaftlern das Neue ›einfallsartig‹ erscheint.

Als Psychologe war Freud besonders an jenen Werken interessiert, in denen er die großen Vorwegnahmen seiner Einsichten fand. So attachierte er sich mehr als an irgendeinen bildenden Künstler — an Sophokles, Shakespeare und Goethe. Er bewunderte an den Dichtern ihre ›Feinfühligkeit für die Wahrnehmung verborgener Seelenregungen bei andern‹. Recht melancholisch vergleicht er mit ihren glänzenden Eingebungen seine graue Wissenschaft. Sie ist weniger genial, man arbeitet hier ›mit plumperen Händen‹. In Erinnerung an einen schönen Goethe-Vers mußte er ›aufseufzen‹; der Dichter hole ›mühelos‹ herauf, was der Psychologe nur ›durch qualvolle Unsicherheit und rastloses Tasten‹ erreiche. Doch erobere er systematischer und also zuverlässiger – wenn auch in langsam-prosaischen Schritten, was die Poeten bereits erflogen hatten. Es mag aber sein, daß Freud nicht nur vielen andern Denkern unrecht getan hat – auch dem großen Psychologen Freud. Der unterschätzte, weil er die Grenze zwischen Dichter und Denker zu schematisch zog, seine eigene künstlerische Art. Er sagte einmal von Leonardo: er habe in einer Epoche des Lebens seine wissenschaftlichen Forschungen in den Dienst seiner Kunst gestellt. Freud stellte zu allen Zeiten seines Lebens seine künstlerischen Visionen in den Dienst seiner Wissenschaft.

Die spekulative Ästhetik hat Kunst-Hierarchien geschaffen. Die Aufklärer setzten die Literatur auf den Thron, die Romantiker die Musik. Da Freud an keine Metaphysik gebunden war, der die Kunst-Theorie hätte gleichgeschaltet werden müssen, gibt es bei ihm keine Rangordnung. Aber er hatte seine persönlichen Vorlieben: Literatur und Bildhauerei, weniger Malerei. »In der Musik bin ich fast genußunfähig«, heißt es in einem Bekenntnis, das seine Arbeit ›Der Moses des Michelangelo‹ einleitet. Weshalb? Kunstwerke ›erfassen‹ heißt: ›mir begreiflich machen, wodurch sie wirken‹. Aber muß man Kunst ›erfassen‹, um sie zu genießen? Eine Wirkung vor diesem Sich-›begreiflich-Machen‹ zog er offenbar nicht in Betracht; Kunstgenuß war ihm erst möglich, nachdem er begriffen hatte, warum er berührt worden war. Man könnte einfacher sagen: er wurde gar nicht ursprünglich berührt. Er brauchte die Rationalisierung des Eindrucks als Vermittler zum Genuß. Erst die Einordnung schuf das Erlebnis.

Er berichtete, er sei ›kein Kunstkenner‹, sondern ein Laie. Es gibt aber kunstempfängliche und kunstfremde Laien. Freud war nicht sehr empfänglich. »Ich habe oft bemerkt«, fährt er in seinem Bekenntnis fort, »daß mich der Inhalt eines Kunstwerks stärker anzieht als dessen formale und technische Eigenschaften, auf welche doch der Künstler in erster Linie Wert legt.« Der Künstler legt nicht aus irgendeiner professionellen Schrulle auf professionelle Findigkeiten Wert; was Freud als formal und technisch dem Inhalt entgegensetzte, ist die Kunst am Kunstwerk.

Es ist also vielleicht Selbsttäuschung gewesen, wenn Freud nur im Hinblick auf die Musik sagte, er sei ›fast genußunfähig‹. Nur kommt bei der Musik besonders deutlich diese Unfähigkeit heraus, weil ihr prinzipiell fehlt (wenn man von dem bißchen Ton-Malerei absieht), was Freud den ›Inhalt‹ nennt. Dieser Inhalt besteht in allen andern Künsten fast ausschließlich aus Elementen, welche Reales abbilden – zum Beispiel Formen, Farben, Gegenstände und Kreaturen; außerdem noch aus Begriffen. Reales und Begriffliches kann man be-greifen und begreifen; die Musik allein hat diese Elemente nicht. Freuds Vorstellung, daß die Freude am ›Begreifen‹ eines Kunstwerks – Kunstgenuß ist, beweist, wie wenig er diesen spezifischen Genuß kannte.

Möglich, daß er selbst den Ursprung seiner Unempfänglichkeit ahnte, wenn er auch geneigt war, sie auf die Musik einzuschränken. »Eine rationalistische oder vielleicht analytische Anlage«, so erläuterte er sich, »sträubt sich in mir dagegen, daß ich ergriffen sein und dabei nicht wissen solle, warum ich es bin und was mich ergreift.« Sein Werk zeigt starke künstlerische Züge: diese reiche Phantasie, welche seine Theorien geschaffen hat; dieser dramatische Blick für Konflikte, mit dem er schließlich die Welt zusammengesehen hat als Aufeinander-Prall zweier Ur-Triebe; dieser schlichte Stil, der nicht nur schlicht ist, sondern Prägungen von höchster schriftstellerischer Meisterschaft hat. Aber ein Künstler ist noch nicht selbstverständlich auch kunstempfänglich. Diese Empfänglichkeit dürfte anders als die künstlerische Begabung abhängig sein von der Erziehung. Hat Freud gelernt, zu sehen und zu hören? Was über seine Bildungsgeschichte bekannt ist, läßt vermuten, daß er fast ausschließlich auf Abstraktionen trainiert wurde.

Obwohl er versicherte, Kunstwerke hätten eine starke Wirkung auf ihn ausgeübt, ›insbesondere Dichtungen und Werke der Plastik, seltener Malereien‹, wird diese Empfänglichkeit für die bildende Kunst nicht sichtbar. Giotto und Botticelli werden gelegentlich erwähnt – zufällige Erwähnungen, die nichts aussagen. Einige Bilder der Zeitgenossen Schwind, Kaulbach und Böcklin gehörten zu seiner Vorstellungswelt. Vor allen andern waren Bilder des Leonardo Kronzeugen für seine Theorie. Freud schrieb einmal an Fliess: »Leonardo, von dem kein Liebeshandel bekannt ist, war vielleicht der berühmteste Linkshänder. Kannst du ihn brauchen?« Dies ›brauchen‹ führt tief hinein in Freuds Beziehung zu Künstlern und ihren Werken. »Wir huldigen ihm, indem wir an ihm lernen«, sagte er. Freuds Huldigung an die Künstler bestand meistens darin, daß er sie zum analytischen Dienst einzog.

Es gibt Ausnahmen. Er hatte eine starke Neigung zu jenen ägyptischen Plastiken, hellenischen Porträts der alexandrinischen Epoche, die zu seiner Zeit ausgegraben und von ihm gesammelt wurden; aber einer seiner engsten Freunde bemerkte, daß er nicht künstlerisch ergriffen, sondern als Forscher der Mythologie interessiert war. Es gibt eine Plastik, von der er sagte: er habe von keinem Bildwerk je eine stärkere Wirkung erfahren. Das war der ›Moses des Michelangelo‹, dem er eine großartige Studie widmete. In einer der wenigen Passagen, in denen der sehr zurückhaltende Freud Gefühle verriet, schilderte er: wie ihn die viel-umrätselte Marmor-Statue in der römischen Kirche S. Pietro in Vincoli gezwungen habe, »dem verächtlich-zürnenden Blick des Heros standzuhalten, und manchmal habe ich mich dann behutsam aus dem Halbdunkel des Innenraumes geschlichen, als gehörte ich selbst zu dem Gesindel, auf das sein Auge gerichtet ist, das keine Überzeugung festhalten kann, das nicht warten und nicht vertrauen will und jubelt, wenn es die Illusion des Götzenbildes wieder bekommen hat.« Hier unterlag er nicht einem Gedanken, sondern einem Gesicht.

Man darf zusammenfassend sagen: Freud hat tief hineingeblickt in den Ursprung und die gewaltige Funktion der Künste — und dennoch keine starke Beziehung zu ihnen gehabt. Er war eher ein Künstler als einer, dem es gegeben war, Kunst zu genießen. Man könnte es auch so ausdrücken: am wenigsten Künstler war er im Kunstgenuß. Er benutzte in Ehrfurcht Leonardo und Goethe und ihre Werke – als Bestätigungen seiner Einsichten. Er benutzte auch seine Einsichten, um ein Bild von Schwind und den ›Hamlet‹ und eine Stelle aus ›Dichtung und Wahrheit‹ und ›Die Brüder Karamasoff‹ dem Verständnis näherzubringen. Er war ein großer Deuter von Mensch und Menschenwerk – auch im Bezirk der Kunst.

Er selbst hat die Grenzen seiner Methode gezogen. Er hat aus ihr nicht einen Maßstab für ästhetische Urteile hervorgezaubert. Er hat nicht gepriesen und verworfen – wie Marx und seine Schule. Freudianer gehen mit Freud sehr streng ins Gericht, weil er nicht zur Deduzierung einer ästhetischen Wert-Ordnung vorwärtsgeschritten sei. Sie sehen in seiner Zurückhaltung vor dem ›Mysterium der Kunst‹ psychologischen Defaitismus. Vermittelnd läßt sich vielleicht sagen, daß mit jener Psychologie, die Freud auf den Namen ›Psychoanalyse‹ taufte, dem Mysterium nicht näherzukommen ist, als er es (zum Beispiel) in der längsten seiner ästhetischen Abhandlungen ›Der Wahn und die Träume in W. Jensens *Gradiva*‹ versuchte.

Auf einem anderen Blatt steht, daß er dieselbe neue Welt entdeckte, die, unabhängig und abhängig von ihm, zeitgenössische Dichter und Bildner gestalteten. Er nahm Neo-Romantiker, Futuristen und Kubisten, Dadaisten und Expressionisten vorweg – wie der dreißigjährige Schopenhauer bereits die Musik beschrieb, die (der damals sechsjährige) Richard Wagner vierzig Jahre später schaffen sollte ... dem philosophischen Ästhetiker zum Ärgernis.

Kleiner Exkurs:
Freud und die deutschen Dichter

Schopenhauer, der in Begriffen aussagte, was Wagner ausmusizierte – hing an Rossini. Auch Freud hatte wenig Beziehung zur zeitgenössischen Kunst, der er verwandt war – und viel Enthusiasmus für die deutschen Klassiker, mit denen er so wenig gemein hatte. Vielleicht muß man hier aber eine Ausnahme machen.

Wenige Jahre vor seinem Tode offenbarte Freud, daß Lessing sein ›bewußtes, erwähltes Vorbild‹ gewesen sei. Und wirklich ähnelt die unauffällige Sprache, die von Zeit zu Zeit sehr auffällt durch epigrammatische Sätze, in denen bisweilen eine ganze Theorie zusammengezogen ist in wenige leuchtende Zeilen, den Sätzen des großen Vorbilds. Auch lebte in beiden die Toleranz aus Skepsis, die unpathetische Humanität, die sehr poetische Prosa zurückhaltender Enthusiasten.

Thomas Mann schrieb: hätte Freud die Literatur besser gekannt, so hätte er sich nicht so einsam gefühlt. Er hat die Welt-Literatur recht gut gekannt und die Harmonie zwischen sich und den größten Meistern sehr geschätzt. Sein Werk ist übersät mit Zitaten aus allen Literaturen. Das Zitieren kann vieles sein zwischen Bildungshochmut und jener Kunst, die im Hinsetzen der schönsten Wort-Prägung eines andern für den eigenen Gedanken besteht. Freud zitierte – auch zur Abwechslung. »Ich denke, Sie werden es als Erholung empfinden«, redete er seine Hörer an, »wenn ich Ihnen nach der im Grunde trockenen Phantastik der Wissenschaft eine poetische Darstellung« gebe. Dann las er einen berühmten Dialog zwischen Goethes Suleika und

Hatem. Und es sind Dichter, welche oft die leuchtendste Formulierung beisteuern – wie Jean Pauls: »Der Witz ist der verkleidete Priester, der jedes Paar traut.« Freud wollte aber vor allem sich bestätigen lassen. Im ›Oedipus Rex‹, im ›Hamlet‹, in den ›Brüdern Karamasoff‹ fand er den *Oedipus-Komplex* klassisch formuliert – wenn auch ohne das theoretische Bewußtsein, das er selbst erst entwickelt hat.

Sein vornehmster, häufigster Kronzeuge war Goethe. Freud besaß die umfangreichste Sammlung, die Sophien-Ausgabe; er soll oft während des Gesprächs aufgesprungen sein, um nachzusehen, »was der alte Goethe« zu sagen hat. Es war ein Vortrag des »kleinen, unvergleichlich schönen Aufsatzes von Goethe«, ›Die Natur‹, der den »schwankenden Abiturienten zum Studium der Naturwissenschaft drängte«. Freud träumte gelegentlich von Goethe; und erkannte, daß er für gute Deutsche ein Vater-Symbol geworden war. Wenn er mit Kollegen diskutierte, so bot sich leicht eine Goethe-Stelle als Beispiel an. Einmal kam heraus, daß ein Patient von einer Episode in ›Dichtung und Wahrheit‹ »zur Masturbation gedrängt worden sei« (›Bemerkung über einen Fall von Zwangsneurose‹).

Die gebildeten Deutschen der letzten hundertundfünfzig Jahre sind mit Goethe wie mit einem nahen Familienmitglied groß geworden. Viele können sich an Goethes Liebschaften besser erinnern als an ihre eigenen. Allen fällt bei jeder Gelegenheit eine Goethe-Sentenz ein. Freud drängte sich immer wieder ein ›Faust‹-Zitat auf. In irgendeinem Zusammenhang geht ihm eine »Spottrede Mephistos durch den Sinn« – »Verse, die kein Deutscher je vergessen wird«. Bei Freud geht es gar nicht mehr um Nicht->Vergessen<, eher um eine Art von Erinnerungszwang. Er mußte sich immerzu erinnern: an den >Geisterchor< des >Faust< (zum Beispiel), der die zerstörte Welt beklagt – die (nach Freud) der Paranoiker wieder aufbauen muß; oder an Fausts Verlangen nach Gretchens Strumpfband – zur Illustrierung, daß der Fetischismus zum normalen Liebesleben gehört. Als Freud einen Aufsatz über >Charakter und Analerotik< schrieb, fiel ihm selbstverständlich sofort das berühmte Wort aus dem >Götz< ein.

»Auch hierin darf ein Dichter das Wort haben...«, heißt es einmal. >Ein Dichter< ist fast immer Goethe. Er schenkte ihm das Motto für das Buch >Zur Psychopathologie des Alltagslebens<. Und über das Kapitel >Abfallsbewegungen< (>Zur Geschichte der psychoanalytischen Bewegung<) setzte Freud Goethes:

»*Mach es kurz!*
Am Jüngsten Tag ist's nur ein Furz.«

Goethe drängte sich auch dann ein, wenn das Zitat in diesem Zusammenhang ganz ohne Belang war; sogar noch, wo es gar nicht hinpaßte. Ja, Goethe wird selbst dort herbeigezogen (in einer Art von Zwangs-Zitieren), wo Freud hinzufügen muß, daß der Dichter vielleicht doch nicht ganz recht hat. Alle Assoziationen im Denken Freuds laufen früher oder später zu Goethe.

Biographische Daten Goethes sind Freud so gegenwärtig, daß sie sich immer wieder als Erläuterungen einstellen. »Der Mechanismus ist derselbe wie der hysterischer Phantasien«, schreibt er an Doktor Fliess; und demonstriert, welche Rolle der >Werther< in Goethes

Leben spielte. Und als er den ›Mißbrauch mit Namen‹ untersuchte, dachte er daran, wie empfindlich Goethe war, als Herder seinen Namen mißbrauchte: »Der du von Göttern stammst, von Gothen oder vom Kote.« Es war auch ein biographisches Faktum, dem Freud seine Goethe-Studie ›Eine Kindheitserinnerung aus Dichtung und Wahrheit‹ widmete. Aus der einzigen Erinnerung, die der Zeit vor Goethes sechstem Jahr angehört, eruiert Freud, mit Hilfe seiner Methode, das Geheimnis der Goetheschen Harmonie. Der Dichter erzählt, wie er als Kind Täßchen und Tellerchen aus dem Fenster warf – und schließlich, als ihm die drei gegenüber wohnenden Brüder von Ochsenstein aufmunternd applaudierten, einen großen Teil des Haushalts. Freud kam nun, mit Hilfe von Patienten, die sich an ähnliche Ereignisse aus ihren früheren Jahren erinnerten, zu einer Auslegung, die viel mehr erklärt als diese Episode. Das Herauswerfen symbolisiere den Wunsch, daß ein Neugeborenes im Hause der Eltern verschwinden möge. Goethe wurde dieser Wunsch erfüllt. Das Brüderchen starb bald; man brauchte die Liebe der Mutter nicht mit ihm zu teilen. Hier liege das Geheimnis von Goethes nie irritierter Anhänglichkeit ans Dasein. Denn, ›wenn man der unbestrittene Liebling der Mutter gewesen ist, so behält man fürs Leben jenes Eroberungsgefühl, jene Zuversicht des Erfolgs, welche nicht selten wirklich den Erfolg nach sich zieht‹.

Kritisch wäre vielleicht hinzuzufügen, daß die spezielle Deutung des Sachen-Hinauswerfens richtig sein kann, ohne die umfassendere Aussage zu rechtfertigen. Selbst wenn die von Goethe geschilderte Szene hier zum ersten Mal ihre psychologische Wahrheit erhalten hätte – wäre sie eine Grundlage, breit genug, um die weite Welt des Dichters zu tragen? Man könnte gegen diesen Zweifel einwenden, daß auch der Eichel nicht anzusehen ist, aus ihr wird einmal ein Eichbaum. Aber ist denn wirklich der Eichbaum – die Eichel? Nicht nur der Beginn, aus dem Sonne, Mond und Sterne und Erde etwas machten? Vielleicht kann man sagen, daß nichts ungoethescher aussieht als diese Goethe-Skizze... was übrigens kein Werturteil ist, nur eine Feststellung.

Sie muß unterstrichen werden, weil nicht nur er seine Vertrautheit mit Goethe – und goethescher Art verwechselte. Im Jahre 1930 erhielt er den Frankfurter Goethe-Preis. Der Dichter Alfons Paquet, Sekretär des Kuratoriums, schrieb an Freud: der durch seine »Forschungsweise geförderte, gleichsam mephistophelische Zug zum schonungslosen Zerreißen aller Schleier« sei »der unzertrennliche Begleiter der Faustischen Unersättlichkeit und Ehrfurcht vor den im Unbewußten schlummernden bildnerisch-schöpferischen Kräften«. Die ›im Unbewußten schlummernden Kräfte‹ sind aber gerade das Gegenteil der ›bildnerisch-schöpferischen‹, die erst in der Sublimierung entstehen. Paquet hätte sich allerdings in seinem Irrtum auf Freud berufen können, der in der Schrift ›Das Unbehagen in der Kultur‹ Mephistos:

»*Denn alles, was entsteht,*
Ist wert, daß es zugrunde geht.«

mit dem ›Destruktionstrieb‹ identifizierte; aber hinzuzusetzen vergaß, daß Goethe im Mephisto einen Teil jener Kraft sah, die stets das Böse will und stets das Gute schafft. Während Freud zu jenem Empedokleischen Dualismus kam, der schließlich in Aufbau und Destruktion, in ›Eros‹ und ›Todestrieb‹ die beiden letzten gleichwertigen Elemente des Lebens fand.

Auch deutet Freud ganz gewiß Goethe auf Freud um – am Ende seiner Rede über ›Goethes Beziehungen zur Psychoanalyse‹, die er in Frankfurt von seiner Tochter verlesen ließ: Goethe sei nicht nur ›ein großer Bekenner‹ gewesen, auch ›ein sorgsamer Verhüller‹. Es war nicht nur der feierliche Anlaß, der auch den ehren sollte, in dessen Namen die Ehrung stattfand – es war eine Illusion des so illusionslosen Freud, daß er nicht die Grenzen sah zwischen Goethe und Freud. Sie sind sehr sichtbar. Er hätte sich zum Beispiel der Stelle entsinnen können, an welcher er Goethes

> »Wer Wissenschaft und Kunst besitzt,
> hat auch Religion:
> Wer jene beiden nicht besitzt,
> der habe Religion.«

erwähnt. War Freud der Ansicht, daß Wissenschaft und Kunst auf der einen Seite, Religion auf der andern ›einander in ihrem Lebenswert vertreten oder ersetzen können‹? Er war religionsfeindlich aus Wissenschafts-Enthusiasmus; er ließ die Kunst zu, weil sie der Wissenschaft keinen Harm tut. Goethes ferne Unbekümmertheit war recht unfreudisch. Aber dieser Goethe-Jünger kam nie auf die Idee, die Kluft zu bemerken. Er lebte in traditioneller Scheu vor ihm, einem ›unserer großen Dichter und Weisen‹. Er stellte sich niemals neben ihn. Und wenn die Seinen es taten, verulkte er sie: wie Goethe sei auch er oft in Karlsbad gewesen; im Gegensatz zu Goethe aber, dem dezidierten

Nicht-Raucher, fände er: die einzige Entschuldigung für Columbus sei – die Entdeckung des Tabaks.

Es fällt auch auf, daß alle Erinnerungen an Goethesche Maximen nicht eine einzige enthalten, die Freud als goethesch erkennen lassen. Während er Hebbel und Fontane sehr selten zitiert – dann aber mit Worten, die verraten, daß sie Freudsche Kernworte sein könnten. Hebbels ›Judith‹, von der man annehmen könnte, sie sei von Freud beeinflußt, wird im Aufsatz ›Das Tabu der Virginität‹ zergliedert. Hebbels Warnung ›Rühre nimmer an den Schlaf der Welt‹ führte er an – und beachtete er nicht, nach seinem eigenen Urteil; aber das Grauen, das in Hebbels Satz unvergeßlich Wort geworden ist, war eins der Grundelemente, das seiner dringlichen Verkündung der Vernunft die geheime Angst beimischte. Freud rührte sehr an den Schlaf der Welt – und beeilte sich, den Kerkermeister Vernunft zu stärken, um die aufrührerische ›Welt‹ unter Kontrolle zu halten.

Auch Fontanes zentralster Satz, der im Roman ›Effi Briest‹ steht: »Es geht nicht ohne Hilfskonstruktionen«, wird zitiert – und nicht nur einmal, zweimal (in zwei verschiedenen Jahrzehnten). Freud war auch darin fontanesch, daß er diese hilfreichen Illusionen in kleinen Dosen, nüchtern verabfolgt wissen wollte... zum Beispiel im Traum, im Werk der Kunst. Bei aller Distanz zwischen dem konservativen Märker und dem liberalen Wiener: es scheint, als ob ihm unter den zeitgenössischen Dichtern niemand mehr geähnelt hätte als der Autor des ›Stechlin‹.

Schiller und Goethe sind unzertrennlich für alle, die in der deutschen Tradition aufgewachsen sind; auch jenen Dichter hat Freud nicht erwählt, sondern von Geburt mitbekommen. Liest man die Berichte von den Feiern am hundertsten Geburtstag, im Jahre 1859, als Freud drei Jahre alt war, so versteht man, daß auch Schiller ihm immerzu einfiel; daß er wie selbstverständlich seinen offiziellen Titel ›der große Dichter und Denker‹ dem Namen anfügte; in einer Variante sprach er von ›unserem großen Dichterphilosophen‹.

Die Dioskuren-Popularität der beiden deutschen Klassiker darf vielleicht so differenziert werden, daß Goethe der größere Gott ist und Schiller der populärere. Etwas davon kommt auch bei Freud durch. Goethe ist häufiger·da; denn es gibt keinen Schillerschen ›Faust‹. Aber nur bei Schiller fallen ihm ›Fliegende Blätter‹-Parodien ein. »Mit Schiller zu reden«, »mit den Worten des Schillerschen Tauchers auszurufen« ist unvermeidlich. Allerdings zitiert ihn der Wiener Freisinnige nicht bei den Gelegenheiten, bei denen er fahnenschwingenden reichsdeutschen Patrioten die Parole gab; Freud war schließlich ein unter dem Bürgermeister Lueger lebender liberaler Österreicher. Auch Schiller dringt in sein Leben und in den Traum ein. Sehr wenig der Mann. Es gibt in dieser Biographie kein Sesenheim und keine Frau von Stein; es sind wohl vor allem die mehr oder minder erdichteten Liebesabenteuer gewesen, die Goethes ganzes Leben verklärten und volkstümlich machten. Von Goethe kam Freud an passender Stelle sogar in den Sinn, daß er seinem Vater von Jahrzehnt zu Jahrzehnt ähnlicher wurde. Schillers Leben ist nie Allgemeingut geworden; Freud kommt es nie in den Sinn. Auch Schillers Prosa wird nicht erwähnt; sie blieb das

Reservat der Fachleute und literarischen Feinschmecker. Nur die Dramatik (vor allem der ›Wallenstein‹) ist an vielen Stellen gegenwärtig; sie allein schuf sein Bild. Es sind die Figuren und die Sentenzen der Dramen, welche die bunten Kommentare zu Freuds Thesen hergeben. Schiller spricht in seinen Stücken: vom Hunger und von der Liebe als den bewegenden Kräften des menschlichen Universums; von der Identifikation mit dem Vorgesetzten; vom Wortspiel mit Eigennamen; vom Versprechen; vom bewußten Selbstmord, der den direkten Weg scheut ... von vielen andern Freud-Themen. Aber es ist kein Zufall, daß er nicht Schiller, sondern Goethe zwei wesentliche Arbeiten widmete, von denen die eine seine Bewunderung für das Glückskind zeigt, während die andere bestimmt war, Goethe und Freud miteinander zu verbinden und zu verbünden. Es gibt keine einzige Stelle, die darauf hinweist, daß er so sehr um Schillers Segen warb.

Andere deutsche Dichter-Klassiker – Romantiker, Naturalisten, jüngere Zeitgenossen, werden nur sehr gelegentlich erwähnt und mit nichtssagenden Attributen wie ›einer unserer besten Dichter‹ (Anzengruber) versehen. Börne und Heine kannte er recht gut. Er besuchte ihre Gräber in Paris. Börne ist der erste Schriftsteller gewesen, dem er nahe gekommen war. Als Vierzehnjähriger hatte er einen Band seiner Werke erhalten, das einzige Buch, das er aus seiner Jugendzeit bewahrte. Börnes Skizze, ›Die Kunst, in drei Tagen ein Original-Schriftsteller zu werden‹, endet mit den Sätzen: »Nehmt einige Bogen Papier und schreibt drei Tage hintereinander, ohne Falsch und Heuchelei, alles nieder, was euch durch den Kopf geht. Schreibt, was ihr denkt von euch selbst, von euren Weibern, von dem Türkenkrieg, von Goethe, von Fonk's Kriminalprozeß, vom jüngsten Gericht, von euren Vorgesetzten – und nach Verlauf der drei Tage werdet ihr vor Verwunderung, was ihr für neue, unerhörte Gedanken gehabt, ganz außer euch kommen. Das ist die Kunst, in drei Tagen ein Originalschriftsteller zu werden.« Als man Freud, den alten Verehrer Börnes, auf diese Stelle hinwies, welche seine Lehre von der Freien Assoziation vorwegnahm, gab er den folgenden Kommentar: es scheint uns nicht ausgeschlossen, daß dieser Hinweis jenes Stück Kryptomnesie aufgedeckt hat, das in so vielen Fällen hinter einer entscheidenden Originalität vermutet wird.

Nicht einmal Heine war dem gebildeten Deutschen des neunzehnten Jahrhunderts ein Klassiker vom Range Goethes und Schillers. Es ist bemerkenswert, daß auch Freud ihn nie mit so feierlich, majestätischen Epitheta einführte wie die beiden aus Weimar. Doch muß ihn viel mehr mit Heine verbunden haben als dokumentiert werden kann: der Haß gegen die deutsch-österreichische Reaktion; die Unabhängigkeit von religiöser Dogmatik; das ›Lustprinzip‹. Er spricht nie davon. Kaum wird er sich (wie mancher Zeitgenosse) am sentimentalen Heine ergötzt haben. Woran denn? Der Poet erscheint im Werk des Psychologen fast ausschließlich als Material für die Analyse der ›Technik des Witzes‹. Dabei fällt auf, wie Freud behaglich-begeistert gerade eine nicht so großartige Witzelei wie ›famillionär‹ untersucht – und einen recht geschmacklosen Vers wie:

*»Bis mir endlich alle Knöpfe
Rissen an der Hose der Geduld.«*

Abgesehen davon, daß Freud eine der bewegendsten Kräfte des zwanzigsten Jahrhunderts war, opferte er auch reichlich der muffigsten Plüschmöbel-Tradition. Aber im Jahre 1956, als Heines hundertster Todestag und Freuds hundertster Geburtstag gefeiert wurden, konnte man auf die Idee kommen, daß 1856 eine Seelenwanderung stattgefunden habe. Und es ist nicht nur zu entdecken, wie verwandt der Spätere dem Früheren war – auch wie Sigmund Freud den Dichter Heinrich Heine variierte.

Am sechsten Mai 1856 wurde Sigmund Freud geboren. Am siebzehnten Februar war Heinrich Heine gestorben. Es ist, als ob der Dichter, drei Monate nach seinem Tod, als Forscher wiedergeboren wurde. Als Heine zur Welt kam, war seine Heimat Düsseldorf französisch; die Soldaten der Großen Armee waren in den Westen Deutschlands eingedrungen; als er starb, nach zwei erfolglosen Revolutionen und mancher Restauration, waren Armeen und Ideen zurückgeflutet, in Frankreich herrschte der erste große Demagoge unserer Ära, Napoleon III. – und Heine erwartete demnächst die Herrschaft des Kommunismus ... eine Episode, wie er glaubte.

Als Freud 1939 starb, währte die russische ›Episode‹ bereits zweiundzwanzig Jahre, Napoleon des Kleinen viel imposanterer deutscher Nachfolger hatte den Höhepunkt seiner Bahn erreicht – und Freud glaubte (wie Heine) weder an die Bolschewisten noch an die Christen. Er hatte die Weltgeschichte nicht von Paris aus erlebt, sondern in Wien: zuerst der kaiserlichen Stadt Franz Josefs, Doktor Luegers und Schnitzlers – zuletzt, 1938, im angeschlossenen Wien, von dem er vor allem bemerkte, daß sein Katholizismus sich als ›ein schwankes Rohr‹ erwiesen habe. 1914, 1918, 1933, 1939 wurde ebensoviel umgestürzt wie damals von dem korsischen Sturm; und was nach allen Umwälzungen aufgebaut wurde, gefiel beiden nicht. Sie waren nie ein Herz und eine Seele – weder mit einer herrschenden Macht noch mit einer aufbegehrenden, und dennoch waren sie nie neutral.

Ihr Leben mutet an wie zwei sehr verwandte Variationen über dasselbe Thema. Doch sollte man die Oberflächen-Ähnlichkeiten nicht übertreiben. Sie starben beide in der Verbannung; Freud ging erst in den letzten Monaten seines Lebens ins Exil, übrigens ebenso ungern wie Heine. Sie waren beide in dem letzten Jahrzehnt vor dem Tod todkrank und rangen sich, in vielen Jahren des Sterbens, unter Schmerzen Meisterwerke ab; aber Heines Matratzengruft war so pathetisch und Freuds sechzehnjähriges Siechtum so unauffällig, daß die Ähnlichkeit nicht recht sichtbar wird.

In den Vordergrund drängen sich viel mehr die Gegensätzlichkeiten: wie anders der leichtlebige, leichtsinnige, offenherzige und unbeständige deutsch-romantische Pariser mit den vielen fragwürdigen Freundschaften, Feindschaften und Liebschaften ... als der schwerblütige, monoman-monogame, pedantische, verschlossene, eigensinnig-gradlinige, fast preußisch anmutende Österreicher, aus dessen neunundsiebzig Jahren Wien nichts zu berichten ist von Wiener Mädeln, Caféhausqualm, Walzern und glänzenden Abenden in der Oper.

Und doch waren die beiden – Zwillinge: vor allem in dem einen Willen, gegen dieselben Feinde. Beide waren (möchte man etwas listig sagen) mit einer religiösen Inbrunst: diesseitig. Freud zitierte aus seiner früheren Existenz:

> »*Den Himmel überlassen wir*
> *den Engeln und den Spatzen.*«

Der Poet hatte von Nektar und Ambrosia gesungen – und es gar nicht mythologisch gemeint. Der Gelehrte sang nicht; er induzierte und deduzierte und übersetzte Nektar und Ambrosia mit einem Fachwort, dem man auf den ersten Blick die Sehnsucht nicht mehr anmerkt: ›Lustprinzip‹.

An ihren Feinden sollt ihr sie erkennen! Sie haben bis zu diesem Tage die gleichen. Man könnte ihnen weltanschauliche oder parteiamtliche Namen geben. Das wäre zu eng. Man könnte auch mit Anatole France sagen: »Es ist in der Natur der echten Weisen, beim Rest der Menschheit Ärgernis zu erregen.« Das wiederum wäre zu weit. Wie benennt man die Gegner? Auf die Frage, ob der Mensch ein Affe oder ein Engel sei, antwortete Disraeli, mit einem Idealismus, der es sich immer zu leicht gemacht hat – sowohl gegen die Schweine Epikurs als auch gegen die Affen Darwins: »Ich bin auf seiten der Engel.« Patrioten, Christen, auch Kommunisten waren immer einig in dem Vorwurf: Heine und Freud waren nicht auf seiten der Engel. Sieht man aber genauer hin, so gehören diese Engel zu jenen, die mit flammendem Schwert irgendeine Tür versperren.

Die beiden waren von seltener Art: skeptisch, melancholisch und kämpferisch. Der tapfere und vorsichtige Freud verglich sich mit den französischen Enzyklopädisten, die der Kirche gehorchten – und gegen sie Proteste ausschickten. Sie glaubten beide nicht an Barrikaden. Heine weigerte sich nach der Revolution von 1830, Freud nach dem Ersten Weltkrieg, an die Spitze der Jugend zu treten, die ihnen folgen wollte. Sie waren sehr couragiert und wenig empfänglich für Illusionen. Während andere sich beruhigten, indem sie konspirierten und Manifeste unterschrieben – zogen sie sich zurück ins Reich des militanten Witzes, einer überlegen formulierten Überlegenheit. 1938 kamen braune Sturmtrupps in Freuds Wiener Haus und wollten 5000 Schilling. Er bemerkte, recht heinesch: »Das ist mehr als ich je für eine Visite erhalten habe.«

Zwei verwandte Seelen. Eine starb, als die andere geboren wurde. Zusammen lebten sie hundertvierzig Jahre. Die erste Hälfte war von der zweiten nicht so verschieden, wie die glauben, die jedes halbe Jahrhundert auf einen neuen historischen Namen taufen. Es sieht so aus, als lebte Freud in einer rauheren Zeit. Metternich ist fast ein lieber Liberaler, von Hitler aus gesehen. Der Turnvater Jahn ist fast eine Seele von Mensch, stellt man ihn neben die nazistischen Teutonen. Heines Antisemiten, die alberne Broschüren schrieben und gelegentlich Hepp-Hepp riefen, sind Stümper vor dem Generalstab des Jüdischen Kriegs 1933–1945, in dem man planmäßig das strategische Ziel erreichte. Heines Kommunisten waren (in seiner Phantasie, von Mitleid und Angst gefärbt) rußgeschwärzte, ausgemergelte Giganten in unterirdischen Höhlen, welche die

Messer schliffen. Zu Freuds Lebzeiten lebten sie nicht mehr in unterirdischen Höhlen, nicht mehr rußgeschwärzt, nicht mehr ausgemergelt – eher als Material eines andern Generalstabs, der den Gebrauch der Messer klar und überlegen kommandierte.

Es sieht aus, als hätte Freuds Epoche den Gipfel des Elends erreicht, zu dem Heines Zeitgenossen erst auf dem Wege gewesen waren. Aber es ist wohl nur der Größenwahn mancher Zeit, sich einzubilden: erst sie habe den Zustand vollendeter Sündhaftigkeit erreicht. Liest man Heines Zeitgenossen Balzac, so erkennt man: es konnte nicht mehr schlimmer werden – vielleicht nur offenbarer; man ist allerdings sehr nachsichtig mit den Katastrophen, die nicht an die große Glocke der Weltgeschichte kommen. Die beiden ähneln einander um so mehr, als sie es mit denselben Mächten zu tun hatten.

Heine zitierte einmal Napoleon auf Sankt Helena – zur Zeit also, wo der Mann einen freien Kopf hatte, sich mit der Zukunft zu beschäftigen. Bald werde, meinte der Prophet, die Welt eine amerikanische Republik oder eine russische Universal-Monarchie sein. Heine zog die Konsequenz: man werde also ›günstigstenfalls‹ – ›vor Langeweile sterben‹. Sowohl das ›Günstigstenfalls‹ als auch der Abscheu vor der Monotonie des ›ungeheuren Freiheitsgefängnisses Amerika‹, in dem Heine eine nur weniger gefährliche Spezies von Gleichheits-›Flegeln‹ fand, drücken Freuds spätere Haltung zum Osten und zum Westen aus. Er sah nach Rußland – und fand dort eine die Menschheit gefährdende Illusion verwirklicht. Amerika, »das größte Experiment, das die Welt gesehen hat«, wird, fürchtete er, kein Erfolg werden; er sagte noch viel bitterere Worte gen Osten und gen Westen. Zwei atheistische Europäer, tief verhaftet der christlichen Vorstellung von dem unendlichen Wert des Individuums, warfen dem einen wie dem andern die Zerstörung des einzelnen vor. Für bedrohlicher hielten sie die Schar des Karl Marx.

Es mag manchem einfallen, die Seelenwanderung des Jahres 1856 zu leugnen – mit dem Argument, man könne einen Dichter nicht vergleichen mit einem Wissenschaftler; der wahre Künstler sei ewig, der Forscher aber im besten Fall eine größere Station auf einer Strecke, die acht Jahre nach seinem Tod bereits weit zurückliege. Man sieht vor Handwerkzeugen die Schöpfer nicht. Heine – zum Teil ewig, zum Teil Staub – ist lebendiger als alle Anti-Heines nach ihm, vom verehrten Karl Kraus abwärts. Weshalb sonst würde man immer wieder den Toten zu erschlagen suchen? Freud geschah, was jedem Gelehrten zu recht geschieht: ein Schwarm von Investigatoren setzte sich auf sein Werk, zersetzte es – und sammelte, was sich als haltbar erwies. Wieviel ist nicht überholt an seinem hundertsten Geburtstag! – abgesehen davon, daß niemand heute lebt, auf dem weiten Gebiet der Seelenkunde, der so gegenwärtig ist wie der Mann, den Generationen von Studenten, Doktoren und Professoren auf schwache Stellen hin abgeklopft haben.

Die Geschichte des Denkens ist auch eine Geschichte des Überholens. Von Platon bis Schopenhauer – lauter Überholte. Wenn aber jemand fünfzig, hundert, einige hundert Jahre überholt worden ist und dann immer noch kräftig lebt, dann hat er sie alle überholt, die ihn überholt haben. Freud ist noch lange keine fünfzig Jahre tot. Das Urteil, welches unser Jahrhundert an seinem letzten Tag fällen wird, erfährt unsere Generation nicht mehr. Dagegen kennt man sehr genau alle Einwände gegen ihn – vor allem die, welche abgefallene Freudianer, Conférenciers und Zeloten vorbrachten. Stendhal schrieb in seiner Autobiographie ›Vie de Henri Brulard‹ zwanzig Jahre vor Freuds Geburt: »Ich wollte meine Mutter immer küssen und wünschte, daß es keine Kleider gäbe ... Ich küßte sie mit soviel Feuer wieder, daß sie fast gezwungen war davonzugehen. Ich verabscheute meinen Vater, wenn er dazukam und unsere Küsse unterbrach. Ich wollte sie ihr immer auf die Brust geben. Man geruhe, sich zu vergegenwärtigen, daß ich sie verlor, als ich kaum sieben Jahre alt war.«

So wird mancher, der mit Freud liest und in die Welt sieht, auf den Gedanken kommen: sollte er uns vielleicht Augen geöffnet haben, so daß wir mehr Organe besitzen, seit er da war? Das Gemeinsame der großen Maler, Denker und Dichter besteht darin, daß die Nachkommen mehr Erfahrungen machen können, weil jene lebten. Ich glaube, Freud gehörte zu dieser erlauchten Schar. Allerdings macht erst das Alter eines Werks einen solchen Glauben zu einem Dekret des Weltgerichts. Der Autor dieser sehr kritischen Bewunderung ist hingegen in der glücklichen Lage, von keinem Jahrtausend-Spruch protegiert zu sein. Er hat die Freiheit, sich zu irren.

Wie ihm Heine wichtig wurde für das Thema ›Witz‹, so E. T. A. Hoffmann für das Thema ›Das Unheimliche‹. Die Dichter sind immer nur Kronzeugen; kaum gibt es Begeisterung für irgendeinen Sänger seines Herzens. Zu niemand hatte er ein Verhältnis wie Kierkegaard zu Mozart oder Nietzsche zu Wagner. Er schrieb über literarische Werke nicht aus Ergriffenheit. Seine längste literaturwissenschaftliche Studie widmete er der Erzählung ›Gradiva‹; er sprach von ihr als einer kleinen, an sich nicht besonders wertvollen Novelle. Überraschend ist, wie selten er den zeitgenössischen Dichter Arthur Schnitzler erwähnt, der Freuds leise Resignation in vielen Figuren vortrefflich beschrieb. Der Doktor Schnitzler hatte ihn im Jahre 1888 in der Kokain-Affäre verteidigt. Anerkennend schrieb der Doktor Freud vom zwiefachen Kollegen – im Anschluß an die Lektüre des ›Paracelsus‹: »ein Dichter, der allerdings auch Arzt ist«. Es gibt Briefe aus den Jahren 1906, 1912, 1922, in denen Freud bekundete, wie sehr er sich ›der weitreichenden Übereinstimmung bewußt‹ ist. Aber wie wenig kommt dieser zeitgenössische, poetische Psychologe, der seiner Welt so nah war, bei ihm zu Wort – während die im Grunde so ferne Tradition die Zitate lieferte. Freud schrieb an Schnitzler: er habe ihn ›gemieden‹ (nur seine Person? nicht auch sein Werk?) – ›aus einer Art von Doppelgängerscheu‹. War es nicht eine andere Scheu? Eine Widmung an den Doppelgänger lautet: ›mit geziemender Schüchternheit‹. Ist das vielleicht mehr als eine generöse Geste gewesen? Freuds Zurückhaltung vor den verwandten Dichtern seiner Tage mag in einer (manchen Wissenschaftlern eigenen) Heroisierung des Künstlers verwurzelt gewesen sein. Schon Kant meinte: nur ein Künstler kann ein Genie sein, ein Gelehrter nie.

Am frappantesten ist die Abwesenheit wesentlicher Äußerungen über Thomas Mann. Im Jahre 1929 schrieb der Dichter seinen ersten Aufsatz über Freud. Der dankte 1935 dafür, daß ›einer der berufensten Wortführer des deutschen Volkes‹ ihm ›eine Stellung in der modernen Geistesgeschichte zuwies‹. Im selben Jahr schrieb er in einem Gratulationsbrief zum sechzigsten Geburtstag Manns: er sei einer seiner ›ältesten‹ Leser und Bewunderer. Der fast achtzigjährige Freud machte das Wort ›ältesten‹ durch Anführungsstriche kenntlich – er war also als Thomas Mann-Leser sehr jung. Im Werk wird der Dichter nie erwähnt. Der ›Bewunderer‹ sagt in dem sehr kurzen Brief nicht, was er bewundert. Man darf wohl abgekürzt sagen, daß Freud mit der zeitgenössischen Kunst nicht sehr vertraut war.

Vielleicht aber hat man ein Recht, zwei Dichter auszuzeichnen: daß sie seinem Herzen näher waren als die vielzitierten Klassiker und die wenigzitierten Schnitzler und Zweig und Mann und Rilke, die er persönlich kannte, und Gustav Mahler, der ihn konsultierte: Nestroy und Conrad Ferdinand Meyer. Für Nestroy scheint er eine Art Familien-Anhänglichkeit, von gemütvollem und gemütlichem Attachement gefühlt zu haben. »Der scharfsinnige Satiriker des alten Österreich« repräsentierte das Österreichische des Anti-Wieners. Nestroys »Nur immer halb so« war der vollendetste Ausdruck für einen entscheidenden Zug in Freuds Bild vom Menschen. »Wie unser Nestroy sagt ...« klingt nicht anders als: Wie unser Goethe sagt ... und ist ein herzlich verschiedenes ›unser‹.

Der andere Dichter, zu dem er ein engeres Verhältnis hatte, war Conrad Ferdinand Meyer. Freud pries, analysierte und kritisierte ihn. Weshalb zog er ihn so an? Seine Melancholie wird ihm nicht fremd gewesen sein. Die Herausarbeitung von ›Ideal-Typen‹ wie Der

König, Der Heilige, Der Mönch – Darstellung historischer Figuren als Verkörperungen von Ideen kamen Freuds Einstellung zur Kunst sehr entgegen. Und das Böcklinsche Conrad Ferdinand Meyers, das ›Brokat‹ (wie Keller es nannte), die pompöse und zugleich aristokratisch-leise Rarität, das Metaphorisch-Gedämpfte, das Romantisch-Erhabene, das Unpathetisch-Leidenschaftliche entsprach sehr Freuds Natur.

Die großen Tendenzen des Freud-Werkes haben ihre Parallelen in sehr andern zeitgenössischen Kunst-Richtungen. Eher in den revolutionärsten Kunst-Schöpfungen der Zeit. Wieweit hier Gleichzeitigkeit war, wieweit Beeinflussung, ist bisher kaum untersucht – und leidenschaftlich geleugnet worden. Daß sich Künstler immer gewehrt haben, von der Analyse erfaßt zu werden, ist nicht verwunderlich und außerdem eine alte Geschichte. Die uralte Frage: wer ist der Wahre – der Philosoph oder der Künstler? leitete einen Jahrtausend-Streit ein, der mit Platons Verkleinerung der Poeten begann und im Angriff des Hegelianers Hebbel auf Hegel, den Verkünder des Primats der Philosophie – noch nicht endete. In unserer Zeit schrieb ein sehr militanter Denker: »Es gibt nicht Erkenntnis und Dichtung, sondern nur Dichtung oder Erkenntnis – Entartung oder Wirklichkeit.«

Die Dichter sind also sehr argwöhnisch gegen philosophische – Behandlungen. Aus Freuds Leben weiß man zumindest von zwei Fällen, in denen es Poeten abgelehnt haben, Pate für Psychoanalytisches zu stehen. Die Zeitschrift ›Imago‹ wurde nach Spittelers Novelle benannt – auf Vorschlag eines Freud-Schülers. Freud selbst zitierte im ›Traum‹-Buch sehr beifällig den

Verfasser von ›Imago‹; mußte aber hinzufügen, daß dieser große Mann »von Psychoanalyse und Traumdeutung nichts wissen« wollte. Ebenso wenig Anklang fand Freud bei Wilhelm Jensen, einem sehr fruchtbaren Novellisten, der einmal mit Raabe verglichen wurde und heute vergessen ist. Freud untersuchte seine Geschichte ›Gradiva‹ sehr ausführlich. Als er sich aber dem Autor nähern wollte, lehnte der energisch ab – wie nach ihm Hunderte die Analyse als kunstfeindlich ablehnten.

Das aber ist nur ein kleines Kapitel aus dem uralten Zwist zwischen der Philosophie und den Künsten um die Vormacht – die Freud nie erstrebte.

IV.
Biograph der Menschheit

> »Wenn man von den Mängeln unserer gegenwärtigen sozialen Einrichtungen überzeugt ist, kann man es nicht rechtfertigen, die psychoanalytisch gerichtete Erziehung noch in ihren Dienst zu stellen.« Freud

Freud, Einstein und Marx

Das Menschen-Geschlecht ist ein fernes, gelehrtes Abstraktum oder eine nahe, nicht zu übersehende Wirklichkeit, je nachdem, wie es sich in einer Zeit bemerkbar macht. Je älter Freud wurde, um so bemerkbarer machte es sich. Am bemerkbarsten 1939, im letzten Jahr seines Lebens.

Es gab Zeiten, da konnte mancher sein Dorf für das Ende der Welt halten und im Reich der Probleme und der Visionen recht ungestört siebzig Jahre leben. Seit dem Krieg von 1914 und dem andern, der 1933 begann, war das nicht einmal den Freuds mehr gestattet. Er war sehr geneigt gewesen, die Welt der Studien, denen er sein Leben gewidmet hatte, nicht zu verlassen. Da drängte ihn das heftige Leben des Menschen-Geschlechts aus seiner Bahn: der Biograph von Jedermann mußte den lauten ›Großindividuen‹, wie er sie nannte, schließlich doch seine Aufmerksamkeit schenken.

Das zweite, dritte und vierte Jahrzehnt unseres Jahrhunderts drängten ihm Themen auf, die ihm nicht an der Wiege gesungen worden waren: die ungeahnte Barbarei des Ersten Weltkrieges, die ihn aus allen Wolken fallen ließ; der Bolschewismus, der die nicht unfreundliche Einstellung zu Marx wenig freundlich abwandelte; der Völkerbund zu Genf, dessen Kernfrage: »Warum Krieg?« er zu beantworten suchte, auf Einladung Einsteins; Faschismus und Antisemitismus der dreißiger Jahre, die er in seiner bedeutenden Deutung des ›Führers‹ und in seiner These: »Judenhaß ist Christenhaß« bereits durchschaut hatte, als sie Tagesgespräch wurden. Diese Reflexionen, die dem Tag ihr Dasein verdankten, vergingen nicht mit dem Tag. Sie sind Bausteine für eine noch nicht aufgebaute Philosophie der Menschheits-Geschichte.

Vor Voltaire gab es das Wort ›Geschichts-Philosophie‹ noch nicht. Aber eine Vorstellung vom Leben des Menschen-Geschlechts und von der Richtung, die es nimmt, machte sich schon der Verfasser des babylonischen ›Gedichts von der Schöpfung‹ aus dem siebenten vorchristlichen Jahrhundert. Alle späteren Mythen bis zum Hegelschen, Marxistischen und Spenglerschen hatten dasselbe Problem: wie sieht dieses langlebige Ich aus, das so alt ist wie die Menschenrasse?

Freud war vorsichtig wie immer. Er hat sich weder von Gott noch von der Menschheit ein Bild gemacht. Seine ›Großindividuen‹ sind nicht größer als zum Beispiel die jüdischen Gruppen zwischen Moses und Jesus. Auch da warnte er noch, nicht unkritisch eine »Übertragung aus der Individualpsychologie in die Massenpsychologie« vorzunehmen. Aber alle seine Warnungen schüchterten ihn selbst nicht ein. Er versuchte sowohl die Geschichte des Individuums zwischen zwei und fünf als auch die entsprechende Frühzeit der Gruppen zu erhellen, indem er wechselseitig den einen Vorgang auf den andern Licht werfen ließ. In seiner Geschichts-Philosophie findet man nicht Worte wie: Hellas, Renaissance, Imperialismus; auch nicht Begriffe wie Jugend, Reife und Alter einer Kultur. Er interessierte sich stets in erster Linie für die Kindheit der Gruppen. Die Hochkultur (etwa die jüdische Geschichte zur Zeit der Propheten) interessierte ihn nur dort, wo sie auf die frühen Jahre zurückweist.

Wie hat die Weltgeschichte begonnen? Die Bibel gibt eine Antwort. Manche Philosophen geben eine Antwort. Im Gedankenkreis des Evolutionismus lebend, fragte Freud nicht einmal, wie es zum Menschen kam. Seine Erzählung beginnt erst mit Darwins Hypothese von den Urhorden, unter der Führung übermächtiger Männchen. Das war eine Art von Paradies – nämlich für diese Männchen. Paradies ist die Welt vor dem Trieb-Verzicht! Auch die Geführten verzichteten noch nicht, sie wurden nur vergewaltigt. Mit diesem Beginn war er Hegel auffallend nah. Der eröffnete seine Geschichte der Menschheit mit den asiatischen Despotien, deren Charakteristisches gewesen sei: Einer ist frei, nämlich der Despot. Die Geschichte begann also – bei Hegel und bei Freud – mit einem sehr zweideutigen Ereignis: sowohl die absolute Freiheit (des einzelnen) als auch die absolute Unfreiheit (der Masse) wird eingeschränkt.

Aber nur bei Freud geschah das noch ebenso dramatisch wie in der Bibel: nämlich mit einem Sündenfall. Man hat nun die Wahl der Auslegung: es ist möglich, daß das erste Buch Mose die mythische Einkleidung eines historischen Ereignisses ist, dem erst Freud auf die Spur kam; es ist aber auch möglich, daß Freuds Konstruktion von dem katastrophalen Ereignis, das die Menschen-Geschichte in Gang gesetzt hat, eine pseudowissenschaftliche Vermummung der biblischen Phantasie vom Sündenfall ist. Aber Freuds ›Sündenfall‹ war, anders als der biblische, eine Befreiungs-Aktion – die erste Revolution, die sich gegen den Familien-Despoten richtete. Die ersten Oedipusse taten, was die späteren nur tun wollten. Die Früh-Geschichte jedes Individuums ist nur eine matte Repetition der frühen Katastrophe im Leben der Gesellschaften.

Irgendein Fallen ist immer im Beginn: in der Bibel und im Buddhismus und in der Gnostik und bei Rousseau und bei Marx und bei Heidegger und bei Freud. Der sehr kleine Unterschied ist: Marx und Freud rückten den Fall, den sündigen Fall, in den Bereich wissenschaftlicher Beweise. Man darf aber nicht vergessen, daß auch Freud (wie nur irgendein christlicher Theologe) sowohl ein ererbtes als auch berechtigtes Schuld-Gefühl kennt. Er verkündet die Erbsünde – in den Worten des Zeitalters der ›Wissenschaftsreligion‹.

Die Geschichte des Menschen ist die Folge des Sündenfalls. Man kann diese Folge so ausdrücken: Du sollst dein Brot im Schweiße deines Angesichts essen! Man kann auch sagen – wenn man nach 1800 lebte und Philosophie studierte: Du bist in den dialektischen Prozeß verwickelt. Oder: Du mußt durch die ganze Serie der Klassengesellschaften hindurch. Freud sah die böse Folge immer im Triebverzicht. Alle diese Konsequenzen, die das Fallen nur verschieden darstellen, haben zwei Strömungen: abwärts und aufwärts. Auch darin unterscheidet sich Freud nicht von manchen christlichen Vorfahren. Sein Abwärts ist am ungeniertesten in dem Satz: »Die individuelle Freiheit ist kein Kulturgut. Sie war am größten vor jeder Kultur.« Kaum einer hat so unverblümt wie er die Geschichte der Kultur als einen Prozeß zu immer größerer Unfreiheit gezeichnet; heute gesteht man diese Einsicht nur verschämter ein, wenn man auf den Gegensatz von Freiheit und Sicherheit und die Tendenz zu immer umfassenderer Sicherheit hinweist. Aber auch Freud hat (wie fast jeder Geschichts-Philosoph) sein *per aspera ad astra*... es geht zu auf ein zweites Paradies. Freuds ›ermäßigte‹ Zukunft war allerdings nicht so großartig ausgestattet, wie sie die bekannte zukünftige Herrlichkeit des Augustin und Hegel und Marx vorweggenommen hatte.

Freuds Abwärts und Aufwärts wird am besten ins Biologische übersetzt mit: die Geschichte einer Krankheit und einer Rekonvaleszenz. Viele haben etwas gegen diese biologische Einkleidung. Sie ist doch nur zeitgemäßer. Sie berührt nicht allzusehr, was eingekleidet wird. Das Unmoralische und das Kranke, die Vernunft und das Gesunde sind hier fast dasselbe. Er gibt als Beispiel für seine Deutung nicht eine Universal-Geschichte, wie die deutschen Romantiker und Idealisten seit Herder sie versuchten. Und die Historie des jüdischen Volkes von Moses bis zu Jesus, wie er sie skizzierte, erzählt nur einen Teil der ganzen Geschichte: die Krankheitsgeschichte – nicht die Geschichte der wachsenden gesunden Vernunft. Sollte das vielleicht auch daher kommen, daß er doch eigentlich zwei Gesundheiten kennt: die vor dem Vatermord, vor dem

Trieb-Verzicht – und dann die neue, die Vernunft der Resignation, die nur eine sehr bescheidene, zweitklassige Gesundheit ist?

Freuds Gesundheit hatte noch nichts zu tun mit dem Ideal der Robustheit, das seine leuchtendsten zeitgenössischen Bilder im ›Übermensch‹ und in Balzacs Bagno-Sträfling Vautrin erhalten hatte. Freuds ›Gesundheit‹ (Vernunft ist fast ein Synonym) war nur ein Kompromiß – eine allzu goldene Mitte zwischen Erfüllung und Verdrängung. Freuds Ideal war ein Kompromiß; aber er war ein echtes Ideal. Die Vernunft ist einmal fast identisch gewesen mit ›Gott‹, im Worte ›Logos‹. Sie kam dann auf die Positivisten; und wurde, was eine Generation für ›nützlich‹ hielt. Bei Freud, dem Erben der Vernunft-Enthusiasten des siebzehnten und achtzehnten Jahrhunderts, hat sie bisweilen noch etwas vom alten Überschwang. Aber stärker zeichnet sich doch der ungesunde Zug dieser Gesundheit ab. Es ist sehr verständlich, daß er nie den Versuch machte, den Lebenslauf der Gesundheit zu schreiben – wie das zuletzt noch Marx unternommen hatte, im Stand philosophisch-idealistischer Unschuld. Eine Geschichte der Menschheit kann nur einen Sinn haben, wenn es entweder aufwärts geht oder abwärts. Wer aber den Teufel für ebenso stark hält wie Gott, kann nur ein ewiges Remis erkennen. Das war Freuds Fall. Es gibt nicht nur einen Gestaltwandel der Götter, auch der Teufel – von der Schlange bis zur Negation und zur Krankheit. Freud nannte den Teufel zuletzt: ›Haß‹, ›Aggression‹, ›Tod‹. Da er kein Kraut gegen diese unheilige Dreieinigkeit wußte, war seine ›Gesundheit‹ nie blühend. Wie immer man auch den Fortschritt konstruiert hatte, jeder Rückschritt wurde von den Deutern der Geschichte als untergeordnetes, dem Vorwärts dienendes Element einmontiert. Da war Mephisto immer ein Teil jener Kraft, die »stets das Gute schafft«. Freud aber kam zu dem Resultat, daß endgültig nur das Auf und Ab ist, das Hin und Her. Das waren nicht luftige Spekulationen, auch nicht (wie es das billigste zeitgenössische Klischee will) die Ideologie im Zeitalter des Monopolkapitalismus – sondern die tiefste Erfahrung dieses Zeitalters. Sie fand ihren aktuellen Ausdruck in einem Brief Freuds über die Zukunft der Kriege.

Daß er gegen den Krieg war, versteht sich von selbst; viel wesentlicher ist, ob sein Bild vom Menschen ihm die Möglichkeit gab, an das Verschwinden der Kriege zu glauben. Es ist eine üble Machination, diejenigen, die nicht davon überzeugt sind, Kriegshetzer zu nennen; die größere Gefahr geht von denen aus, die aus Leichtsinn im Krieg nichts als ein Mittel ökonomisch interessierter Gruppen sehen ... und so den Krieg riskieren, indem sie seine volle Natur verschleiern. Freud, der es mit jedem Pazifisten an Friedens-Sehnsucht aufnehmen konnte, versprach sich am meisten immer von der Aufklärung des Tatbestands. Er wurde dazu aufgerufen.

Im Jahre 1931 regte das ›Comité Permanent des Lettres et des Arts de la Société des Nations‹ Briefwechsel zwischen repräsentativen Vertretern des Geisteslebens an. Einstein, der aufgefordert wurde, sich einen Partner für ein wichtiges aktuelles Thema zu suchen, wandte sich an Freud mit der Frage: »Warum Krieg?« Am 30. Juli 1932 schrieb er in seinem Häuschen, das in Kaputh bei Potsdam lag: gibt es irgendwelche Mittel, die Menschheit vom Kriege zu befreien? Schon damals erklärte er: die Technik ist so weit gediehen, daß es mit der Beantwortung unserer Frage um Tod und Leben der Zivilisation geht. Er sah die administrative Lösung: die Errichtung einer übernationalen Regierung. Bisher – schrieb er in den Tagen des Genfer Völkerbundes, der wieder einmal eine Abrüstungskonferenz ergebnislos beendigte – ist jeder Versuch gescheitert. Man sei weit entfernt davon, eine Körperschaft zu haben, die ihre Autorität in der Entscheidung von Konflikten durchzusetzen wüßte. Aber es gäbe nur diese eine Sicherheit gegen den Krieg: die Völker müssen einen Teil ihrer Souveränität aufgeben.

Was steht dem im Wege? In jeder Nation habe die herrschende Schicht ihren Willen zur Macht. Und die Massen? Sie gehen mit, obwohl sie nichts zu gewinnen und alles zu leiden haben. (Anmerkung: das ist ein höchst problematischer Satz; denn auch ein Armer, der zur Siegernation gehört – siegt.) Die Massen müßten mitgehen: die Presse, die Schule und die Kirche seien dazu da, ihnen den Krieg einzureden. Das klingt bekannt – und hoffnungsfreudig. Nur noch mehr Aufklärung, folgert der Leser, und die Zeit der Kriege ist vorbei. Aber der Mann, der so angriffsfreudig gegen den Gegner vorging, hatte nicht nur Kants ›Ewigen Frieden‹ gelesen – offenbar auch Freuds Ewigen Unfrieden. Professor Einstein spricht nicht nur von den Interessen der Kriegsgewinnler – auch schon von der Lust an Haß und Zerstörung. Man beginnt zu verstehen, weshalb er gerade an den sehr zurückgezogenen Skeptiker Freud schrieb. Er wollte wirklich eine Antwort, eine Auskunft. Er erwartete gewiß keinen Vorschlag: auf welchem parlamentarischen Wege ist den Herrschenden die Gewalt über die Körper und Seelen der Beherrschten zu entziehen. Er erwartete die Beantwortung der Frage: ist der Aggressionstrieb zu besiegen? Er erhielt die Antwort. Es ist aber Einsteins Brief nicht anzusehen, wie groß seine Hoffnung war, als er fragte. Seine Sorge war sehr groß.

Freud antwortete von Wien, im September. Man kann sein Schreiben kaum noch einen Brief nennen; es war ein Essay. Er war verbunden mit Einstein im Ideal: »Der ideale Zustand wäre natürlich eine Gemeinschaft von Menschen, die ihr Triebleben der Diktatur der Vernunft unterworfen haben.« Er untersuchte nicht das Ideal, sondern die Möglichkeit der Verwirklichung — die psychologische, nicht die politische. Er hatte bereits im Ersten Weltkrieg sein Wort zum Thema Krieg gesagt. Damals gehörte er zur großen Gruppe der Enttäuschten; besser: der aus allen Wolken Gefallenen. Die lange Friedenszeit hatte selbst Skeptiker eingelüllt. Damals beherrschte ihn die eine Frage: wie ist das nur möglich gewesen? Damals schrieb er über den ›Krieg, an den wir nicht glauben wollten‹. Aber auch noch mitten im Krieg war er so vertrauensselig gewesen zu hoffen: es werde sich herausstellen, daß »die Nation, in deren Sprache wir schreiben, für deren Sieg unsere Lieben kämpfen«, »sich am wenigsten gegen die Gesetze der menschlichen Gesittung vergangen hat«. Doch kam er schon damals zu dem harten Resultat: daß »der Staat dem einzelnen den Gebrauch des Unrechts untersagt hat, nicht weil er es abschaffen, sondern weil er es monopolisieren will wie Salz und Tabak«. Wo seine

Einsicht und seine Bitterkeit gleich scharf waren, wuchsen seine besten Sätze.

Er blieb schon damals nicht stehen bei der Anklage gegen Unbekannt – mit dem vagen Namen ›Staat‹. Er fand den Grund für die Enttäuschung aller Freuds, angesichts des Ausbruchs dieser nicht mehr erwarteten Barbarei: man wurde verleitet, die Menschen für besser zu halten, als sie sind; man wurde durch kindische Hoffnungen dahin gebracht, die Anzahl der wirklich kultivierten Mitbürger arg zu überschätzen. Es war ein sehr bitterer Trost, wenn er schrieb: »In Wirklichkeit sind sie nicht so tief gesunken, wie wir fürchten, weil sie gar nicht so hoch gestiegen waren, als wir von ihnen glaubten.« Wollte er nur die Ausschreitungen erklären? Er ging viel weiter. Er schrieb schon damals: »Das primitive Seelische ist im vollsten Sinne unvergänglich.« Und gegen die billigsten Interpreten schleuderte er schon damals die Erkenntnis: sie bedienen sich des Begriffs ›Interessen‹, »um die Leidenschaften zu rationalisieren«. Freud war ein so schneller Schüler, daß er an einem Krieg – alle Kriege begriff.

Anderthalb Jahrzehnte später, 1932, lebte er nicht im Krieg, schrieb er nicht nach einer Enttäuschung. Freud verstand, daß ihm von Einstein »nicht zugemutet wird, praktische Vorschläge zu machen«. So geht er auch in dieser Untersuchung seinem alten Geschäft nach, in den Krankheiten der einzelnen und der ›Großindividuen‹ das Leben der Seele zu studieren. Der Destruktionstrieb steht im Vordergrund. Freud ist überzeugt, daß er nicht herausoperierbar ist. Er geht bis zur »biologischen Entschuldigung all der häßlichen und gefährlichen Strebungen, gegen die wir ankämpfen«. Und kommt zu dem Resultat, »daß es keine Aussicht hat, die aggressiven Neigungen der Menschen abschaffen zu wollen«. Auf Einsteins Versuch, das Problem abzustellen auf die Frage: ist Autorität zerstörbar? antwortete Freud gar nicht; denn »es ist ein Stück der angeborenen und nicht zu beseitigenden Ungleichheit der Menschen, daß sie in Führer und Abhängige zerfallen«. Dies ist auch die Ideologie aller Ausbeuter; aber eine Wahrheit kann ebenso wie eine Lüge zum Guten und zum Bösen benutzt werden. Freuds Entdeckung des Führers gehört zu seinen größten Funden.

Bevor Hitler und Mussolini dem ›Führer‹ den Beigeschmack von Blut gaben – im Jahre 1921, veröffentlichte Freud sein Buch: ›Massenpsychologie und Ich-Analyse‹. Er hob hervor, was er an den großen Psychologen Frankreichs, welche die Massen studiert hatten, vermißte: die Einsicht in die Bedeutung des Führers für die Gruppe. In allen Deutungen der Geschichte, in denen vom Individuum prinzipiell abgesehen wird, ist der sogenannte Große Mann nichts als ein Werkzeug, mit dem sich ein (spirituelles oder ökonomisches) Prinzip durchsetzt. Man könnte etwas übertrieben sagen: es gibt überhaupt nur zwei Ausblicke auf die Geschichte. Der eine zeigt einen geordneten Ablauf, welcher von einer Winzigkeit wie einem bestimmten Menschen unabhängig ist. Der andere ist noch nie aufgezeichnet worden: solch eine Aufzeichnung würde die Geschichte als eine Folge von individuellen Willen zeigen, die weit über ihr Leben hinausreichen. Ein Mensch gibt einen Impuls, der so stark ist, daß er über die Zeiten durchhält. In diesem Sinne sagte Freud: »Es war der eine Mann Moses, der die Juden geschaffen hat.« Das sieht im Zeitalter der Massen, der Kollektive, des Team-Works überholt aus. Aber erleben wir nicht, wie ein Marx und ein Freud der Welt ihre Probleme und ihre Lösungen aufgezwungen haben?

Es sieht fast so aus, als hätte Freud von den Romantikern das ›Genie‹ geerbt. Doch war er zu nüchtern für diesen Überschwang. Er haßte dieses Wort vor allem, wenn man es auf ihn anwandte. Der machtvolle einzelne, der, ein kleiner Gott, dem Sinnlosen einen Sinn gibt, war ihm nur eine verstiegene Konstruktion. Freud lebte nicht im Bann des romantischen Bildes vom gewaltigen Künstler, der, kraft seiner Phantasie, den Mitmenschen einen lebenspendenden Schein schenkt. Er sah in Führern vom Range des Moses große Vorbilder, welche die Menschen zum notwendigen Triebverzicht leiten. Deshalb, im Aufbegehren gegen ihre Strenge, werden sie immer wieder erschlagen, gekreuzigt – wie Moses, wie Jesus. Freud folgte der Tradition und der zeitgenössischen wissenschaftlichen Theorie, nach welcher der Religionsstifter Moses in einem Aufstand seines widerspenstigen und halsstarrigen Volkes ein gewaltsames Ende fand. Freud kannte alle Lehren, welche die geschichtliche Entwicklung auf ›verstecktere, allgemeine und unpersönliche Momente‹ reduzieren: auf das Ökonomische, den Wechsel der Ernährungsweise, die Fortschritte im Gebrauch von Werkzeugen, auf Wanderungen, Volksvermehrung, Klima oder – Ideen. Alle diese Momente erkannte er an – und wies mit Hartnäckigkeit auf den heute ignoriertesten Impuls hin; ›der große Mann‹ ist hier allerdings immer nur der große Schöpfer der Verbote Du-sollst-nicht ... In der Führerlosigkeit der Massen sah er das besondere Gepräge unserer Zeit; und in der Gesellschaft Amerikas dies ›psychologische Elend der Masse‹ am stärksten sichtbar. Im Zeitalter der Demagogen, in dem man die ›Führer‹ besser die Anführer nennen sollte, weil die Geführten nur die Angeführten sind, klingt Freuds Preis des ›Führers‹ grotesk. Er müßte, schriebe er heute, das Wort ausmerzen – aber auch nur das Wort.

Angesichts dieser ewigen, von der Natur ständig wiederholten Hervorbringung von Führern und Massen sagte ihm Einsteins Konstruktion des Über-Staats nicht viel. Wie Freud im einzelnen Individuum nicht mehr ein durchsichtiges Gebilde sah, erbaut aus Empfindungen, Vorstellungen und Gefühlen, so konnte er sich auch die ›Großindividuen‹ nicht als gefügige Objekte einer Welt-Bürokratie vorstellen. Und wie sollten die Aggressionstriebe der Erdbewohner bürokratisiert werden, solange nicht (könnte man ihn sagen lassen) feindliche Mars-Bewohner es den Menschen ermöglichen, einander zu lieben – gegen einen anderen Stern? Dann aber machte er plötzlich einen ganz gewaltigen Sprung – mehr überbrückend, als je ein Trapezkünstler vermochte. Aus heiterem Himmel (vielmehr aus düsterem Himmel) spricht er zu Einstein von ›uns Pazifisten‹. Der Leser, dessen Logik intakt ist, traut seinen Augen nicht.

Nach allem – welchen Inhalt hat das Wort ›Pazifismus‹ noch? Es ist ein gewaltiger Unterschied zwischen Sehnsucht und Glauben. Wir empören uns gegen den Krieg, schrieb Freud. Wir vertragen ihn nicht. Diese Reaktion ist ›bei uns Pazifisten eine konstitutionelle Intoleranz, eine Idiosynkrasie gleichsam in äußerster Vergrößerung‹. Und schloß, nachdem er so eindringlich über die Unzerstörbarkeit des Destruktionstriebes doziert hatte, mit der rhetorischen, pathetischen Frage, die seinen menschlichsten Traum enthielt: »Wie lange müssen wir warten, bis auch die andern Pazifisten werden?«

Bis ans Ende der Welt! wird jeder aufmerksame Leser antworten – im Namen des Denkers Freud, der Integration und Desintegration für die ewigen Mächte hält, die im ewigen Turnus gegeneinander wirken. Freud versuchte ganz unauffällig, der Konsequenz zu entgehen. Im Jahre 1932 setzte er schon seine Hoffnung auf die »berechtigte Angst vor den Wirkungen eines Zukunftskrieges«. Aber war nicht die Angst schon da zur Zeit des Caesar, als er allen männlichen Besiegten eine Hand abhauen ließ? Und hat Freud wirklich von Freud gelernt, wenn er glaubt, daß Überlegungen wie: der kommende Krieg wird zu furchtbar ... den Leidenschaften gewachsen sind? Das pazifistische Happy-End (Freud hat nicht selten am Ende von unbehaglichen Schriften behagliche Ausblicke, die zum Vorhergehenden nicht passen) kann nicht darüber hinwegtäuschen, daß es auf die Frage ›Warum Krieg?‹ kein hoffnungsvolles Darum gibt – falls der Mensch, dessen Bild Freud geschaffen hat, wirklich getroffen ist.

Er wußte, daß er einen mächtigen Gegner hatte: Karl Marx. Viele »Ich weiß, was man gegen diese Ausführungen einwenden wird« – sind an ihn adressiert. »Kommunismus und Psycho-Analyse gehen schlecht zusammen«, sagte Freud. Aber so einfach wie dieses Sätzchen gegen das Land Stalins war sein Verhältnis zu

Marx nicht. Der große Widersacher war sehr gegenwärtig.

An ihn wandte er sich immer wieder, zwischen dem Ersten und Zweiten Krieg – und nicht selten in Zustimmung. Beide liebten nicht die verlorenen Illusionen, welche die Zeitgenossen noch hegten, und erklärten sie unbekümmert für verloren. Der militante Freud schrieb: »Die Welt ist keine Kinderstube«; wie Marx nahm er keine Rücksicht auf das süße Geplapper infantiler Erwachsener. Beide waren sehr heimliche Idealisten, die ihr Ideal verbargen, weil sie die Häßlichkeit des Schöngefärbten nicht ertrugen. Sie erforschten die Welt, um sie zu verbessern – in der Tradition des Humanismus, den sie aus den Grüften sogenannter Bildung zum Leben erweckten. Sie waren gegen Predigten, weil sie das, was nur gepredigt wurde, ins Leben setzen wollten.

Freud war ein Heiler wie Marx, der Nachkomme Voltaires. Sie sahen vor allem den verstümmelten Menschen und wollten ihn herstellen in seiner Gradheit. Marx fand den Beginn des Übels in der Scheidung zwischen Herren und Sklaven – ein Konflikt, der sich abwandele durch die Jahrtausende. Freud fand den Beginn des Übels in dem biologisch-soziologischen Schicksal jedes einzelnen, in dem ambivalenten Verhältnis zum Vater, dann zum Führer – ein Konflikt, der sich abwandele durch die Jahrtausende. Gemeinsam sind Freud und Marx alle Feinde, einig in dieser einen Antipathie: sie lieben es nicht, daß man mit dem Finger hinweist auf so irdische Teufel wie die Krankheiten des einzelnen und der Gesellschaft; denn das Böse kann womöglich ergriffen und die Gesellschaft in eine unerwünschte Richtung getrieben werden. Die Teufel werden ein Politikum, wenn man sie einmal aus den Bezirken der Theologie und Metaphysik einläßt. Freud und Marx kümmerten sich um den Patienten, nicht um Luzifer und das Böse. So sehr sie in ihrem Bild vom Menschen und seiner Zukunft Gegner waren, es verband sie die Praxis; der Wille, energisch zu ändern – in Richtung auf jene humanistischen Hoffnungen, die bisher zu sehr nur geträumt worden waren.

Es war bereits das zwanzigste Jahrhundert. Freud lebte schon innerhalb des Horizonts, den die aktivistischen Idealisten Fichte (im ›Geschlossenen Handelsstaat‹) und Marx geöffnet hatten; und erkannte, daß ›Kultur‹ bis jetzt erst – bürgerliche Kultur ist. Als er siebenundzwanzig war, schrieb er an die Braut, anläßlich einer ›Carmen‹-Aufführung: der Mob lebt sich aus, während wir uns zurückhalten. Aber man müsse das verstehen; ohne eine dicke Haut und eine gewisse Leichtlebigkeit könnten die Armen nicht existieren. Die Psychologie des Mannes auf der Straße sei sehr verschieden von der, die uns ausdrückt. Unsere Kultur läßt eine große Zahl von Ausgeschlossenen unbefriedigt und treibt sie zur Auflehnung; und deshalb, folgerte er, hat sie keine Aussicht, sich zu erhalten, und verdient es auch nicht.

Hinter dem alltäglichen Oberflächen-Geplänkel zwischen Marxismus und Psychoanalyse ist sowohl der Einklang der Meister als auch ihr fundamentaler Zwist verborgen. Der vorsichtige, ängstliche, nur ungern Partei ergreifende Freud kam immerhin heraus mit der programmatischen – wenn auch verklausulierten Verkündung: eine ›reale Veränderung in den Beziehungen der Menschen zum Besitz‹ sei ›unzweifelhaft‹ förderlicher als ›jedes ethische Gebot‹. Wenn man Marx das schwere Gerüst des Hegelschen Idealismus abnimmt, findet man denselben einfachen Gedanken: die Einrichtungen der Gesellschaft dürfen es dem einzelnen nicht zu schwer machen, menschlich zu sein. Schiller und Fichte hatten es schon vorher so ähnlich gesagt. Man soll die Klüfte nicht dort finden, wo sie nicht sind.

Freuds ›Marxismus‹, wenn man sich so ausdrücken darf, korrigierte sogar wesentliche Ratschläge, die er selbst erteilt hatte. War von ihm nicht die Flucht aus der Wirklichkeit – als Sublimation gepriesen worden? Der Trost, den er zu geben hatte, war: Ferien von der Realität, in der Phantasie; und es war nur gefordert worden, daß man sich den Rückweg nicht verbaue. Die Marxisten nennen solch ein Ausweichen: Desertieren – wobei sie das Desertieren in ein von ihnen geschaffenes Märchen auszunehmen pflegen. Freud war ›Marxist‹ genug, um zu erkennen: die von ihm empfohlene Flucht trägt ›unter Umständen die Schuld daran‹, ›daß große Energiebeiträge, die zur Verbesserung des menschlichen Loses verwendet werden könnten, nutzlos verlorengehen‹. Nur machte er aus dieser Einsicht nicht ein Patent. Wo die strengen bolschewistischen Spartaner uneingestanden ausweichen in amtlich erlaubte Phantasien, setzte er offen und unamtlich und voll Mitgefühl ins Licht: die Auswege sind die großen Wege der Menschheit. Er war gegen Marx nicht, weil auch der solch einen Ausweg gebaut hatte; sondern weil diese Utopie lebensgefährlich wurde.

Die große Kreuzung, an der sich Freud von Marx trennte, war nicht dort, wo der ›Materialismus‹ beginnt.

Er unterschätzte nicht die Macht der ökonomisch-politischen Motive an der Wurzel aller Schöpfungen des Geistes; im Gegenteil, er bewunderte Marx, weil er diesen Zusammenhang so klargesehen hatte. Freud selbst erklärte das Emporkommen des Monotheismus in Ägypten als eine ›Nebenwirkung des Imperialismus‹; und schrieb, im Sinne seines lebendigsten Gegners: mit der Aufhebung des Privateigentums entzöge man der menschlichen Aggressionslust ›ein mächtiges Werkzeug‹. Freud lehnte nicht Marx' ›Materialismus‹ ab – sondern seinen philosophischen Idealismus; seine theoretische Metaphysik und auch die ›praktische‹, den Kreuzzug. Er lehnte ab den Hegelianer Marx, den säkularisierten Theologen. Die Geschichtsphilosophie des Marxismus war ihm keine geringere ›Illusion‹ als jene, die er in dem Buch ›Die Zukunft einer Illusion‹ verworfen hatte. Die marxistische Illusion fand er in dem Dogma: daß die Aggression heute aus der Kapitalisten-Gesellschaft stamme. So einfach lägen die Dinge nicht. Die Aggression, erwiderte er, ist nicht durch das Eigentum geschaffen worden und wird nicht mit ihm untergehen.

Er sah, daß die ›klassenlose‹ Gesellschaft nebenan wesentliche Züge der Klassen-Gesellschaft hat. Er konnte nicht überzeugt werden, daß Gesellschaft ohne Zwang möglich ist. Die Menschen sind nicht arbeitslustig, war das eine Argument. Das andere: Beweise vermögen nichts gegen Leidenschaften. Er wußte, was die Gegner einwenden: Massen, wie Sigmund Freud sie in seinem trüben Gemälde schildert, seien nichts als die Folge fehlerhafter Einrichtungen; sie allein hätten die Menschen erbittert und rachsüchtig gemacht. Worauf Freud entgegnete: er sähe nicht, ›woher die Anzahl überlegener, unbeirrbarer und uneigennütziger‹ Erbauer der neuen Gesellschaft kommen soll. Diese besondere Skepsis war auch eine Frucht der Beobachtungen, die er zwanzig Jahre lang an der benachbarten ›klassenlosen‹ Gesellschaft machte.

Er sagte einmal, daß es, streng genommen, nur zwei Wissenschaften gäbe: erstens Psychologie, reine und angewandte, zweitens Naturkunde; Soziologie sei angewandte Psychologie. Man könnte ihn, zugespitzt, sagen lassen: die Marxisten erkennen eine Natur des Menschen nicht an. Sie drehen, primitiv, den Spieß um: nachdem man vorher alles ›Natur‹ nannte – auch das, was Produkt der Gesellschaft war, machen sie in einer Art von Überkorrektur kurzen Prozeß und nennen alles ›Gesellschaft‹ – auch das, was auf gesellschaftliche Vorgänge nicht zurückzuführen ist. Freud erkannte, ohne es so deutlich zu sagen, daß Marx ein falsches, überschwengliches Bild vom Menschen (sozusagen) verbessert hatte durch ein anderes, in seiner Überschwenglichkeit ebenso falsches. Marx wollte nicht sehen, daß der Mensch mehr als ein Arbeiter ist, als ein Bearbeiter – weil er ihn nur soweit interessierte, als er zu ändern ist. Die ehrenvollen Grenzen der großen Stifter werden dann die frechen Borniertheiten der Nachläufer.

Aber es war nicht so sehr das Gebiet der Erkenntnis, auf dem Freud seinen Krieg führte. Er zog Marx nicht als einen Gelehrten, der unrecht hatte, vor ein akademisches Forum. Er schrieb gegen Marx, weil er in ihm einen großen Unheilstifter sah. Er erkannte, daß im Marxismus die philosophisch-idealistische Illusion über die Natur des Menschen verbunden ist mit der Großzügigkeit, für diese Phantasie Hekatomben von Menschen zu opfern. Nicht ein eigenwilliger Psychologe, nicht ein ›Reaktionär‹ lehnte sich auf. Er hielt die Illusion der Marxisten für ebenso gemeingefährlich wie die blutigsten Kreuzzüge zuvor.

In Rußland hatten die Gedanken der Psychoanalyse schon vor 1917 Wurzeln gefaßt. 1909 hatte man die Zeitschrift ›Psychotherapia‹ herausgebracht, mit vielen Artikeln über Freud. Im selben Jahr hatte die Moskauer Akademie einen Preis für die beste Arbeit über Psycho-Analyse ausgeschrieben. 1911 war eine Gesellschaft für Psycho-Analyse gegründet worden. Nach 1917 fand sie immer mehr Anhänger. Freud reagierte, seiner Natur nach, eher ängstlich auf die revolutionären Vorgänge bei den Nachbarn. Als man ihm berichtete, Lenin habe gesagt: Europa werde durch eine Periode von Krisen gehen, viel ärger als Rußlands Bürgerkrieg und Hungersnot – dann aber werde ewiger Friede herrschen ... erwiderte er: machen wir es fünfzig fünfzig, die erste Hälfte glaube ich. In seinen Schriften hielt er sich sehr zurück. Er gehörte nicht zu jenen europäischen Enthusiasten, welche die endliche Realisierung der Ideen von 1789 feierten. Er war aber auch kein enragierter Feind. Er sprach von dem großen ›Kultur-Experiment‹, das gegenwärtig in dem weiten Land zwischen Europa und Asien angestellt wird – interessiert, höflich, reserviert; und bisweilen nicht ohne Wärme. Die kenntnislosen Hurra-Schreier wurden bald ungerechte, bösartige Verleumder. Freud, der nie ›Hosianna‹ gerufen hatte, war auch nie genötigt, ›Kreuzige‹ zu brüllen. Doch fand er, am Ende seines Lebens, im Jahre

1938, mit »Erstaunen, daß der Fortschritt ein Bündnis mit der Barbarei geschlossen hat«. Auch jetzt vergaß er nicht die Leistungen der Revolution: die Aufdeckung der Rolle des Popentums, eine freiheitlichere sexuelle Gesetzgebung – lenkte aber die Aufmerksamkeit seiner Leser auf den ›grausamsten Zwang‹ und die Zerstörung der Denkfreiheit. Im selben Atem nannte er die anderen zeitgenössischen, nicht-russischen Formen der Sklaverei. Freud war kein Kommunisten-Fresser.

Vergleicht man seine Bemerkungen, welche die ersten zwei Jahrzehnte des Sowjet-Staates begleiteten, mit den bekanntesten Äußerungen anderer Zeitgenossen, so zeichnet er sich dadurch aus, daß er weniger Manifeste unterschrieb – und mehr erkannte. Aus seinen zerstreuten Aufzeichnungen ließe sich nicht unschwer eine Psychologie der Gesellschafts-Utopien im allgemeinen und des Bolschewismus im besonderen aufbauen. Unter den vielen Quellen menschlichen Leidens hat eine, meinte Freud, einen besonderen Rang: das Leid, das dem Menschen vom Menschen kommt. Es ›wird nicht anerkannt‹; es wird nicht als naturnotwendig erkannt. Die ganze Sphäre des Sozialen, könnte man ihn sagen lassen, wird als reparierbar verharmlost. Freud aber sah auch im Unglück, das von der Gesellschaft produziert wird, ›ein Stück unbesiegbarer Natur‹. Man sollte jedoch nicht vergessen hinzuzufügen: auch ein Stück besiegbarer Gesellschaft.

Die Geschichte des Bolschewismus diente ihm zur Illustration. Unablässig wies er hin auf das rege Leben des Destruktionstriebs in der ›klassenlosen‹ russischen Gesellschaft. Im September 1932 schrieb er: »Auch die Bolschewisten hoffen, daß sie die menschliche Aggression zum Verschwinden bringen können ... Ich halte das für eine Illusion. Vorläufig sind sie auf das sorgfältigste bewaffnet und halten ihre Anhänger nicht zum mindesten durch den Haß gegen alle Außenstehenden zusammen.« Drei Jahre später heißt es, Rußland sei verbunden im Klassen- und Fremden-Haß. Er setzte drei große Aggressionen in Parallele: das Christentum gegen die Heiden, das Germanentum gegen die Juden, Rußland gegen die Bourgeoisie: »Es ist immer möglich, eine größere Menge von Menschen in Liebe aneinanderzubinden, wenn nur andere für die Aggression übrigbleiben.« Im antikapitalistischen Kreuzzug sah er auch ein Mittel, die Solidarität der Kommunisten aufrechtzuerhalten. Muß man hinzufügen, daß diese Psychologie etwas anderes ist als – eine Apologie für den Kapitalismus?

Wahrscheinlich war es sein Wissen um das Gemeinsame, das ihn mit dem Aufklärer Marx verband, was ihn so anfällig machte für die Hiebe, die ihm die verbündeten – Gegner, die Marxisten, beibrachten. Er verteidigte sich gegen ihre Hetzreden bis zuletzt. Hatte er nicht in jungen Jahren das Elend der Armut erlebt, ›die Gleichgültigkeit und den Hochmut der Besitzenden‹? Er sollte, meinte er, geschützt sein vor dem Verdacht, daß er kein Verständnis habe für den Krieg gegen die Ungerechtigkeit. Sind in seinem Werk nicht ›genug revolutionäre Momente enthalten‹, um seine Anhänger davor zu bewahren, sich auf die Seite des Rückschritts und der Unterdrückung zu stellen? Man mag, was die letzte Frage betrifft, nicht ganz so sicher sein wie Freud. Das Einbauen fortschrittlicher Elemente in die ältesten Aberglauben wird ungeheuer virtuos manipuliert. Freud konnte, wie sich zeigte, sehr leicht reaktionär ummontiert werden.

Obwohl er sehr eindeutig war. Aus dem Jahre 1934 bis 1935 stammt der Bericht eines jungen amerikanischen Doktors, der halb ein Patient, halb ein Reporter war. In dem zweihundert Druckseiten langen Interview ist oft vom zeitgenössischen Rußland und seinen Ideologen die Rede:

DOKTOR WORTIS: Welche Rolle spielen in den Neurosen Geldsorgen?
FREUD *(gekränkt):* Die Kommunisten, vor allem amerikanische, werfen uns vor, die Psychoanalyse vernachlässige die sozialen Faktoren.
Ich kann doch nicht alles diskutieren. Ich kümmere mich auch um das Klima nicht, obwohl es wichtig ist.
DOKTOR WORTIS: sprach sowohl über Freud als über den amerikanischen Psychiater Adolf Mayer (John Hopkins University) als Repräsentanten einer bürgerlichen Psychologie.
FREUD: So ähnlich sagen es die Kommunisten auch. Aber es ist falsch. Wissenschaft kann nicht bürgerlich sein. Sie hat es nur mit Fakten zu tun, die überall wahr sind.
DOKTOR WORTIS: Aber Ihre Fakten sind nur Beobachtungen an Patienten der Mittelklasse.
FREUD: Das ist wahr. Ich kann es nicht ändern. Alle Erkenntnisse gelten für eine bestimmte Gesellschaft. In einer andern wird es anders aussehen.
DOKTOR WORTIS: Finden Sie wesentliche Unterschiede nach Art und Häufigkeit der Neurosen in den verschiedenen Klassen?

FREUD: Gewiß, jede Gruppe reagiert anders.

DOKTOR WORTIS: Sind die Neurosen seltener unter Arbeitern?

FREUD: Seit wir psychoanalytische Polikliniken eröffnet haben, können wir erkennen, wie verbreitet und häufig Neurosen unter den Armen sind. Unterschiede sind da. Der Arbeiter trinkt, sobald sich eine Neurose entwickelt. Er trinkt sie weg.

DOKTOR WORTIS: Ist das nicht ein guter Ausweg?

FREUD: Nein. Ein sehr schlechter, allerdings gut für die Neurose ... Die Frauen haben nicht diese Möglichkeit. Neurosen sind unter ihnen sehr verbreitet. In der Bourgeoisie helfen sie sich mit sexuellen Perversionen und Exzessen.

DOKTOR WORTIS: Wie steht es mit den Bauern?

FREUD: Wir haben da nicht viel Erfahrung. Es sieht so aus, als seien sie nicht so gefährdet. Aber sicher haben sie ihren eigenen Weg zu reagieren.

Freuds Psychologie ist Sozialpsychologie: der Oedipus-Komplex, das Über-Ich, das Realitätsprinzip sind ebenso soziologische Kategorien wie biologische. Seine Analyse der Rolle des Führers in der Gesellschaft (im Jahre 1921) gehört zu den fruchtbarsten Einsichten der Wissenschaft von der Gesellschaft. Seine Empfindlichkeit gegen die billigen Vorwürfe, daß er die Bedeutung der Gesellschaft für das Leben des Individuums ignoriert habe, ist deshalb mehr als begreiflich.

Nicht ganz so durchsichtig ist die Taktik des Bolschewismus. Nach dem Vorbild von Marx hat man immer Kompromisse gemacht, wenn es galt, einen weltberühmten Zeitgenossen zu benutzen – auch wenn man ihn nicht-offiziell für einen Bourgeois hielt. Freud wurde nie akzeptiert, obwohl man viele Sätze von ihm hätte zitieren können. Weshalb nicht? Man ließ doch Heine zu und nach ihm manchen Poeten des Kapitalismus? Wahrscheinlich ist der Poet im Lande des Aberglaubens an die Wissenschaft nie so ernst genommen worden wie der Theoretiker. Und niemand hat, wie Freud, mit solch unfanatischer Energie und in dieser Allgemeinverständlichkeit die Gefahr des realisierten Marxismus ins Licht gesetzt. Ja, Freud ist einer der stärksten Gegner – gerade wegen seiner Sympathie für den großen Denker und Humanisten Karl Marx. Denn diese Zuneigung gibt der Schärfe, mit der er die zerstörenden Praktiken examinierte, erst ihre Macht.

Freud hatte mit Marx gemein: die liberalen Ideen der Französischen Revolution. Ihn trennte von Marx: seine illiberale Praxis. Trennte ihn umsomehr, als im zweiten Jahrzehnt des Jahrhunderts diese Praxis vom Buch in die Wirklichkeit überführt wurde. Die Marxisten aber verschleiern das Gemeinsame wie das Trennende. Es gibt sogar einige, die Freud für die Partei retten wollen, indem sie nachweisen, daß seine Theorien mit ihren übereinstimmen. Freud habe den Beginn der Gesellschaft ähnlich beschrieben wie Engels in ›Der Ursprung der Familie‹. Das ist nicht sehr viel, zumal beide dieselben anthropologischen Hypothesen benutzten: Darwin und L. A. Morgans ›Ancient Society‹. Dann machte man viel davon her, daß die Psychoanalyse eine ›unbewußte Anwendung der Dialektik‹ offenbare. Sie ist nicht statisch, sondern historisch – das ist richtig. Sie lebt von Gegensätzen: das Es und das Ich, der Eros und der Todestrieb – das ist richtig.

Wenn man aber jedem Bild von der Menschheit, welches sowohl geschichtlich als auch dualistisch ist, das Ehren-Prädikat ›dialektisch‹ verleihen wollte, wie steht es dann zum Beispiel mit dem Christentum? Das ist dann auch dialektisch. Es führt nicht weiter, die Psychoanalyse und den Dialektischen Materialismus so taschenspielerisch zu versöhnen.

Der Versuch ist auch nur selten unternommen worden. Für die Majorität ist der ›reaktionäre Charakter der psychoanalytischen tiefenpsychologischen Theorie‹ (Professor Walter Holitscher) parteiamtlich. Das Argument ist sehr eindeutig. Der offizielle Sprecher fragte Freud: Wie halten Sie es mit den drei Artikeln der marxistischen Wissenschaft:

1. Betrachten Sie das Bewußtsein als eine Funktion des Gehirns?
2. Fassen Sie die psychischen Funktionen als Widerspiegelungen der materiellen Außenwelt auf?
3. Haben Sie verstanden, daß das gesellschaftliche Sein des Menschen sein Bewußtsein bestimmt?

Da Freud im Jahre 1951, als diese Fragen an ihn gerichtet wurden, nicht mehr antworten konnte, gab der Fragesteller selbst die Antwort. Ad eins: Freud trennte (im Gegensatz zu Pawlow) die Psychologie von der Neurophysiologie. Urteil: ›grundlegend fehlerhaft‹. Ad zwei: Freud sah nicht, daß die Bedürfnisse eines Lebewesens durch seine sich ändernde Umwelt ›hervorgerufen‹ werden. Urteil: ›grundlegend fehlerhaft‹. Ad drei: Freud erkannte nicht, »daß die Bedürfnisse des Menschen menschliche Bedürfnisse sind, die durch die Arbeit geschaffen wurden«. Resümee: die Psychoanalyse spiegelt den »Untergang der letzten auf Ausbeutung beruhenden Gesellschaftsformation wider«.

Es ist niemand damit gedient, wenn man Freud auch dort verteidigt, wo er (wie Marx) nichts war als ein Bürger des neunzehnten Jahrhunderts. Wenn er John Stuart Mill, den er sehr schätzte, tadelte, weil er die süßen Mädchen zu Wirtschafts-Konkurrenten degradieren wolle, so opferte er den Vorurteilen seiner Zeit. Wo Freud, ganz sicher, die menschliche Natur für unsterblich hielt: im Destruktionstrieb und in der Arbeits-Scheu – war er wohl sehr sterblich. Dort, wo er Dogma gegen Dogma setzte, hatte er dem gegnerischen Dogmatiker nichts vorzuwerfen. Aber das war bei ihm die Ausnahme und bei seinen Gegnern die Regel ohne Ausnahme. Der offizielle marxistische Sprecher gegen die Analyse verkündete: »Nur durch klare Parteilichkeit kann eine Klärung von Ideen erreicht werden.« Freud hingegen war mit Leidenschaft unparteilich: offen für neue Erfahrungen, für neue Annahmen. Er war gegen das Dogma, auch wenn es sich ›Wissenschaft‹ nennt, und gegen die Kreuzzüge zur Unterjochung der Welt unter eine ›Wissenschaft‹, die es an Starrheit aufnehmen kann mit jeder Theokratie der Vergangenheit.

»Der Kommunismus und die Psychoanalyse werden sich nicht vertragen, weil er zu dogmatisch ist«, sagte Freud am Ende seines Lebens. Er wußte, daß nur eine ebenso skeptische wie menschenfreundliche Führung die bescheidenen Chancen des Menschen – nicht noch verderben wird. Er sträubte sich gegen das ›letzte Gefecht‹, weil er für möglich hielt, daß es wirklich das letzte ist – für alle. Die heutigen Herren in Moskau sind derselben Meinung.

V.

Zwei Diagnosen der Angst

Freud und Kierkegaard

Im Jahre 1844 schrieb Sören Kierkegaard: »Der Begriff der Angst wird fast nie in der Psychologie behandelt.« Im Jahre 1917 schrieb Freud: daß die Lösung des ›Rätsels‹ Angst »eine Fülle von Licht über unser ganzes Seelenleben ergießen müßte«; fünfzehn Jahre später war er sehr kleinlaut vor den gewonnenen Resultaten. Kierkegaards Anhänger und die Schüler Freuds rückten das ›Rätsel‹ nach dem Vorbild der Meister in den Mittelpunkt der Aufmerksamkeit. Gleichzeitig trat allerdings etwas ein, was der Erhellung sehr entgegenwirkte: Angst wurde zu einem der lautesten Modewörter.

Eine Kulturgeschichte des zwanzigsten Jahrhunderts, die es sich zur Aufgabe machte, gerade die Vordergründe, die farbig-leeren Ausläufer der zentralen Ereignisse, darzustellen, hätte das sinnlose, bunte Geräusch um die Angst breit zu schildern; denn es endete doch nur in den Kabaretts, hatte aber seinen Ausgang von den respektabelsten Zeitgenossen genommen. So betitelte Auden seinen berühmten Gedichtband ›Das Zeitalter der Angst‹. Wenn er auch dichtete:

»*Seht das Kind an, weinend in Windeln,*
Noch rechtschaffen, doch schon ist die Angst

Vor der Tat, von der es nichts weiß, aber weiß,
Daß es sie tun kann in seinen Träumen —«

so glaubt doch kein Leser im Ernst, daß das Baby weint, weil es vor irgendeiner Tat Angst hat – wie immer man sie definieren mag. Vielmehr hat der Audensche Säugling ›Angst‹, weil diese Vokabel in unseren Jahren so geladen ist, daß der Poet sie immer mit Glück verwenden wird. Und wenn Camus unser Jahrhundert zum ›Jahrhundert der Angst‹ ernennt – im Verhältnis zum siebzehnten, dem Jahrhundert der Mathematik, dem achtzehnten, dem Jahrhundert der Physik, dem neunzehnten, dem Jahrhundert der Biologie, so ist auch diese Ernennung wieder nur deshalb überzeugend, weil die Angst ein Zauber ist, aus dem alles Beliebige – auch das zwanzigste Säkulum herausgeholt werden kann. Selbstverständlich fanden nun die streng wissenschaftlichsten Soziologen bei statistischen Erhebungen, daß alle Befragten sich ängstigten. Niemand aber hat soviel zur Karikatur dieser Angst beigetragen wie die, welche dunkel sind, ohne Heraklit zu sein. Dieser Übereifer zeigte nur an, wieviel Angst – nicht da ist. Daraus darf nicht die Folgerung gezogen werden: also gibt man sie besser als Hokuspokus auf. Das ginge schon deshalb nicht, weil die Kliniker sehr detaillierte Aufnahmen von ihr in den Archiven haben. Überhaupt ist ein Wort nicht dadurch erledigt, daß es in aller Munde und so recht breiig geworden ist. Vielleicht ist es dahin gekommen, weil es einmal bezeichnete, was alle angeht. Es hat in aller Munde seinen Umriß verloren, ist fast unbrauchbar geworden – um so mehr Anlaß, ihm seine schärfste Kontur zu geben. Daß etwas zum Gewäsch wurde, besagt nicht, daß es nichts weiter ist. Die vornehme Verspottung der Angst ist zu billig, weil so sichtbar über diesem Wort – eine dicke Schicht von Albernheit liegt. Daß es in die Gedankenlosigkeit geriet, verdeckt es viel tiefer, als wäre es nur in Vergessenheit geraten.

Die Angst ist nicht nur auf die Witzbolde gekommen, auch auf die Kurpfuscher: Preis 250 Druckseiten. Sie wird von steigenden Kurven der Selbstmorde und Ehescheidungen abgelesen, und Befragungen ergeben, daß die Atombombe schuld ist. Mit Gottesfurcht und Rüstungs-Abmachungen soll das Übel aus der Welt gejagt werden. Es ist nicht festzustellen, wieviel Ehescheidungen es in Galiläa zwischen den Jahren Eins und Dreiunddreißig gab; ganz sicher ist, daß man damals das Atom noch nicht spalten konnte. Trotzdem schildert das Neue Testament Angst aufs ergreifendste.

Europäische Masochisten machen aus der Angst ein Charakteristikum der westlichen Zivilisation. Aber sie wird nicht erkannt, wenn man in ihr einen abendländischen Bazillus sieht. Im *Bhagavad Gita*, wenn *Arjuna* von Angesicht zu Angesicht ist mit dem schrecklichen Glanz der Unendlichkeit, der hier *Krishna* heißt, und in Zeiten, wo das Abstrakteste noch ein unvergeßliches Gesicht hatte, mit einem aufgesperrten Rachen voll grimmer Zähne und mit unerhört weiten Augen, die einen blendeten ... ängstigte sich dieser *Arjuna* in seiner innersten Seele und findet ebenso wenig Sicherheit und Frieden wie nur irgendein New Yorker und Berliner im Jahre neunzehnhundertund ...

Das Benannte ist meist nicht so neu wie der Name; in Wörterbüchern, die sich weniger um diese Jahre kümmern als um die letzten Jahrtausende, muß man die Angst unter anderen Namen suchen. Pascal hat sie endgültig geschildert, als hätte er die ganze Literatur bis zu Kierkegaard und Heidegger und Sartre und den Neo-Protestanten studiert – und wieder vergessen, um es einmal in klassischer Schlichtheit zu sagen. Ob aber die Angst in der Gegenwart mehr als je herrscht, und warum, und ob ein Kraut dagegen gewachsen ist – das ist ein Schwarm von Fragen, die in der Regel beantwortet werden, bevor sie deutlich gestellt sind. Weshalb liegt den Zeitgenossen so sehr daran, unter den Zeiten ein Champion der Angst zu sein? Weshalb verkündet man. – ein neuer Flagellantismus – die sogenannte häßliche Unbehaustheit dieser Ära gegenüber der ebenso sogenannten und nie untersuchten schönen Kultur-Einheit früherer Epochen? Waren sie wirklich schön und geschlossen? Distanz verschönt, rückt auch das Disparate zur Einheit zusammen. Vor allem aber ist jeder Mensch und jede Zeit stolz, wenn man im Superlativ von ihnen spricht – und sei es ein so schrecklicher wie das Jahrhundert der Angst.

Es gibt aber keine bessere Weise, in das Zentrum des zentralsten Begriffs dieser Jahre zurückzufinden, als diesen: den beiden ernstesten Versuchen der Aufhellung, dem Weg Kierkegaards und dem Weg Freuds, nachzugehen.

Die Ansicht der Betrachter, daß ein Denker zuerst die Theorie I hat und sie dann aufgibt zugunsten der Theorie II, verdeckt oft die Wahrheit, daß er beide Theorien hatte – und nach einer dritten suchte, die sie vereint. Freud begann mit einer physiologischen

Auslegung der Angst, die er nicht festhielt und nie ganz aufgab.

Ihm war zunächst aufgefallen, daß Hemmungen der sexuellen Funktion (wie erzwungene Enthaltsamkeit oder Coitus interruptus) Angst im Gefolge haben. Er zog den Schluß: ergo ist Angst eine Libido-Stauung, das Zurückgedrängte setzt sich in Psychisches als Angst um. Schon damals interessierte er sich nicht für eine umfassende ›Physiologie der Angst‹. Nur nebenbei bemerkte er, daß motorische Innervationen, Störungen der Atmungsorgane und des Herzens, ›an dem Ganzen der Angst Anteil haben‹. Die ›toxische Angst‹ hatte also nur so weit seine Aufmerksamkeit erregt, als die Vergiftung vom gestörten Ablauf des Libido-Saftes kam; er hat dies allerdings nie so kraß ausgedrückt.

Die rein stoffliche Erklärung war nicht mehr festzuhalten, nachdem er entdeckt hatte: nicht Verdrängung schafft Angst, sondern Angst Verdrängung. Allerdings formulierte er nun antithetischer, als er beabsichtigte. Er hielt weiter aufrecht, daß Angst auch aus Verdrängung kommen kann. Aber das beschäftigte ihn nicht mehr. Aus welchem Stoff sie hergestellt werde, habe an Interesse verloren, heißt es jetzt. Der Biologe räumte dem Psychologen das Feld. Um dieselbe Zeit, wahrscheinlich ohne jede Anspielung auf Freud, schrieb Heidegger: »Physiologische Auslösung von Angst wird nur möglich, weil das Dasein im Grunde seines Seins sich ängstigt.« Freud kam dann sehr in die Nähe dieses Satzes – wenn auch nicht seiner Sprach-Manier.

Wie kommt die Angst in die Welt? Der amerikanische Psychologe J. B. Watson zeichnete zwei Ereignisse aus, auf die instinktiv mit Angst reagiert werde: Lärm und die Entziehung der Grundlage. Es war die Methode des Behaviorismus, sich zu begnügen mit der Feststellung des Benehmens der Versuchs-Personen. Freud studierte die Angst im Rahmen seines Wissens um die Entwicklung des Individuums. Er fand, daß jedem Lebensalter eine bestimmte Gefahr-Situation zugeordnet ist: die Katastrophe der Geburt; die bange Erwartung des Entzugs der Liebe von seiten der Mutter; die Drohung der Kastration; die Strenge des Über-Ich; die Vorstellung vom Tode. So entfaltet er den Begriff Angst in einer Serie von typischen Angst-Situationen.

Aus keinem einzelnen Ereignis machte er den eigentlichen Schöpfer der Angst. Er distanzierte sich von den viel dogmatischeren Anhängern, die vorschnell eine ›Ur-Angst‹ fixierten. Nachdem er zuerst darauf hingewiesen hatte, daß der Geburtsakt das erste individuelle Angsterlebnis sei, ging dann Otto Rank so weit, ihm einen einzigartigen Vorrang zu geben und in jedem späteren Angstaffekt einen Versuch zu sehen, das Trauma immer vollständiger abzureagieren. Dem widersprach Freud mit der Erklärung, daß auch die frühesten Kinderphobien eine direkte Rückführung auf den Eindruck des Geburtsaktes nicht zuließen; er sei ein ›Vorbild‹ aller späteren Ängste, nicht das erste Glied einer Kausalreihe. Schon deshalb nicht, weil alle Affekte Niederschläge uralter traumatischer Erlebnisse seien, die an ähnlichen Situationen wie Erinnerungssymbole wachgerufen werden. Die Mode macht aus Freud, wie das immer zu gehen pflegt, einen Besitzer von Lösungen, weil nur Dogmatisches kolportiert werden kann. Man wird aber nirgends besser seine skeptische Haltung studieren als in der Zergliederung der

Angst. Er war einer der mutigsten Bekenner, daß alles immer komplizierter und ungewisser ist. Wir heißen die Angst, schrieb er, einen Affektzustand, obwohl wir auch nicht wissen, was ein Affekt ist. Und wie er es ablehnte, die Geburtsangst als Urangst zu verabsolutieren, so wehrte er sich auch gegen die Verabsolutierung der Kastrations-Angst. Es ist bisweilen schwer zu sagen, wo in seinem Werk ein solcher Terminus wortwörtlich genommen werden soll und wo nur metaphorisch. Aber eindeutig warnte er vor Übertreibung des Gültigkeitsbereichs dieser Kastrations-Angst – schon deshalb, weil sie ›bei den Frauen keine Stätte‹ habe. Eher neigte er zur Verwendung dieser Prägung in abgeschwächter Form, wie es Ferenczi vorgeschlagen hatte. Schließlich repräsentierte dies berüchtigte Wort nur noch ›Reaktion auf einen Verlust, eine Trennung‹. Es spielt also eine Doppelrolle: als Bezeichnung für etwas sehr Begrenztes, in dieser Begrenzung Nachweisbares – und als Bezeichnung für etwas sehr Allgemeines, ein *pars pro toto*.

Nie schloß Freud die Angst in solch enge definitorische Gefängnisse ein wie Stekels »Angst ist physischer Konflikt«, wie Adlers Zurückführung der Angst auf Organminderwertigkeit, wie Jungs Angst vor dem Einbruch der irrationalen Mächte und Bilder aus dem kollektiven Unbewußten in die Sphäre des Ich. Seine Schüler fielen nicht ab, weil Freud zu dogmatisch war; der Lehrer fiel ab, weil die Schüler nicht vorsichtig genug waren.

Er ging noch einen Schritt weiter, über die Darstellung der typischen Ängste in jeder individuellen Geschichte hinaus. Er fand in diesen Situationen etwas

Gemeinsames und nannte es (mit Rank) ›Trennungsangst‹. Dies Wort trifft besonders gut die Angst vor dem Tode, die mehr als jede andere – Angst vor der umfassendsten Trennung ist. Diese ›Trennungsangst‹ ist spezifisch menschlich. Sie wurzelt in der ›langgezogenen Hilflosigkeit und Abhängigkeit‹. Nur der Mensch macht die Erfahrung der Hilflosigkeit so gründlich. Man könnte Freud sagen lassen: der Mensch ist das verwöhnteste Tier; er kommt deshalb sein Leben lang von der Schürze der Mutter nicht los. Er hängt immer an irgend etwas. Der allgemeinste Ausdruck lautet: er hängt am Leben. Und es wäre in der Linie dieser Gedanken, Freud fortfahren zu lassen: die Geschichte seiner Kultur ist deshalb die Schöpfung von Abhängigkeiten, von Schutzherrschaften, an denen man hängen kann: mythischen, religiösen, metaphysischen, politisch-utopischen. Die Historie des Menschengeschlechtes ist nicht nur eine Entwicklung zu immer größerer Freiheit, auch ein immer neuer Versuch zu neuer Abhängigkeit.

Freud ging nicht so weit. Seine Aufmerksamkeit war zu sehr auf die elementaren Situationen der Angst gerichtet, als daß er die sekundären, die ihnen aufgepfropften, beachtet hätte. Er verfolgte nicht seine Gedanken über die Angst bis zu dem Punkt, wo er erkannt hätte, daß die Menschen gegen die Hilflosigkeit sich mit phantastischen Konstruktionen zu verteidigen suchten – die alle wieder zusammenfielen, und daß jeder Zusammenfall die alte Angst schärfer aktualisierte. Freuds äußerste Frage lautete: »Was ist der Kern, die Bedeutung der Gefahrsituation?« Und er antwortete: »Die erkannte, erinnerte, erwartete Situation der Hilflosigkeit.« Daß diese Hilflosigkeit eine überindividuelle Geschichte hat, beachtete er nicht.

Von dem Gipfel seiner äußersten, kürzesten Frage und Antwort lohnt es sich, noch einmal zurückzublicken auf die drei Begriffe Angst, die er verwendete, ohne sie scharf abzugrenzen. Der erste bezeichnete gar nicht Angst, sondern: was (nach seinen eigenen Worten) ›der korrekte Sprachgebrauch‹ ›Furcht‹ nennt. Dieser Brauch unterscheidet seit mehr als hundert Jahren eine grundlegendere, gegenstandslose Angst und eine auf ihr erst erbaute, gegenständliche Furcht. Die letzten Jahrzehnte haben hier viel geklärt. Der Neurologe Kurt Goldstein ordnet Angst und Furcht nicht spezifisch-neurologischen Bahnen zu; und hält die Furcht für ein späteres Stadium in der Geschichte des einzelnen. Von großer Bedeutung ist die Einsicht, daß Angst als Furcht rationalisiert werden kann: ein Gegenstand wird vorgeschoben, um das Unerklärliche in den Bereich der Abwehr zu bringen. Freud, der den korrekten Sprachgebrauch kannte, aber nicht immer einhielt, pries auch die ›Angst‹ gelegentlich als ›biologisch unentbehrliche Funktion‹. Er meinte nur die Furcht, welche die Gefahr signalisiert und die Verteidigung einleitet.

Manchmal also ist ›Angst‹ gar nicht Angst. An vielen Orten seines Werkes ist sie dann ›Neurotische Angst‹, die der ›Realangst‹, der gesunden, entgegengesetzt wird. Freud untersuchte in vielen Arbeiten, wie die normale Angst zur übermäßigen wird. Er machte ›den Vorgang der Verdrängung‹ ›vor dem Triebanspruch‹ verantwortlich. Man fürchte sich vor der eigenen Libido; und da sich das im Dunkel abspiele, träte diese Furcht als Angst auf – als Angst vor dem Nichts.

Es war eine besonders wichtige Entdeckung, daß er diese Angst vor den unkontrollierbaren Mächten in der eigenen Brust – als Furcht vor einer äußeren Situation enthüllte. Hinter der mysteriösen Angst vor dem ›Es‹ steckt die gar nicht mysteriöse Furcht vor der Gesellschaft. Ganz unfachlich gesagt: wir ängstigen uns nicht so sehr vor dem inneren Dämon als vor dem, was er uns einbrocken wird. Die krankhafte Angst entsteht aus dem Verkennen des Feindes – und aus der unreifen Abwehr. Wie er die Neurosen als ein Klebenbleiben an Entwicklungs-Stadien beschrieb, welche der Gesunde glatt durchläuft, so definiert er pathologische Angst als Infantilität ›im Verhältnis zur Gefahr‹. Ein infantiles Individuum, das sich bedroht fühlt, antwortet mit einer Reaktion, die einer früheren Gefahr angemessen war; so könne sich die Kastrations-Angst in späteren Jahren als Angst vor der Syphilis maskieren.

Vielleicht würde Freud gesagt haben: es ist gesunde Angst, welche die Verteidigung alarmiert, und kranke, die nichts nützt und nur schwächt. Aber das war noch nicht alles, wenn er auch dem Mehr nicht allzuviel Aufmerksamkeit schenkte. Neben der hilfreichen ›Angst‹, die man besser Furcht nennt, und der pathologischen kannte er noch eine dritte. Sie ist weder dienlich noch kurierbar – und eine zentrale Bestimmung des Menschen: die Erfahrung der unaufhebbaren Hilflosigkeit. Freud gab ihr eine recht verklausulierte Prägung: »das Auftreten eines traumatischen Moments, das nicht nach der Norm des Lustprinzips erledigt werden kann.« Es ist das Trauma aller Traumata, um das es sich hier handelt: das Bewußtsein von der Niederlage jenseits aller Siege und Niederlagen. Freud kam bis hierher.

Er hat hier nie verweilt. Er hätte sagen können: Angst ist das Wissen um unaufhebbare Furcht.

Er hat gezeigt, in welchen Szenen und in welchem Kostüm sie im Leben des einzelnen auftritt. Er hat nachgewiesen, welche spezifische Erfahrung der Menschen-Rasse – die lange Unfähigkeit dieses Lebewesens, auf eigenen Beinen zu stehen – jedem Menschen das Erlebnis der Ohnmacht einrammt. Daß er Hilflosigkeit und Niederlage vor dem Lustprinzip gleichsetzt, mag nicht fein klingen für jene, die von der traditionellen Verketzerung der Lust infiziert sind; legt aber Freud noch nicht fest auf eine ›Weltanschauung‹. Hingegen war es vielleicht seine Grenze, daß er diese Hilflosigkeit nicht in ihrer großartigen historischen Entfaltung berücksichtigt hat. Für die Weltgeschichte der Angst hatte er keinen Blick. Er hätte sonst das ›Unbehagen‹ in der Kultur als die ewige Hilflosigkeit im Wandel der Kulturen beschrieben und jene einzigartige Geschichte entdeckt, die immer wieder neue Kompromisse mit der Angst schuf und immer wieder neue Angst im Zerfall der Kompromisse erlitt.

Es sieht im ersten Augenblick so aus, als wäre es ein völlig hoffnungsloses Unternehmen, Freuds kühle Hypothesen über die Angst zusammenzubringen mit Kierkegaards leidenschaftlichen Grübeleien. Hier scheinen zwei ganz unvergleichbare Bemühungen vorzuliegen. Tatsächlich bestätigen sie einander in ihren Ergebnissen, kritisieren einander in ihren Unzulänglichkeiten, ergänzen einander vorzüglich. Sie kannten einander nicht. Kierkegaard starb ein halbes Jahr vor der Geburt Freuds.

Seine Methode und Sprache, genährt von Biologie,

Psychologie und Soziologie, ist fremd dem Vorgehen und einer Weise des Ausdrucks, die christlicher Theologie und idealistischer Metaphysik entstammten. Zwar sagte auch Kierkegaard, fast in der Art Freuds: »Der Mythos läßt äußerlich vor sich gehen, was innerlich ist.« Aber seine Psychologie hat nie so völlig die transzendenten Realitäten aufgezehrt. Die Entfernung zwischen ihnen scheint unüberwindbar groß.

Kierkegaard wurde von Hegel erzogen und einem Vater, dessen Christentum im fernsten Mittelalter wurzelte. Freud wurde erzogen von den Newtons des Seelenlebens. Seine Aussagen waren gedeckt von klinischen Fällen, Kierkegaards von sehr persönlichen Erfahrungen. Wenn Freud ›Angst‹ sagte, standen dahinter Kranken-Geschichten – und die weitere Frage: welcher normale Zug fundiert diese Krankheit? Wenn Kierkegaard ›Angst‹ sagte, standen dahinter die angstvollen Stunden eines katastrophenreichen Lebens – und die weitere Frage: auf welchen furchtbaren Zug der Kreatur Mensch weisen sie hin? Er ist nicht dunkler als Freud, verlangt aber vom Leser die ›seiltänzermäßige Gelenkigkeit‹, die intimsten Erfahrungen nachzuvollziehen. Ein Wörterbuch der Philosophie hülfe nichts; oder es übersetzte das abstrakteste Gefüge wie einen Schlüssel-Roman.

Die Aufgabe, den Märtyrer der Erfahrung und ihren Registrator zusammenzubringen, wird noch erschwert von dem eingewurzelten Vorurteil, daß der eine ein ›Atheist‹ gewesen sei, der andere ein ›Christ‹. Gerade diese Illusion wird durch den Vergleich gründlich zerstört werden. Auch hilft es nicht weiter, ihre Gemeinsamkeit in der ähnlich klingenden Metaphysik der Geschlechter zu sehen. Die hatten sie mit aller Welt gemein. Freud philosophierte da nicht viel; er übernahm die traditionelle Vorstellung von der gott- oder naturgewollten Unterlegenheit der Frau; originell war nur, daß er das Herrschaftsverhältnis nicht aus der Geschichte von der Rippe herleitete oder einer stärkeren Begabung des Mannes, sondern aus einem leiblichen Plus: daß er ein Glied mehr habe, welches die Frau so sehr entbehre. Einen Unterschied zwischen männlicher und weiblicher Angst kannte er nicht.

Kierkegaard, in derselben Überlegenheits-Ideologie befangen, die schon einige Kirchenväter zwang, die Frau als Unmensch herabzusetzen, fand, daß sie ›sinnlicher ist als der Mann‹, weniger Geist habe und mehr Angst. Er kam zu dem Resultat: »Wenn ich mir ein junges, unschuldiges Mädchen denke und nun einen Mann auf dasselbe einen begehrlichen Blick heften lasse, so wird ihr angst. Im übrigen kann sie indigniert werden usf., zuerst aber wird ihr angst. Denke ich mir dagegen, daß ein Weib auf einen unschuldigen jungen Mann einen begehrlichen Blick hefte, so wird dessen Stimmung nicht die der Angst sein, sondern höchstens eine mit Abscheu vermischte Beschämung, eben weil er mehr als Geist bestimmt ist.« Ähnlich philiströs sagte es Freud auch. Es gibt Übereinstimmungen, die sich aufdrängen – und doch keine Ähnlichkeit herstellen.

Die Zeitgebundenheit, die ihnen gemeinsam war, und jene sehr verschiedenen Sprachgewänder, die sie trennten, verdecken in gleicher Weise, was sie miteinander geleistet haben in ihrer Aufdeckung der Angst. Sie waren beide militante Anti-Metaphysiker – ohne Glauben an irgendeine absolute Wahrheit. Kierkegaard wurde von Hegel (»trotz seiner ausgezeichneten Eigenschaften und kolossalen Gelehrsamkeit«) dennoch daran erinnert, daß er im deutschen Sinne ein Philosophie-Professor größten Stiles gewesen ist; denn er habe *à tout prix* alles erklärt. Diesen Satz hätte Freud, wäre er ihm vor Augen gekommen, mit Enthusiasmus unterschrieben. Beide machten es sich nicht mehr so leicht, die Angst begrifflich aus der Welt zu schaffen – wie es Theologen und spekulative Philosophen durch die Jahrhunderte praktiziert hatten. Beide bestanden darauf, daß Angst nicht nur ›ein Zeichen der Unvollkommenheit‹ sei, wie sich Kierkegaard ausdrückte; Freud hätte eher gesagt: keineswegs nur ein pathologisches Phänomen. »Je originaler ein Mensch ist, desto tiefer ist die Angst in ihm«, heißt es bei Kierkegaard. Freud ging nicht so weit; aber auch er sagte vom ›Angstproblem‹, es sei ›ein Knotenpunkt‹, an welchem ›die verschiedensten und wichtigsten Fragen zusammentreffen‹. Freud, der Arzt, schenkte viel Aufmerksamkeit einer Pathologie der Angst; aber das war nur ein Mehr. Wie Kierkegaard fand er in ihr eines der Grundelemente, die den Menschen konstituieren.

Vielleicht ist es Kierkegaard gewesen, der die Unterscheidung von Angst und Furcht in die Debatte gebracht hat; Freud fand sie bereits vor. Heidegger, ein ausgezeichneter Topograph des Lava-Feldes, das wir Kierkegaard nennen, ein Schüler, der die Sätze seines größten Lehrers oft schärfer niederschrieb, explizierte, daß Angst ›Furcht erst möglich macht‹. Um alle Ergebnisse dieser Distinktionen zusammenzufassen, könnte man sagen: Angst hat kein spezifisches Objekt, aber einen spezifischen Ursprung. Kierkegaard und Freud stimmten darin überein und fanden ihn in derselben Richtung. Deshalb sind die Forscher, die ihnen folgten, nicht so weit auseinander, wie das Fähnlein der Aufrechten mit dem Motto ›Atheismus‹ hie und ›Christentum‹ da vermuten lassen.

Die großen Diagnostiker der Angst haben den Zusammenhang sowohl zwischen Angst und ›Sinnlichkeit‹ (Kierkegaard), Angst und Libido entdeckt – als auch die Verbindung zwischen der Angst und dem, was der eine ›Sünde‹ und der andere ›Über-Ich‹ nannte. Daß also die Angst wesentlich erschlossen werden kann, aus ihrer Verwurzelung in Sexualität und Gewissen, war die gemeinsame Richtung, der sie folgten. Dann trennten sich die Wege.

Es scheint so, als habe das Temperament des Vaters wie das eigene dem Sören Kierkegaard schwer zu schaffen gemacht – vor dem Tribunal eines Gewissens, das den Trieb als Wollust aufbauschte und von St. Paul und seinen Nachfolgern mitgeformt worden war. Aber die traditionell überkommene Angst wurde sehr persönlich aktualisiert. »Die Sinnlichkeit«, schrieb er, »ist noch nicht die Sündhaftigkeit.« Was macht sie dazu? Die Konfrontation mit dem ›Geist‹, wie er das Bewußtsein nannte. Erst diese Diskrepanz produziert Angst. Er fühlte sich nur geschützt, nur sicher, nur zu Hause – im Akt des Bewußtmachens. Der andere große, fremde Akt war die vehementeste Repräsentation der Macht, die ihn aus seinem Bewußtseins-Gespinst herauslockte in das Nichtzuhause. Ein kleines Selbst-Porträt ist seine Bemerkung, daß die Dichter in der Beschreibung der Liebe immer das Moment der Angst einfließen lassen, weil in der Kulmination des Erotischen der Geist nicht mitsein kann. Weshalb muß der Geist immer mitsein? Außerhalb des reichen, bunten Gewebes Bewußtsein, in das er sich eingesponnen hatte, fühlte er sich verloren. Die Wollust trieb ihn hinaus; das Hinaus war wahrscheinlich die Angst, die er mit ihr verband. Leider hat Kierkegaard gerade mit dieser sehr persönlichen Sexual-Angst Schule gemacht, weil sie sich einer Tendenz der christlichen Vergangenheit einordnen ließ, welcher er sich im übrigen so mächtig entzog: wenn Niebuhr sagt: »Angst ist die Beschreibung des Zustands der Versuchung« – so folgt er hier jenem Kierkegaard, der auch den verängstigten Nazarenern folgte. Der freieste Geist scheint auch Angst vor der Hölle gehabt zu haben; er fürchtete, die Sünden des Vaters werden gerächt am Sohn. Kierkegaard wiederholte stereotyp das Wort ›Sinnlichkeit‹; im übrigen sah er sie nicht genauer an. Er nahm sie als etwas Bekanntes, eine Kategorie; nur ihre Beziehung zum Bewußtsein war ihm interessant. Da wurde sie sündhaft oder lächerlich. Daß der Fremdheit des Sinnlichen vor dem Bewußtsein Angst entspringt, war christliche Tradition – und das persönlichste Erlebnis dieses Nachfahren des heiligen Antonius ... Freud widmete kühl, nicht betroffen, nach dem Vorbild der Ahnen ohne Skrupel Kinder zeugend, seine volle Aufmerksamkeit dieser ›Sinnlichkeit‹. Sie stellte ihm keine Gewissensfragen. Nach dem Vorbild seines größten Lehrers, Darwin, war sie ihm nicht ein moralisch-theologisches Problem, sondern eine biosoziologische Geschichte. Auf Entwicklung eingestellt, fand er hier Angst nur in der gestörten Sinnlichkeit. Er würde Kierkegaard analysiert haben – mit dem Ziel, ihm dies angstvolle Sich-Fremdwerden zu nehmen.

Dabei hätte er sich auf Kierkegaard selbst berufen können, der nicht wußte, ob ›sein Leiden Krankheit des Gemüts oder Sünde ist‹.

Die Grenzen des einen führen immer in den großartigen Bereich des andern. Nie haben zwei Denker besser ein gemeinsames Problem mit verteilten Rollen aufgehellt. Kierkegaard war bisweilen – aufgeklärter als der Aufklärer Freud. Man könnte paradox sagen, daß der ›Atheist‹ dem Mythos vom Sündenfall näher stand als der ›Christ‹. Wie die Bibel fand Freud diesen Sündenfall in einem historischen Ereignis, dem ersten Vatermord; es gibt einen Anfang in der Zeit für Sünde und Angst. Fast sieht es so aus, als habe Kierkegaard etwas Ähnliches gesagt: »Ohne Sexualität keine Geschichte.« Es scheint nur so. Ihn interessierte das Werden nicht. Die entscheidenden Bestimmungen des Menschen – wie Schuld und Angst – sind nicht geworden. Mit unermeßlichem Scharfsinn mühte er sich am Thema *Adam* und *Eva* ab, um den Leser zu überzeugen, daß jeder einzelne von neuem das Paradies verliert. Er machte sich lustig über den biblischen Vorfall, der sich doch ereignet habe ›außerhalb der Geschichte in den nebelhaften Regionen, in welchen Hexen und Projektemacher auf Besenstiel und Wurfspieß herumreiten‹. Er würde wahrscheinlich ähnlich über Freuds Mythos vom vorsintflutlichen Vatermord gespottet haben. Hätte Kierkegaard nach Darwin gelebt, so hätte er gewiß den dogmatischen Einschlag in der Entwicklungslehre lächerlich gemacht. Er war hier weniger blind als der scharfsinnige Freud, der immerhin dem Aberglauben huldigte, daß die Erfahrung ›Schuld‹ aufgeklärt ist durch Zurückführung auf die peinliche Empfindung, die irgendein Sohn am Beginn der Zeiten gehabt hat, weil er den immerhin auch geliebten Vater tötete.

Aber mit dieser Kritik des Glaubens an die Allmacht der genetischen Erklärung sollen nicht alle die vornehmen Phänomenologen und Neo-Protestanten, die Kierkegaard in die Welt gesetzt hat, gerechtfertigt werden – in ihrer hochmütigen Ignorierung des Gewordenseins. Schon Kierkegaard sah vieles nicht, was Freud sah – aus Mangel an Interesse für die Abläufe in der Zeit. Aber bestehen bleibt doch seine vorfreudsche Freud-Kritik: »Was die Psychologie beschäftigen kann, und womit sie sich beschäftigen kann, ist also, wie die Sünde werden kann, nicht, daß sie wird.« Diese zwiefache Perspektive auf Entstehung und Sinn der Angst zeigt sich noch einmal vor der äußersten Bestimmung, zu der Freud gekommen ist: dem Begriff der Hilflosigkeit.

Freud blieb hier stehen. Analytische Forscher machten ihn dann etwas konkreter. Sie entfalteten das alte Konzept ›Selbstbehauptung‹. Was an einem bestimmten Selbst wird vor allem behauptet? fragten sie. Und fanden, daß das, womit ein Individuum steht und fällt, bestimmt, was hier Selbstbehauptung bedeutet. Sie fanden auch, daß jede Kultur ihre spezielle Hilflosigkeit, ihre konkrete Angst hat, und begannen, in diesem Licht die Gegenwart zu erforschen. So gaben sie Freuds ›Trennungsangst‹ (seinem terminus technicus für Hilflosigkeit) sehr konkrete Inhalte. Goldstein, Horney, Sullivan, Kardiner beschrieben Angst in ihrer individuellen Erscheinung und im Rahmen der Hilflosigkeit einer bestimmten Kultur. Diese Untersuchungen gingen darin im Sinne Freuds weiter, daß er nie in die

Richtung auf ein rätselhaftes Proton – den Ur-Sprung ging, nie die monotone Besessenheit Kierkegaards kannte, dies lebenslange Umkreisen des Rätsels am Beginn aller Rätsel. Hier aber liegt Kierkegaards unvergeßlicher Fund. Er ließ sich auch gelegentlich auf eine Typologie der Angst-Manifestationen ein. In einem sehr flüchtigen Exkurs – fast die Reflexbewegung eines gelernten Hegelianers – differenzierte er zwischen dem griechisch-heidnischen, jüdischen, christlichen und pseudo-christlichen Verhalten zur Angst. Dies unchristliche Christentum nannte er ›Geistlosigkeit‹, Heidegger nannte es dann das ›Man‹; in Vokabeln wie das Gerede, das Unauthentische hat es ein lautes Echo in den Büchern der Zeit. Mit einigen Nebenbei-Bemerkungen bereitete Kierkegaard eine Typen-Lehre und eine Weltgeschichte der Angst vor.

Aber sein wesentliches Anliegen war das Reflektieren über das, was Angst in ihrer vollendetsten Form ist. Und er kam zu dem Ergebnis: <u>Angst ist das Bewußtsein der radikalen Freiheit;</u> Gegenstand der Angst ist das Nichts. Weshalb sieht Kierkegaards ›Freiheit‹ so anders aus als jene lustige, flotte, von Marschmusik beschwingte Dame, die uns so vertraut als Repräsentantin der Befreiung von Druck, von quälender Abhängigkeit ist? Weshalb spricht Kierkegaard vom ›Schwindel der Freiheit‹, wo doch so bekannt ist, daß sie nicht schwindlig macht wie ein Abgrund, eher in die Höhe trägt wie der Flügel der Engel?

Dieses helle Wort ›Freiheit‹ hat schon immer Verstecken gespielt mit denen, die von einem schönen Wort nicht lassen konnten, auch wenn es sie nur noch betrog. Man hat auch immer Abhängigkeiten – ›Freiheit‹ genannt: zum Beispiel den Gehorsam, den Gott befiehlt, oder die strenge Vernunft. Katholische, protestantische und idealistische Abhängigkeiten wurden als ›Freiheiten‹ gepriesen. Kierkegaard hatte alle diese bindenden ›Freiheiten‹ hinter sich gelassen und war bei jener wirklichen angekommen, die nicht mehr hielt, nur noch erlaubte, ins Bodenlose zu fallen. Deshalb weil seine Freiheit mehr Freiheit war als nur eine Befreiung oder gar eine geliebte Abhängigkeit – deshalb machte sie Angst, sie ist die Angst. Erst von hier aus versteht man den alten Enthusiasmus für die Notwendigkeit – bis zu Spinoza, Goethe und Hegel. Notwendigkeit ist Schutz gegen die Schutzlosigkeit der Freiheit. Hegel entging ihr, weil er, wie Kierkegaard mit bitterem Witz sagte, dem logischen Gedanken Füße gab, »ohne daß jemand es bemerkte, da der lange Mantel der Bewunderung die Maschinerie verbarg, welche die Marionetten in Bewegung setzte«. So strafte er mit einem großartigen Bild den Mann, der den letzten Mythos der Notwendigkeit geschaffen hatte, um sich vor der angstvollen Freiheit zu drücken.

»Aus dem Nichtkennen kommt die Angst, die wir kennen«, dichtete Auden – ganz in der Tradition des Mannes, für den Freiheit das Relativieren aller Einsichten und Praktiken, das Erfassen aller Möglichkeiten, die Verkündung des Rätsels anstelle der Lösung war. Er sah, daß wir immer mehr und immer klarer wissen ... und immer tiefer ins Ungewisse zurückfallen. Das hatten Romantiker vor ihm gesehen und gesagt. Aber die Katastrophe, die nur als Sentenz brilliert, wird auch nur zitiert. Kierkegaard lebte sie so sichtbar, daß sie in die Erfahrung des Jahrhunderts einging ... Freuds Desillusionierungen hingegen waren lokaler Natur, im Verhältnis zu diesem Abbau. Der ›Atheist‹ wurde noch gehalten von seiner ›Wissenschaftsreligion‹, der ›Christ‹ Kierkegaard war schutzloser. Die Angst erscheint in seinem Werk nicht so differenziert wie bei Freud; aber ausgeleuchtet in einer Tiefe, in die noch niemand so rücksichtslos vorgedrungen war.

Freud hätte vielleicht, wäre ihm Kierkegaard bekannt geworden, die Identifizierung von Freiheit und Angst nicht abgelehnt. Das ›Unbehagen‹, mit dem der Unpathetiker das Wort Angst unscheinbarer machte – was bezeichnete dieses ›Unbehagen‹ anderes, als daß die Lebenden die Ahnung durchzuckt, wie künstlich ist, was in seiner Auskristallisiertheit sich so solide gibt. Widersprochen aber hätte Freud ganz gewiß dem Satz: »Wer gelernt hat, auf rechte Weise voll Angst zu sein, hat das Allerwichtigste gelernt.« Daß Kierkegaard die Angst und ›das Gute‹ gleichsetzt, hätte ihn sehr verdrossen. Und er würde vielleicht erwidert haben: im Kulturprozeß, den ich immer zu fördern suchte, lernen wir gerade das Gegenteil – von der Angst wegzukommen. Denn soviel er auch gegen die Zivilisierung hatte, weil sie von der Triebunterdrückung lebt – es war die einzige Unterdrückung, die er (schweren Herzens) guthieß. Kierkegaard aber mahnte: Du sollst Angst haben! Du sollst dich zu einem einzelnen in absoluter Freiheit machen! Du sollst in keinem Strome mitschwimmen und dich damit verstecken vor der Angst, welche die ungeschützte Entscheidung begleitet.

Du sollst Angst haben – das ist ein Imperativ, dem kaum einer gehorcht. Deshalb konnte Heidegger sagen: »›Eigentliche‹ Angst ist selten.«

Weshalb haben die Menschen nicht mehr Angst? fragte Pascal. Er hatte die Antwort: sie lenken sich ab, von der Angst ab ... Die großen Wege der Flucht sind dem Individuum vorgezeichnet; Freud beschrieb sie als Massen-Wahn. Die großen traditionellen und die kleineren, sehr persönlichen Auswege in der Gegenwart belegte Kierkegaard mit dem Namen ›Geistlosigkeit‹, ohne auf die Vielfalt ihrer Erscheinungen einzugehen. Beide hielten es – für schädlich (sagte der eine), für degradierend (sagte der andere), von sich wegzusehen. Aber wie lebt man im Angesicht dessen, was einem Angst macht?

In einer Rede, die F. D. Roosevelt bei seinem Regierungsantritt hielt, hieß es: »Wir haben uns vor nichts zu ängstigen als vor der Angst.« Einer der großen Vorfahren dieser Sentenz war Spinoza; auch er hielt die Angst für operierbar. Eine erbauliche Geschichte, die Toynbee erzählt, geht noch weiter. Fischer, die Heringe heimbrachten, hätten voll Kummer bemerkt, daß die gefangenen Fische schwerfällig wurden, an Frische verloren und so im Preis sinken würden. Da kam einer auf die Idee, einige gefährliche Mitbewohner des Meeres unter die müden Tiere zu mischen. Das bekam ihnen großartig ... Die Moral von der Geschichte ist: es ist die Gefahr, die aus dem Menschen das Beste herausholt. Das mag stimmen, was seinen Marktwert betrifft. Wer seine Angst durch stramme Haltung ersetzt, steigt im Preis. Pascal würde sie allerdings unter die Ablenkungen gerechnet haben – unter die nicht sehr lustigen.

Hätte man Freud direkt die Frage gestellt: wie kann man mit der Angst leben?, so hätte er wohl geantwortet: die pathologische kann auf die normale heruntergebracht werden. Auf die weitere Frage nach jener, die keine Religion und keine Kultur heilt, hätte er wahrscheinlich die Schultern unfreundlich bewegt und gemurmelt: Resignation vor dem Realitätsprinzip; und etwas weniger störrisch hinzugefügt: außerdem je nach der Art des Individuums, vielfältige Ablenkungen – nie auf eine konzentriert, nur in kleinen Dosen. Und wäre man schließlich in ihn gedrungen, wie er selbst mit dem ›Pfahl im Fleisch‹ (Kierkegaard) vorwärts gegangen sei – so hätte er erwidern müssen: er habe doch mitgeteilt, daß auch die Beschäftigung mit der Wissenschaft ein Weg ist, sich zu beruhigen. Hätte man dann seine ›Wissenschaftsreligion‹ mit Spinozas *amor Dei intellectualis* verglichen, so hätte er abgewinkt: soweit reiche es nicht mehr, er sähe keinen Vernunft-Kosmos, seine Wissenschaftsreligion sei nur noch die Religion eines Skeptikers, allerdings eines besessenen, er begnüge sich mit einigen kleinen Einsichten und dem bißchen Hilfe, die sie leidenden Menschen brächte. Freuds persönliche Aussöhnung mit der Angst ist nicht schwer zu durchschauen.

Kierkegaards Nicht-Aussöhnung macht größere Schwierigkeiten. Wie ist die Angst zu überwinden? Durch den Glauben, daß Gottes Sohn zur Erde gekommen ist und die Kinder Gottes erlöst hat. Kierkegaard erlaubte nicht, an diesem geschichtlich-übergeschichtlichen Ereignis metaphorisch herumzuspielen. Er verhöhnte alle, die das Faktum zu einem Gleichnis verflüchtigten. Er selbst aber konnte nicht glauben. Er widmete einen Berg von Büchern dem Problem: wie und was man glaubt, wenn man glaubt – weil es ihm versagt war. Er war nicht ein Christ, nach seiner kompromißlosen

Definition. Er war nicht nur in die Sprache und das Denken glücklich verliebt, auch noch unglücklich in das Christentum. Er wußte, was Christentum nicht ist – alles, was er sah: und konnte nicht verwirklichen, was allein die Angst besiegt hätte: ein Leben in Christo.

Man könnte auch sagen: glauben konnte er nur an die Freiheit, an das ›Gute‹, an das Leben in Möglichkeiten, an die unausrottbare Angst. Er hat immer wieder beschrieben, und das war sein trauriger Trost: wie einer aussieht, der die Freiheit, die Möglichkeiten, die Angst überwunden hat. Er selbst hat sich nie angemaßt, ein Christ zu sein. Es gibt Stellen in seinem Werk, wo Glaube nicht viel mehr bedeutet als: die Situation der ewigen Gefahr in fester Ruhe akzeptieren. Aber dieses wachste Gewissen mogelte sich nie hinaus über das, was ihm versagt war: zur Ruhe im Wissen, daß Gott in einem bestimmten Moment der Zeit erschienen ist und ihn, Sören Kierkegaard, auf ewig hält. Sein Kampf gegen Dänemarks Kirche war kein Savonarola- und kein Luther-Kampf. Auch er sagte: die Christenheit ist ein Abfall vom Christentum. Aber er würde nie mit Savonarola und Luther den Anspruch gemacht haben: ein Christ zu sein. Er lebte in der schrecklichen Freiheit, aus der er herauswollte und nicht herauskonnte. Er ging noch weiter, er riß alle Zeitgenossen aus dem Aberglauben, geschützt zu sein: »Luther hatte 95 Thesen; ich hätte nur eine: das Christentum ist nicht da.«

Freud machte seinen Kompromiß mit der Angst, indem er sich in die Arme der Wissenschaft warf; nicht nur die Kirche hat Arme. Welchen Kompromiß machte Kierkegaard? Im letzten Jahr seines Lebens, am

24. Mai 1855, porträtierte er sich als einen in sein Instrument verliebten Künstler; er war ›ins Produzieren‹ verliebt. Er konnte alles bezwingen, bekannte er, wenn er produzierte; Freud nannte diesen Vorgang: Sublimation. Unter vielen hinreißenden Sätzen liegt begraben Kierkegaards Angst. Die Ausschweifungen des Bewußtmachens betäubten seine Angst. Er schuf der Angst das gewaltigste Grab-Monument, mit der auf vielen tausend Seiten durchexerzierten Frage: wie wird man Christ?

So dämpfte er die Angst zur Schwermut. Sie träte ein, erklärt er, wenn ›die Freiheit die unvollkommenen Formen ihrer Geschichte durchlaufen hat‹. Man könnte übersetzen: Schwermut ist erhellte und akzeptierte Angst. Die pathetische Schwermut des atheistischen Theologen und die nüchternere des ein bißchen gläubigeren Wissenschaftlers sind zwei Spielarten derselben Melancholie.

Sie lösten nicht das Problem, wie dem Menschen im Zeitalter der schrecklichen Unabhängigkeit geholfen werden kann, in weniger exzeptionellen Fällen. Wer aber glaubt, weitergekommen zu sein, ist nur noch nicht soweit gekommen.

Was aber die schrecklichen Abhängigkeiten des Jahrhunderts betrifft, von den blutig-leuchtenden oder mehr anonymen Menschen-Quälern – da ist Freud einer der erfolgreichsten Streiter im Kampf gewesen. Dieser und kommenden Generationen ein Vorbild.

Anhang

Ein unbekannter Freud-Brief

Am 30. April 1926 erschien der folgende ungezeichnete Geburtstagsartikel in der ›Berliner Illustrirten Zeitung‹:

DER ENTDECKER DES UNBEWUSSTEN

(Zu Professor Freuds 70. Geburtstag)

Es gibt nur wenige Forscher, deren Namen auch außerhalb der Gelehrtenwelt solch internationalen Ruf genießt wie der nunmehr siebzigjährige Professor Sigmund Freud. Wenn schließlich die Gegner seiner Lehre recht behalten sollten, so würde die Geschichte der Wissenschaft darüber jedenfalls in dem reichhaltigen Kapitel berichten, das die Überschrift ›Erfolgreiche Irrtümer‹ trägt und von später widerlegten Theorien handelt, die zu den wertvollsten praktischen Ergebnissen geführt haben. Freuds Lehre führt die Seelenkrankheit auf ein ›Trauma‹, eine seelische Verletzung zurück, die dadurch erfolgt, daß peinliche Erlebnisse oder Eindrücke der Jugend und besonders der Pubertätszeit in ein Unterbewußtsein ›verdrängt‹ werden und dort wie innere Stachel wirken, und seine psychoanalytische Methode besteht darin, jene verdrängten Eindrücke aus dem Unterbewußtsein hervorzuholen und bewußt zu machen, wodurch sie ›abreagiert‹ werden. Die wissenschaftliche Grundlage dieser Theorie und Heilmethode wird vielfach bestritten, und Freuds Annahme, daß die verdrängten Vorstellungen in letzter Linie immer aus dem Geschlechtsleben stammen, dessen erste Anfänge bis auf den Lebensbeginn zurückgehen, hat auch unter den Anhängern seiner Grundanschauung viele Gegner gefunden. Wertvoller als Freuds wissenschaftliche Grundgedanken sind eben die Expeditionen, die er, von ihnen ausgehend, in das Gebiet des ›Unterbewußten‹ unternommen hat; sei es, daß er das Wesen des Traums untersuchte und eine ›Traumdeutung‹ gab, sei es, daß er sich mit dem ›Witz und seiner Beziehung zum Unbewußten‹ beschäftigte oder vom Sich-Versprechen und -Verschreiben handelte, die ›Psychopathologie des Alltags‹ beobachtete oder ›Das Ich und das Es‹ zergliederte. Freud, aus der Schule des großen französischen Forschers Charcot hervorgegangen, der zuerst das Krankheitsbild der Hysterie feststellte, hat heute nicht bloß wissenschaftliche Jünger in ganz Europa und Amerika, sondern er hat noch stärker anregend auf die Literatur aller Kultursprachen gewirkt und zur Vertiefung der literarischen Seelenschilderung vieles beigetragen.

Darauf antwortete Freud folgendes:

PROF. DR. FREUD

Wien IX., Berggasse 19

Sehr geehrte Redaktion!
Ich danke ergebenst für die Zusendung der Nummer Ihrer Zeitschrift, welche meine Photographie bringt.

Der darunter stehende Aufsatz rührt offenbar von einem Gegner der Psychoanalyse her, der sich bei der Abfassung großen Zwang antun mußte.

Hochachtungsvoll
Prof. Freud

Der Brief trägt den Eingangs-Stempel der Ullstein Post-Zentrale: 3. V. 26. 7–8 V.

Ich verdanke diesen Brief und die Kenntnis der Vorgeschichte des Artikels Herrn Georg Froeschel, der damals Redakteur der ›Berliner Illustrirten Zeitung‹ war.

Freud wußte gar nicht, wie sehr er recht hatte. Die Redaktion hatte einem Mitarbeiter den Auftrag erteilt, einen kurzen Jubiläumsartikel zu schreiben. Diese Arbeit, weniger ein Glückwunsch als eine unfreundliche Kritik, war für den Zweck, dem sie dienen sollte, unbrauchbar. Der Verfasser, der auf Zeilen-Honorar arbeitete, gelobte Besserung – und lieferte schließlich den Text, der dann abgedruckt wurde.

Diese kleine Episode ist denkwürdig. Sie charakterisiert Freud. Er ließ sich nicht davon bestechen, daß sein Bild und ein (schöne Worte enthaltender) Toast im populärsten Blatt Deutschlands erschienen waren. Er nannte den Kratzfuß, der mehr ein Kratzen als eine Verbeugung war, beim Namen – ganz einfach, in seiner herrlich unpathetischen Grobheit. Charakteristisch für Freuds Zeitgenossen wiederum ist es, daß sie guten Glaubens waren – und diesen schiefen Kniefall wirklich für eine Ehrung hielten.

Wo ist die erste Version dieses historischen Dokuments? Was für eine psychologische Studie hätten wir, wenn Freud sie mit der späteren Variante des Gratulanten wider Willen hätte vergleichen können. Sie wäre gewiß eine Illustration des Satzes von Hofmannsthal geworden: »Wer lügt, macht schlechte Metaphern.«

Zeittafel

1856	17. Februar: Heinrich Heine in Paris gestorben.
	30. März: Der Friede von Paris beendet den Krimkrieg zwischen Rußland und der Türkei.
	6. Mai: Sigmund (Sigismund Schlomo) Freud in Freiberg/Mähren als Sohn des Stoffhändlers Jacob Freud und dessen Ehefrau Amalia geboren.
	29. Juli: Robert Schumann gestorben.
1857–1861	Erste Weltwirtschaftskrise.
1857–1860	Krieg Großbritanniens und Frankreichs gegen China (»Zweiter Opiumkrieg«, »Lorchakrieg«).
1857	Eugen Bleuler geboren.
	20. Dezember: Der österreichische Kaiser Franz Joseph erteilt den Auftrag zum Bau der Wiener Ringstraße.
1858	*Sigmund Freuds Schwester Anna geboren.*
1859	*Jacob Freud muß wegen wirtschaftlicher Schwierigkeiten sein Geschäft aufgeben.*
	Italienischer Krieg.
	23. April: Österreichisches Ultimatum an Italien.
	Ende April: Österreich im Krieg mit Sardinien-Piemont.
	6. Mai: Alexander von Humboldt gestorben.
	4./24. Juni: Österreichische Niederlagen bei Magenta und Solferino.
	11. Juni: Clemens Fürst von Metternich in Wien gestorben.

	8./11. Juli: Waffenstillstand und Präliminarfriede von Villafranca zwischen Österreich und Frankreich.
10. November: Friede von Zürich zwischen Österreich, Sardinien und Frankreich. Österreich muß die Lombardei an Sardinien-Piemont abtreten.
John Stuart Mill: »On Liberty«.
Charles Darwin: »On the Origin of Species«.
1860	*Geburt der Schwester Rosa.*
Sigmund Freud zieht mit der Familie nach Wien.
25. März: James Braid, englischer Chirurg, Anhänger des Mesmerismus, gestorben.
Mai: Giuseppe Garibaldis »Zug der Tausend« in Süditalien.
7. Juli: G. Mahler in Kalischt/Böhmen geboren.
21. August: Garibaldi landet auf dem italienischen Festland.
21. September: Arthur Schopenhauer gestorben.
1861–1865	Nordamerikanischer Bürgerkrieg (»Sezessionskrieg«).
1861	2. Januar: Friedrich Wilhelm IV. von Preußen gestorben. Wilhelm I. folgt auf den preußischen Königsthron.
19. Februar: Bauernbefreiung (Aufhebung der Leibeigenschaft) in Rußland.
14./17. März: Proklamation des Königreichs Italien. Viktor Emanuel II. wird König.
Gründung des rumänischen Staates.
Johann Philipp Reis erfindet das Telefon.
1862	15. Mai: Arthur Schnitzler in Wien geboren.
22. September: Abraham Lincoln, Präsident der USA, erklärt die Sklaven für frei (endgültige Abschaffung der Sklaverei 1865).
23. September: Otto von Bismarck wird preußischer Ministerpräsident.
Zweite Weltausstellung in London.

1863	22. Januar: Polnischer Aufstand.
13. Dezember: Friedrich Hebbel in Wien gestorben.
Wiederaufleben des dänisch-deutschen Konflikts um Schleswig-Holstein.
Ferdinand Lassalle gründet den »Allgemeinen Deutschen Arbeiterverein«.
1864	1. Februar–1. August: Deutsch-dänischer Krieg.
Der österreichische Erzherzog Maximilian wird als Kaiser von Mexiko eingesetzt.
22. August: »Genfer Konvention« auf Anregung Henri Dunants abgeschlossen. Gründung des Roten Kreuzes.
31. August: Ferdinand Lassalle im Duell getötet.
28. September: Gründung der Ersten Sozialistischen Internationale in London.
30. Oktober: Friede von Wien. Dänemark muß Schleswig, Holstein und Lauenburg an Österreich und Preußen abtreten.
1865	*Eintritt Freuds ins Leopoldstädter Gymnasium.*
15. April: Abraham Lincoln, Präsident der USA, in Washington ermordet.
14. August: Vertrag von Gastein zwischen Österreich und Preußen. Österreich verwaltet Holstein, Preußen Schleswig. Lauenburg kommt gegen eine Entschädigungszahlung an Preußen, Kiel wird Bundeshafen.
1866	14. Juni: Preußen tritt aus dem Deutschen Bund aus.
15. Juni–26. Juli: Preußisch-österreichischer Krieg.
Beginn des österreichisch-italienischen Krieges.
24. Juni: Sieg des österreichischen Erzherzogs Albrecht bei Custozza.
3. Juli: Schlacht bei Königgrätz. Niederlage Österreichs.

26. Juli: Preußisch-österreichischer Vorfriede von Nikolsburg, abgeschlossen von Bismarck gegen den Willen Wilhelms I.
18. August: Gründung des Norddeutschen Bundes unter der Führung Preußens.
23. August: Friede von Prag zwischen Österreich und Preußen. Österreich verliert Venetien und scheidet aus dem deutschen Staatenverband aus.
Das erste Transatlantikkabel wird in Betrieb genommen.

1867 30. März: Die USA kaufen Alaska von Rußland.
April: »Luxemburg-Krise«. Durch Bismarcks Eingreifen wird Frankreich am Erwerb des Großherzogtums gehindert.
11. Mai: Der Londoner Vertrag erklärt Luxemburg zum neutralen Staat.
8. Juni: Franz Joseph zum König von Ungarn gekrönt. Österreichisch-ungarischer Ausgleich. Bildung der »Doppelmonarchie«. Ungarn werden Sonderrechte zugestanden.
19. Juni: Kaiser Maximilian von Mexiko in Querétaro erschossen. Mexiko wird Republik.
Der erste Band von Karl Marx' »Kapital« erscheint. Werner von Siemens entdeckt das dynamoelektrische Prinzip, Alfred Nobel erfindet das Dynamit. Gründung der »Berliner medizinischen psychologischen Gesellschaft« (seit 1885 »Gesellschaft für Psychiatrie und Nervenkrankheiten«).

1868 28. Januar: Adalbert Stifter gestorben.
Staatsstreich in Spanien. Königin Isabella II. gestürzt. Richard Wagners »Meistersinger von Nürnberg« in München uraufgeführt.
Anton Bruckner: 1. Sinfonie.

1869/70 Erstes Vatikanisches Konzil.
1869 28. Juli: Carl Gustav Carus, Arzt, Philosoph und Maler, gestorben.

August: Liebknecht und Bebel gründen die deutsche »Sozialdemokratische Arbeiterpartei«.
17. November: Eröffnung des Suez-Kanals nach zehnjähriger Bauzeit.

1870/71 Deutsch-französischer Krieg.
1870 *Freud liest die Werke Börnes, die ihm einen starken Eindruck hinterlassen.*
7. Februar: Alfred Adler in Wien geboren.
22. April: Wladimir Illjitsch Uljanow (Lenin) geboren.
13. Juli: »Emser Depesche« Bismarcks.
19. Juli: Frankreich erklärt Preußen den Krieg.
1. September: Schlacht bei Sedan. Kaiser Napoleon III. von Frankreich gerät in deutsche Gefangenschaft.
4. September: Die Französische Republik wird ausgerufen (»Dritte Republik«).
20. September/9. Oktober: Italienische Truppen besetzen Rom. Der Kirchenstaat kommt an Italien.
Gründung der katholischen Zentrumspartei in Deutschland.
Heinrich Schliemann beginnt mit den Ausgrabungen in Troja.

1871 18. Januar: Gründung des Deutschen Reiches. Wilhelm I. in Versailles zum deutschen Kaiser proklamiert. Bismarck wird Reichskanzler.
26. Februar: Vorfriede von Versailles zwischen dem Deutschen Reich und Frankreich. Das Elsaß und Lothringen werden an das Deutsche Reich abgetreten.
15. März–28. Mai: Aufstand der Pariser Kommune.
10. Mai: Friede von Frankfurt am Main. Frankreich muß den Verzicht auf Elsaß-Lothringen bestätigen und Kriegsentschädigung zahlen.
Charles Darwin: »The Descendant of Man«.

1872	*Bekanntschaft mit Gisela Fluß.*
	21. Januar: Franz Grillparzer in Wien gestorben.
	4. Juli: Verbot des Jesuitenordens in Deutschland.
	September: Kaiser Franz Joseph und Zar Alexander bei Kaiser Wilhelm I. in Berlin (»Dreikaiserverständigung«).
	David Friedrich Strauß: »Der alte und der neue Glaube«.
1873/74	Industriekrise (»Gründerkrise«).
1873	*Abitur am Sperl-Gymnasium/Wien.*
	9. Januar: Napoleon III. von Frankreich im englischen Exil gestorben.
	1. Mai: Eröffnung der Weltausstellung in Wien.
	6. Juni/22. Oktober: »Schönbrunner Konvention« und »Dreikaiser-Abkommen«. Konsultativpakt zwischen Österreich-Ungarn, dem Deutschen Reich und Rußlandd.
	Herbst: Beginn des Medizinstudiums.
	Johann Strauß: »Die Fledermaus«.
1874	1. Februar: Hugo von Hofmannsthal geboren.
	28. April: Geburt von Karl Kraus.
	13. September: Arnold Schönberg geboren.
	Die »Österreichische Arbeiterpartei« entsteht.
	Gründung des Weltpostvereins in Bern.
1875–1878	Balkankrise.
1875	*Englandreise. Besuch bei Halbbruder Philipp und Nichte Pauline.*
	Aufstände in Bosnien, Bulgarien und in der Herzegowina gegen die türkische Herrschaft.
	April/Mai: »Krieg-in-Sicht-Krise«.
	Spannungen zwischen Frankreich und dem Deutschen Reich.
	Mai: Gründung der »Sozialistischen Arbeiterpartei Deutschlands« (seit 1891 »Sozialdemokratische Partei Deutschlands«).
	6. Juni: Thomas Mann geboren.

| | 29. Juni: Tod des entmündigten Kaisers Ferdinand I. von Österreich. |
| | 26. Juli: Carl Gustav Jung in Kesswil/Schweiz geboren. |

1876 Beginn der sechsjährigen Studien im Physiologischen Institut bei Professor Ernst von Brücke.
Juli: Serbien und Montenegro erklären der Türkei den Krieg.
Johann Brahms: 1. Sinfonie.
Nikolaus Ottos Viertaktmotor wird patentiert.
1877/78 Russisch-türkischer Krieg.
1877 24. April: Rußland erklärt der Türkei den Krieg.
Thomas Alva Edison erfindet den Phonographen.
1878 *»Über Spiralganglien und Rückenmark des Petromyzon«.*
Österreich-Ungarn besetzt Bosnien und die Herzegowina.
9. Januar: Viktor Emanuel II. gestorben. Humbert I. wird König von Italien.
13. Juli: Friede von Berlin. Umgestaltung der Friedensbedingungen von Santo Stefano (3. März). Unabhängigkeit Rumäniens, Serbiens und Montenegros bestätigt. Bulgarien wird autonomes, der Türkei tributpflichtiges Fürstentum. Gebietsgewinne für Rußland. Bosnien und die Herzegowina werden von Österreich-Ungarn verwaltet.
18. Oktober: »Sozialistengesetz« in Deutschland. Verbot sozialistischer Vereinigungen, Versammlungen und publizistischer Tätigkeiten.
Zypern kommt unter britische Verwaltung.
1879 Gründung des Wundtschen Laboratoriums.
15. August: »Briefohrfeige«. Verletzender Brief des Zaren Alexander II. an Kaiser Wilhelm I.
7. Oktober: »Zweibund«. Geheimes Verteidigungsbündnis zwischen Österreich-Ungarn und dem Deutschen Reich.

	21. Dezember: Jossif Wissarionowitsch Dschugaschwili (Stalin) geboren.
1880/81	Burenaufstand (Erster Südafrikanischer Krieg).
1880	*Einjähriger Militärdienst.*
	Freud übersetzt Essays von John Stuart Mill.
	3. Juli: Regelung der Marokkofrage auf der Internationalen Konferenz von Madrid.
1881	9. Februar: Feodor M. Dostojewski gestorben.
	13. März: Zar Alexander II. ermordet. Nachfolger auf dem russischen Thron wird sein Sohn Alexander III.
	Frühjahr: Medizinische Abschlußprüfungen.
	18. Juni: »Dreikaiser-Vertrag«. Geheimes Neutralitätsabkommen zwischen Österreich-Ungarn, dem Deutschen Reich und Rußland auf drei Jahre.
	In Berlin-Lichterfelde fährt die erste elektrische Straßenbahn.
	Freundschaft mit Josef Breuer.
1882	*April: Bekanntschaft mit Martha Bernays.*
	April: Charles Darwin gestorben.
	20. Mai: »Dreibund«. Geheimes Verteidigungsbündnis zwischen Österreich-Ungarn, dem Deutschen Reich und Italien.
	17. Juni: Freud verlobt sich heimlich mit Martha Bernays.
	Britische Truppen besetzen Ägypten.
	Robert Koch entdeckt den Tuberkelbazillus.
	Richard Wagner: »Parsifal«.
1882/83	*Freud arbeitet bei dem Gehirnpathologen Professor Theodor Meynert im Wiener Allgemeinen Krankenhaus.*
1883	13. Februar: Richard Wagner in Venedig gestorben.
	14. März: Karl Marx in London gestorben.
1884	*Forschungsarbeiten über Eigenschaften und Wirkungen des Kokains.*

Frühjahr: Entstehung der »Deutschen Freisinnigen Partei«.
3. Oktober: Hans Makart, österreichischer Maler, in Wien gestorben.
Dezember 1884–Februar 1885: Kongo-Konferenz in Berlin.
Gründung der »Ungarischen Unabhängigkeitspartei«.

1885/86 Bulgarische Krise. Unruhen auf dem Balkan. Russische Intervention in Bulgarien.

1885 *»Beitrag zur Kenntnis der Cocawirkung« und weitere Arbeiten über Kokain.*
Freud wird Privatdozent für Neuropathologie an der Wiener Universität.
Herbst: Reise nach Paris. Studium an der Salpêtrière bei Jean Marie Charcot.
Freud vernichtet seine gesamten Aufzeichnungen aus früheren Jahren.
Erste Kraftwagen (Benz) und Krafträder (Daimler) werden gebaut.
Johann Strauß: »Der Zigeunerbaron«.
Friedrich Nietzsche: »Also sprach Zarathustra« (1883–1885).

ab 1886 *Charcots »Neue Vorlesungen über die Krankheiten des Nerven-Systems, insbesondere über Hysterie« erscheinen in der Übersetzung Freuds.*

1886 *»Über den Ursprung des nervus acusticus«.*
Frühjahr: Abreise von Paris.
Freud arbeitet vorübergehend an einem Kinderkrankenhaus in Berlin.
Ostern: Eröffnung einer Praxis in Wien. Tätigkeit als Psychiater.
31. Juli: Franz Liszt gestorben.
13. September: Freud heiratet Martha Bernays.
Engere Zusammenarbeit mit Josef Breuer.

1887 *Freuds Tochter Mathilde geboren.*

Beginn des Briefwechsels mit Wilhelm Fliess.
12. Februar: Mittelmeerabkommen zwischen Großbritannien und Italien.
24. März: Österreich-Ungarn schließt sich dem Mittelmeerabkommen an.
18. Juni: »Rückversicherungsvertrag«. Geheimes Neutralitätsabkommen zwischen dem Deutschen Reich und Rußland auf drei Jahre.
12./16. Dezember: »Orient-Dreibund« zwischen Österreich-Ungarn, Großbritannien und Italien.
Rudolf Hertz entdeckt die elektromagnetischen Wellen.

1888 *Kokain-Affäre. Arthur Schnitzler verteidigt Freud.*
9. März: Tod des deutschen Kaisers Wilhelm I.
15. Juni: Kaiser Friedrich III. nach 99tägiger Regierungszeit gestorben. Wilhelm II. wird Kaiser des Deutschen Reiches.
Gründung der »Deutschen Kolonialgesellschaft«.
Fridtjof Nansen durchquert Grönland.

1889 *Studium in Nancy bei Ambroise Auguste Liébault und Hippolyte Marie Bernheim.*
30. Januar: Der österreichische Kronprinz Rudolf und Mary von Vetsera werden in Mayerling erschossen aufgefunden.
Dezember: Freuds Sohn Jean Martin geboren.
Gustave Eiffel errichtet den Eiffelturm für die Pariser Weltausstellung.
Kolonialverträge zur Interessenabgrenzung zwischen Großbritannien, dem Deutschen Reich, Frankreich und den USA (1889/90).
Gustav Mahler: 1. Sinfonie.
Der Schweizer Psychologe Auguste Forel veröffentlicht seine Schrift »Der Hypnotismus«.
Pierre Janet: »L'Automatisme Psychologique«.

1890 20. März: Wilhelm II. erzwingt den Rücktritt Bismarcks.

	Der deutsch-russische »Rückversicherungsvertrag« wird nicht erneuert.

Der deutsch-russische »Rückversicherungsvertrag« wird nicht erneuert.
26. Dezember: Heinrich Schliemann gestorben.
Aufhebung des »Sozialistengesetzes« in Deutschland.

1891–1894 Bau der Transsibirischen Eisenbahn.
1891 *»Zur Auffassung der Aphasien«.*
Geburt des Sohnes Oliver.
1892 *»Ein Fall von hypnotischer Heilung«.*
Geburt des Sohnes Ernst.
18. August: Militärkonvention (Beistandspakt) zwischen Rußland und Frankreich.
1893 *Freuds Tochter Sophie geboren.*
16. August: Jean Marie Charcot in Paris gestorben.
Polfahrt Nansens (bis 1896).
1894–1899/
1906 Dreyfus-Affäre in Frankreich.
1894/95 Chinesisch-japanischer Krieg.
1894 *Bruch mit Josef Breuer.*
4. Januar: Der »Zweibund« Frankreich–Rußland tritt in Kraft.
1. November: Tod des Zaren Alexander III. Sein Sohn Nikolaus II. folgt auf den Thron.
Aussöhnung zwischen Kaiser Wilhelm II. und Bismarck.
In Frankreich findet das erste Automobilrennen statt.
Louis Lumière konstruiert einen Kinematographen.
1895 *»Studien über Hysterie« von Freud und Breuer erschienen.*
Freud deutet erstmals einen eigenen Traum.
Dezember: Tochter Anna geboren.
Wilhelm Conrad Röntgen entdeckt die nach ihm benannte elektromagnetische Strahlung.
Arthur Schnitzler: »Liebelei«.

1896	*Erste Verwendung des Wortes »Psychoanalyse«.*
	Ferienaufenthalt in Florenz.
	3. Januar: »Krüger-Depesche« des deutschen Kaisers Wilhelm II. Spannungen zwischen Großbritannien und dem Deutschen Reich.
	9. August: Otto Lilienthal bei einem Gleitflug tödlich verunglückt.
	11. Oktober: Anton Bruckner in Wien gestorben.
	23. Oktober: Tod des Vaters.
	Stiftung des Nobel-Preises.
	Die Ersten Olympischen Spiele der Neuzeit, angeregt durch Pierre de Coubertin, werden in Athen abgehalten.
	Bau des Riesenrades im Wiener Prater.
1897	*Selbstanalyse Freuds.*
	Italienreise.
	3. April: Johannes Brahms in Wien gestorben.
	Oktober: Entdeckung des »Ödipuskomplexes«.
	Die Wiener Secession wird gegründet.
	Guglielmo Marconi erfindet die drahtlose Telegraphie.
1898	*»Zum psychischen Mechanismus der Vergeßlichkeit«.*
	25. April: Kriegserklärung der USA an Spanien.
	30. Juli: Fürst Bismarck gestorben.
	10. September: Kaiserin Elisabeth von Österreich-Ungarn in Genf durch Luigi Lucheni ermordet.
	10. Dezember: Friede von Paris zwischen den USA und Spanien. Spanische Kolonien im Pazifik gehen an die USA über.
	Pierre Janet: »Hystérie et idées fixes«.
1899–1940	Planung und Bau der Bagdad-Bahn.
1899–1902	Zweiter Burenkrieg in Südafrika.
1899	*»Die Traumdeutung« erscheint (datiert auf 1900).*
	3. Juni: Johann Strauß (Sohn) in Wien gestorben.
	Erste Haager Friedenskonferenz. Bildung eines

Internationalen Schiedsgerichtshofs. Landkriegsordnung (verabschiedet 1907).
Karl Kraus gründet »Die Fackel«.

1900 Frühjahr/Sommer: Boxeraufstand in China.
23. März: Erich Fromm geboren.
2. Juli: Start des ersten Zeppelin-Luftschiffs.
29. Juli: Humbert I. von Italien ermordet. Viktor Emanuel III. wird italienischer König.
25. August: Friedrich Nietzsche gestorben.
Weltausstellung und Olympische Spiele in Paris.
Max Planck begründet die Quantentheorie.
Arthur Schnitzler: »Der Reigen«.
C. G. Jung beendet sein Medizinstudium und arbeitet unter Eugen Bleuler an der Heilanstalt Burghölzli/Zürich.
Alfred Binet: »La Suggestibilité«.

1901 *»Zur Psychopathologie des Alltagslebens« (Vorabdruck, endgültige Veröffentlichung 1904), »Der Traum und seine Deutung«.*
Freud reist mit seinem Bruder Alexander nach Rom.
22. Januar: Königin Victoria von Großbritannien gestorben. Nachfolger auf dem Thron wird ihr Sohn Edward VII.

1902 *Ernennung zum Außerordentlichen Professor in Wien.*
Freud reist mit seinem Bruder Alexander nach Neapel.
Herbst: Erste Zusammenkunft der »Psychologischen Mittwochs-Gesellschaft« (A. Adler, M. Kahane, R. Reitler, W. Stekel) bei Freud (seit 1908 »Psychoanalytische Vereinigung«).
C. G. Jung: »Zur Psychologie und Pathologie sogenannter occulter Phänomene«.

1903 Dezember: Erster Motorflug der Brüder Orville und Wilbur Wright.

	Forschungsfahrt Roald Amundsens ins nördliche Polargebiet (bis 1906).

Forschungsfahrt Roald Amundsens ins nördliche Polargebiet (bis 1906).
Anton Bruckners 9. Sinfonie in Wien uraufgeführt.
Hugo von Hofmannsthal: »Elektra«.

1904/05 Russisch-japanischer Krieg.

1904 *Athenreise in Begleitung des Bruders Alexander.*
Bekanntschaft mit Eugen Bleuler.
8. April/8. Juni: »Entente cordiale« zwischen Großbritannien und Frankreich.
21. Oktober: »Doggerbank-Affäre« zwischen Rußland und Großbritannien.
Ambroise Auguste Liébault, neben James Braid Vater der modernen Psychotherapie, gestorben.

1905/06 Erste russische Revolution.
Erste Marokkokrise.

1905 *»Der Witz und seine Beziehung zum Unbewußten«.*
»Drei Abhandlungen zur Sexualtheorie«.
»Bruchstück einer Hysterie-Analyse«.
Italienreise mit Schwägerin Minna Bernays.
C. G. Jung wird Privatdozent an der Universität Zürich.
31. März: Kaiser Wilhelm II. vor Tanger. Beginn der Marokkokrise.
25. Juli: Verteidigungsbündnis zwischen Wilhelm II. und Zar Nikolaus II.
Albert Einstein stellt die Spezielle Relativitätstheorie auf (Allgemeine Relativitätstheorie 1915).

1906 Januar–April: Marokko-Konferenz in Algeciras.
Frühjahr: C. G. Jung setzt sich mit Freuds Schriften auseinander. Beginn der Korrespondenz zwischen Freud und Jung.
C. G. Jung: »Diagnostische Assoziationsstudien«, Bd. 1.

1907 *»Der Wahn und die Träume in W. Jensens ›Gradiva‹«.*

Reise nach Florenz und Rom mit Schwägerin Minna.
Beginn des Briefwechsels mit Karl Abraham.
Februar/März: Erstes Treffen zwischen Freud und Jung in Wien.
Sommer: Zweite Haager Konferenz.
Alfred Adler: »Studie über Minderwertigkeit von Organen«.
C. G. Jung: »Über die Psychologie der Dementia praecox«.

1908 *Februar: Der Budapester Arzt Sándor Ferenczi besucht Freud.*
April: Erster Kongreß für Psychoanalyse in Salzburg.
Sommer: Jungtürkische Revolution.
September: Englandreise.
Auf der Rückfahrt besucht Freud C. G. Jung in Zürich.
20. September: Alexander Mitscherlich geboren.
5. Oktober: Österreich-Ungarn annektiert die besetzten Gebiete Bosnien und Herzegowina. In der Folge Bosnische Krise (1909). – Fürst Ferdinand von Bulgarien proklamiert die Unabhängigkeit seines Landes.
28. Oktober: »Daily Telegraph-Affäre«.
Olympische Sommerspiele in London.

1909–1914 *Freud und Bleuler geben das »Jahrbuch für psychoanalytische und psychopathologische Forschungen« heraus (6 Bände). Redakteur ist C. G. Jung.*

1909 Februar: Deutsch-französisches Marokko-Abkommen.
März: Kurzer Besuch Jungs bei Freud in Wien.
Frühjahr: Ende der Bosnischen Annexionskrise. Bosnien und die Herzegowina bleiben bei Österreich-Ungarn.
Herbst: Freud mit Jung und Ferenczi in Amerika.

Die Clark University in Worcester verleiht Freud den Ehrendoktortitel.
Entfremdung zwischen Jung und Bleuler. C. G. Jung verläßt Burghölzli und eröffnet in Küsnacht eine Privatpraxis.
In Rußland erscheint die Zeitschrift »Psychotherapia«, die Artikel Freuds veröffentlicht.
C. G. Jung: »Die Frau in Europa«.

1910 *»Eine Kindheitserinnerung des Leonardo da Vinci«.*
Frühjahr: Gründung der »Internationalen Gesellschaft für Psychoanalyse« (»Internationale Psychoanalytische Vereinigung«) in Nürnberg. Jung wird Präsident.
6. Mai: Edward VII. gestorben. Nachfolger auf dem englischen Thron wird Georg V.
August: Ferienaufenthalt in Nordwijk.
20. November: Leo Tolstoi gestorben.
Portugal wird Republik.
Japan annektiert Korea.
Das »Zentralblatt für Psychoanalyse« (hg. v. Adler und Stekel) und das »Correspondenzblatt der Internationalen Psychoanalytischen Vereinigung« erscheinen erstmals.
C. G. Jung: »Diagnostische Assoziationsstudien«, Bd. 2.

1911/12 Italienisch-türkischer Krieg.
1911 *»Psychoanalytische Bemerkungen über einen autobiographisch beschriebenen Fall von Paranoia«.*
Zweite Marokkokrise.
Januar: Die Londoner »Society for Psychical Research« ernennt Freud zum Ehrenmitglied.
18. Mai: Gustav Mahler in Wien gestorben.
Auseinandersetzung mit der Lehre Alfred Adlers in der »Mittwochs-Gesellschaft« bei Freud.
Juni: Bruch mit Adler und seinen Anhängern.

1. Juli: Entsendung des Kanonenboots »Panther« nach Agadir (»Panthersprung«).
September: Freud besucht C. G. Jung. Wachsende Entfremdung.
Fahrt nach Weimar.
Hugo von Hofmannsthal: »Jedermann«.
Alfred Adler gründet den »Verein für freie Psychoanalyse«; er veröffentlicht die Schrift »Zur Kritik der Freudschen Sexualtheorie des Seelenlebens«.

1912   14./15. April: Untergang der »Titanic« im Nordatlantik.
September: Romreise mit Ferenczi.
Oktober: Bruch mit Wilhelm Stekel.
Oktober 1912–Frühjahr 1913: Erster Balkankrieg.
Jahresende: Nach einer letzten Aussöhnung kommt es zur endgültigen Entfremdung zwischen Freud und Jung (1913).
C. G. Jung begründet seine »Analytische Psychologie«; er veröffentlicht »Symbole und Wandlungen der Libido«.
Alfred Adler: »Über den nervösen Charakter«.

1913   »Totem und Tabu«.
Freud gründet die »Zeitschrift für ärztliche Psychoanalyse«.
März: Fahrt nach Venedig mit Tochter Anna.
29. Juni–10. August: Zweiter Balkankrieg.
September: Romreise mit Schwägerin Minna Bernays.
Dezember: Freud in Hamburg. Besuch bei der Tochter Sophie.
Alfred Adler: »Heilen und Bilden«.

1914–1919   Erster Weltkrieg.
1914   »Zur Geschichte der psychoanalytischen Bewegung«.
April: Freud in Brioni. Rank und Ferenczi begleiten ihn.

28. Juni: Der österreichische Thronfolger Franz Ferdinand und seine Frau Sophie werden in Sarajevo bei einem Attentat getötet.
23. Juli: Österreichisches Ultimatum an Serbien (»Begehrnote«).
28. Juli: Österreichisch–Ungarn erkärt Serbien den Krieg.
1. August: Das Deutsche Reich erklärt Rußland den Krieg.
3. August: Kriegserklärung des Deutschen Reiches an Frankreich.
6. August: Kriegserklärung Österreich-Ungarns an Rußland.
11./12. August: Frankreich und Großbritannien erklären Österreich–Ungarn den Krieg.
15. August: Eröffnung des Panamakanals.
September: Fahrt nach Hamburg.
November: Freuds Halbbruder Emanuel gestorben.
Alfred Adler gründet die »Internationale Zeitschrift für Individualpsychologie«.

1915 *»Triebe und Triebschicksale«.*
23. Mai: Italien tritt an der Seite der »Tripel-Entente« Frankreich–Großbritannien–Rußland in den Krieg gegen Österreich–Ungarn ein.
28. August: Italien erklärt dem Deutschen Reich den Krieg.
September: Fahrt nach Hamburg.

1916 Februar: Jung gründet den »Psychologischen Klub«.
Sommer: Ferien in Badgastein und Salzburg.
21. November: Franz Joseph gestorben. Karl I. wird Kaiser von Österreich.
C. G. Jung: »Die transzendente Funktion«.

1917 *»Vorlesungen zur Einführung in die Psychoanalyse«.*

»Trauer und Melancholie«.
8.–14. März: russische »Märzrevolution« (nach dem russischen Kalender »Februarrevolution«).
14. März: Zar Nikolaus II. dankt ab und wird gefangengenommen.
6. April: Kriegserklärung der USA an das Deutsche Reich.
Sommer: Reise in die Slowakei.
16. September: Die Russische Republik wird ausgerufen.
7. November (nach dem russischen Kalender 15. Oktober): Sieg der »Oktoberrevolution«.

1918 *»Der Wolfsmann. Aus der Geschichte einer infantilen Neurose«.*
3. März: Friede von Brest-Litowsk zwischen Rußland und dem Deutschen Reich.
Sommer: Erneuter Aufenthalt in der Slowakei.
17. Juli: die Zarenfamilie wird in Jekaterinburg erschossen.
November: Revolution in Deutschland (München und Berlin). Ausrufung der Deutschen Republik.
9./28. November: Der deutsche Kaiser Wilhelm II. verzichtet auf den Thron.
11. November: Karl I. von Österreich-Ungarn dankt ab.

1919 15. Januar: Karl Liebknecht und Rosa Luxemburg ermordet.
2.–6. März: Erster Kongreß der Kommunistischen Internationale (»Komintern«) in Moskau.
29. April: Völkerbundsverfassung.
28. Juni: Versailler Vertrag zwischen den Alliierten und dem Deutschen Reich. Ende des Ersten Weltkriegs.
Der englische Physiker Ernest Rutherford erbringt den Nachweis einer Kernreaktion (erste Element-Umwandlung).

Atlantiküberquerung im Flugzeug von Neufundland nach Irland durch John Alcock und Arthur Whitten-Brown.

Joe Engl, Joseph Massolle und Hans Vogt führen erstmals Tonfilme vor.

Hippolyte Marie Bernheim gestorben.

1920–1922 Griechisch-türkischer Krieg.

1920 »Jenseits des Lustprinzips«.
Januar: Tod der Tochter Sophie.
Alfred Adler: »Praxis und Theorie der Individualpsychologie«.

1921 »Massen-Psychologie und Ich-Analyse«.
September: Harzreise.
C. G. Jung: »Psychologische Typen«.

1922 16. April: Deutsch-russischer Sondervertrag von Rapallo.
Juni: Arthur Schnitzler bei Freud.
24. Juni: Ermordung des deutschen Außenministers Walther Rathenau durch Rechtsradikale.
28. Oktober: Benito Mussolinis Marsch auf Rom.
20. Dezember: Gründung der UdSSR.
Oswald Spengler: »Der Untergang des Abendlandes«.
James Joyce: »Ulysses«.

1923 »Das Ich und das Es«.
11. Januar: Französische und belgische Truppen besetzen das Ruhrgebiet.
April/Oktober: Kieferoperationen (Krebserkrankung).
8./9. November: Putschversuch Hitlers und Ludendorffs in München.
Erste Rundfunkübertragungen in Deutschland.

1924 *Freuds »Gesammelte Schriften« beginnen zu erscheinen.*
21. Januar: Lenin gestorben.
Erste Olympische Winterspiele in Chamonix.

1925	*»Selbstdarstellung«.*
	26. April: Nach dem Tod Friedrich Eberts wird Generalfeldmarschall Paul von Hindenburg zum deutschen Reichspräsidenten gewählt.
	Juni: Josef Breuer gestorben.
	16. Oktober/1. Dezember: Vertrag von Locarno. Garantie der deutschen Westgrenze. Deutschland verzichtet auf Elsaß-Lothringen.
	Dezember: Karl Abraham gestorben.
	Erste Fernsehvorführungen in Deutschland, Großbritannien und in den USA.
	Adolf Hitler: »Mein Kampf« (1925/26).
1926	*»Psychoanalyse und Medizin«.*
	»Hemmung, Symptom und Angst«.
	8. September: Deutschland wird in den Völkerbund aufgenommen.
	Dezember: Treffen zwischen Freud und Albert Einstein.
	Nordpolflug Richard E. Byrds.
1927	*»Die Zukunft einer Illusion«.*
	4.–23. Mai: Genfer Weltwirtschaftskonferenz.
	20./21. Mai: Charles Lindbergh überfliegt erstmals allein den Atlantik in West-Ost-Richtung.
	Werner Heisenberg, Max Born und Pascual Jordan begründen die Quantenmechanik.
	Alfred Adler: »Menschenkenntnis«.
	C. G. Jung: »Die Bedeutung des Vaters für das Schicksal des Einzelnen«.
1928	27. August: »Briand-Kellogg-Pakt«. Internationale Ächtung des Krieges.
	Alexander Fleming entdeckt das Penicillin.
	C. G. Jung: »Die Beziehungen zwischen dem Ich und dem Unbewußten«, »Über die Energetik der Seele«.
1929–1932	Weltwirtschaftskrise.
1929	*Ferenczi löst sich von Freud.*

25. Oktober: »Schwarzer Freitag« an der New Yorker Börse.
»Genfer Konvention« über die Behandlung von Kriegsgefangenen.
Alfred Adler: »Individualpsychologie in der Schule«.

1930 *Das Unbehagen in der Kultur*.
Die Stadt Frankfurt am Main verleiht Freud den Goethe-Preis.
Freud verfaßt zusammen mit William Bullit die Studie »Woodrow Wilson« (veröffentlicht 1967).
September: Tod der Mutter.
Clyde Tombaugh entdeckt den Planeten Pluto.
C. G. Jung wird Ehrenvorsitzender der »Deutschen Ärztlichen Gesellschaft für Psychotherapie«.
Alfred Adler: »Die Seele des schwererziehbaren Kindes«, »Das Problem der Homosexualität«.

1931 14. April: König Alfons XIII. von Spanien dankt ab. Beginn der Zweiten Spanischen Republik.
Japan annektiert die Mandschurei.
In New York wird das Empire State Building errichtet.
C. G. Jung: »Seelenprobleme der Gegenwart«.

1932 *Sigmund Freud/Albert Einstein: »Warum Krieg?«*
Besuch Thomas Manns bei Freud.
Februar: Beginn der Ersten Internationalen Abrüstungskonferenz in Genf.
Aldous Huxley: »Brave New World«.
C. G. Jung: »Die Beziehungen der Psychotherapie zur Seelsorge«.

1933 *»Neue Folge der Vorlesungen zur Einführung in die Psychoanalyse«.*
30. Januar: Der deutsche Reichspräsident Paul von Hindenburg beruft Adolf Hitler zum Reichskanzler.

2. Februar–14. Oktober: Zweite Internationale Abrüstungskonferenz.
24. März: »Ermächtigungsgesetz« in Deutschland. In der Folge Gleichschaltung der Länder (April), Verbot der Gewerkschaften (Mai) und Selbstauflösung der deutschen Parteien (Juni/Juli).
24. Mai: Sándor Ferenczi gestorben.
15. Juli: Viererpakt Deutschland–Frankreich––Großbritannien-Italien.
19. Oktober: Deutschland tritt aus dem Völkerbund aus.
Jung wird Präsident der »Allgemeinen Ärztlichen Gesellschaft für Psychotherapie«; er gibt das »Zentralblatt für Psychotherapie und ihre Grenzgebiete« heraus.
Alfred Adler: »Der Sinn des Lebens«, »Religion und Individualpsychologie«.

1934
26. Januar: Deutsch-polnischer Nichtangriffs- und Freundschaftsvertrag.
30. Juni: »Röhm-Putsch« in Deutschland.
2. August: Tod des deutschen Reichspräsidenten Paul von Hindenburg. Adolf Hitler wird »Führer und Reichskanzler«.
18. September: Aufnahme der UdSSR in den Völkerbund.
Alfred Adler geht in die USA.
C. G. Jung: »Wirklichkeit der Seele«.

1935
13. Januar: Deutschland erhält das Saargebiet zurück.
C. G. Jung zum Titularprofessor ernannt.

1936
Die »Royal Academy« (»Royal Society«) in London ernennt Freud zum Mitglied.
20. Januar: König Georg V. von Großbritannien gestorben. Nachfolger wird Edward VIII. Nach seiner Abdankung besteigt Georg VI. den englischen Thron.

	7. März: Hitler kündigt den Locarno-Vertrag. Deutsche Truppen besetzen die entmilitarisierte Rheinlandzone.
	25. Oktober: Achsenvertrag Deutschland–Italien.
	25. November: Antikomintern-Pakt Deutschland–Japan.
1937	6. Mai: In Lakehurst wird das Zeppelin-Luftschiff »Hindenburg« durch Feuer zerstört.
	28. Mai: Alfred Adler in Aberdeen gestorben.
	7. Juli: Überfall Japans auf China.
	29. Dezember: Bildung des unabhängigen irischen Staates (Éire).
1938	Frühjahr: Jung gründet das »Kuratorium« für Tiefenpsychologie.
	12.–14. März: Anschluß Österreichs an das Deutsche Reich.
	Juni: Freud verläßt Österreich und geht nach London ins Exil.
	September/Dezember: Weitere Operationen.
	29. September: Münchner Abkommen. Deutsch besiedelte Teile Böhmens, Mährens und Schlesiens werden dem Deutschen Reich zugesprochen.
	30. September: Deutsch-englische Nichtangriffserklärung.
	1. Oktober: Deutsche Truppen marschieren ins Sudetenland ein.
	9. November: »Reichskristallnacht« in Deutschland.
	6. Dezember: Deutsch-französische Nichtangriffserklärung.
	Otto Hahn, Lise Meitner und Fritz Straßman gelingt die erste Kernspaltung.
	Die Kunststoffe Perlon und Nylon werden zum ersten Mal hergestellt.
1939–1945	Zweiter Weltkrieg.

1939 *»Der Mann Moses und die monotheistische Religion« (entstanden 1925).*
15./23. März: Deutsche Truppenverbände marschieren in die Tschechoslowakei und ins Memelgebiet ein.
28. März: General Francisco Francos Einheiten besetzen Madrid.
6. April/25. August: Britisch-polnisches Bündnis.
22. Mai: »Stahlpakt« Deutschland–Italien.
15. Juli: Eugen Bleuler in Zürich gestorben.
23. August: Deutsch-russischer Nichtangriffsvertrag (»Hitler-Stalin-Pakt«).
1. September: Deutscher Angriff auf Polen.
3. September: Großbritannien und Frankreich erklären Deutschland den Krieg.
23. September: Sigmund Freud in London gestorben.

Literaturhinweise

Die Literatur über Psychologie ist so groß, daß ich mich verpflichtet fühle, anzugeben, weshalb ich soviel weggelassen habe. Ich habe unter zwei Gesichtspunkten ausgewählt: erstens, dies Buch ist nicht für Spezialisten geschrieben (obwohl es hofft, auch ihnen einige Anregungen zu geben); zweitens, die angegebene Literatur soll in einem nicht zu lockeren Zusammenhang mit dem speziellen Thema stehen.

An dieser Stelle möchte ich meinen Dank aussprechen für Anregungen, die ich nicht von einem Buch, sondern von Unterhaltungen empfangen habe. In vielen aufschlußreichen Gesprächen machte mich Prof. Dr. FREDERICK J. HACKER, Direktor der Hacker-Klinik und Hacker-Stiftung (Beverly Hills, California), vertraut mit dem Psychiater Freud; Belehrungen, die mir sehr wertvoll waren, auch wenn mein Buch den medizinischen Aspekt der Psychoanalyse nicht diskutiert. Dr. Hacker war der erste Leser und Kritiker dieses Buchs; ich wünsche mir viele seinesgleichen. L. M.

Die ›Literaturhinweise‹ wurden unverändert aus dem Manuskript Ludwig Marcuses übernommen. Lediglich einige bibliographische Angaben sind auf den neuesten Stand gebracht.

Werke von Sigmund Freud

Gesammelte Werke in achtzehn Bänden.
 Bände I–XVII London und Frankfurt am Main 1940–1952;
 Band XVIII (Registerband) Frankfurt am Main 1968.
 Alle Zitate sind dieser Ausgabe entnommen; Quellenangaben in den ›Literaturhinweisen‹ zu den betreffenden Teilen.

Studienausgabe in zehn Bänden. Frankfurt am Main 1969–1972.

Briefausgaben

Aus den Anfängen der Psychoanalyse 1887–1902. Briefe an Wilhelm Fließ. Abhandlungen und Notizen 1887 bis 1902. Frankfurt am Main 1950.

Briefe 1873–1939. Frankfurt am Main 1960. Erweiterte zweite Auflage 1968.

SIGMUND FREUD / OSKAR PFISTER. Briefe 1907–1926. Frankfurt am Main 1963.

SIGMUND FREUD / KARL ABRAHAM. Briefe 1907–1926. Frankfurt am Main 1965.

SIGMUND FREUD / LOU ANDREAS-SALOMÉ. Briefwechsel. Frankfurt am Main 1966.

SIGMUND FREUD / ARNOLD ZWEIG. Briefwechsel. Frankfurt am Main 1968. Zweite, korrigierte Auflage 1969.

Brautbriefe. Briefe an Martha Bernays aus den Jahren 1882 bis 1886. Frankfurt am Main 1968.

SIGMUND FREUD / C. G. JUNG. Briefwechsel. Frankfurt am Main 1974.

ALBERT EINSTEIN / SIGMUND FREUD. Warum Krieg? Erschien zuerst 1933 im ›Internationalen Institut für geistige Zusammenarbeit‹ des Völkerbunds. Neuauflage Zürich 1972.

Einzelausgaben im Fischer-Taschenbuchverlag, Frankfurt am Main

Abriß der Psychoanalyse / Das Unbehagen in der Kultur. 1953.

Zur Psychopathologie des Alltagslebens. 1954.

Totem und Tabu. 1956.

Der Witz und seine Beziehung zum Unbewußten. 1958.

Drei Abhandlungen zur Sexualtheorie. 1961.

Massenpsychologie und Ich-Analyse / Die Zukunft einer Illusion. 1967.

Darstellungen der Psychoanalyse. 1969.

Studien über Hysterie. 1970.

Über Träume und Traumdeutungen. 1971.

Selbstdarstellung. 1971.

Allgemeine Werke über Psychologie

ANSCHÜTZ, GEORG: Einführung in die Psychologie. 1931.
DESSOIR, MAX: Geschichte der neueren Psychologie. 1910.
– Abriß einer Geschichte der Psychologie. 1911.
FREUD, ANNA: Das Ich und die Abwehrmechanismen. München 1969.
GLOVER, EDWARD: Freud or Jung. New York 1950.
GRUHLE, H.: Verstehende Psychologie. 1931. Neuauflage Stuttgart 1956.
HACKER, F. J.: ›The Living Image of Freud‹ in Bulletin of the Menninger Clinic. Vol. 20 – 3. Mai 1956.
– ›Freud‹ on Freud and the Twentieth Century. Meridian Books Inc., New York 1957.
HOEFLER, ALOIS: Psychologie. 1897.
JODL, FRIEDRICH: Lehrbuch der Psychologie. 1897.
JUNG, C. G.: Freud und Jung. Kölnische Zeitung. April 1929 (in: ›Seelenprobleme der Gegenwart‹. Zürich 1931).
METZGER, W.: Psychologie. 1941.
MÜLLER-FREIENFELS, RICHARD: Die Hauptrichtungen der gegenwärtigen Philosophie. 1930.
RUEHLE, ALICE: Freud und Adler. Dresden 1924.
SIEBECK, HERMANN: Geschichte der Psychologie. 1880–1884.
WITTGENSTEIN, GRAF: Gedanken zur ›Selbstanalyse‹ Freuds und zu dem ›Ödipuskomplex‹. Zeitschrift für psycho-somatische Medizin. Göttingen, Januar/März 1964.

Zu 1

BAB, JULIUS, und WILLI HANDL: Wien und Berlin; Vergleichendes zur Kulturgeschichte der beiden Hauptstädte Mitteleuropas. 1918.
BALLY, GUSTAV Einführung in die Psychoanalyse Sigmund Freuds. Hamburg 1961.

CAVE, MADELEINE: L'œuvre paradoxale de Freud. Paris 1945.
JONES, ERNEST: The Life and Work of Sigmund Freud. New York. Vol. I. 1953. Vol. II. 1955. Vol. III. 1958. Deutsch: Das Leben und Werk von Sigmund Freud. Übertragen von Katherine Jones. Bern und Stuttgart, Bd. I: Die Entwicklung zur Persönlichkeit und die großen Entdeckungen 1856–1900. 1960; Bd. II: Jahre der Reife 1901–1919. 1962; Bd. III: Die letzte Phase 1919–1939. 1962.
LUDWIG, EMIL: Der entzauberte Freud. Zürich 1946.
MANN, THOMAS: Die Stellung Freuds in der modernen Geistesgeschichte. 1929. (In: Altes und Neues. Frankfurt 1953.)
– Freud und die Zukunft. Frankfurt 1936.
MERLAN, PHILIP: Brentano and Freud. Journal of the History of Ideas. Lancaster 1943.
REIK, THEODOR: Wir Freud-Schüler. Leiden 1936.
– Dreißig Jahre mit Freud. Wien 1939.
SACHS, HANNS: Freud, Meister und Freund.
SALOMÉ, LOU ANDREAS: Mein Dank an Freud; offener Brief an Professor S. Freud zu seinem 75. Geburtstag. Wien 1931.
– In der Schule bei Freud. Tagebuch eines Jahres. 1912/13. Aus dem Nachlaß hrsg. von Ernst Pfeiffer. Zürich 1958.
WALKER, PUNER HELEN: Freud. His Life and his Mind. New York 1947.
WEIZSÄCKER, VICTOR VON: Natur und Geist. Erinnerungen eines Arztes. Göttingen 1954.
WITTELS, FRITZ: Sigmund Freud. Der Mann, die Lehre, die Schule. Wien 1924.
WORTIS, JOSEPH: Fragments of an Analysis with Freud. New York 1954.
ZILBOORG, GREGORY: Sigmund Freud. His Exploration of the Mind of Man. New York 1951.
ZWEIG, STEFAN: Die Heilung durch den Geist. Mesmer, Mary Baker-Eddy, Freud. Leipzig 1931.

Zu II

BEYLE, HENRI (STENDHAL): Von der Liebe.

BRILL, ABRAHAM: Psychoanalysis; its Theories and Practical Applications. Philadelphia 1923.

DALBIEZ, ROLAND: Psychoanalytical Method and the Doctrine of Freud. London, New York 1941.

DARWIN, CHARLES: The Descent of Man. 1871.

DAY, DONALD: The Evolution of Love. New York 1954.

EBBINGHAUS, HERMANN, durchgesehen von Karl Bühler: Psychologie. Berlin und Leipzig 1921 (in: Kultur der Gegenwart. Systematische Philosophie).

FECHNER, G. TH.: Elemente der Psychophysik. 1860.

– Über die Seelenfrage. 1861.

HERBART, J. F.: Lehrbuch zur Psychologie. 1816.

KEMPER, WERNER: Der Traum und seine Be-Deutung. Hamburg 1955.

KUBIE, LAWRENCE S.: Practical and Theoretical Aspects of Psychoanalysis. New York 1936, 2nd ed. o. J. (Deutsch: Psychoanalyse ohne Geheimnis. Hamburg 1956)

MARITAIN, JACQUES: Metafisica de Bergson, Freudismo y psicoanalysis. Confrencias pronunciadas on la Facultad de filosofia y letras de Buenos Aires. Buenos Aires 1938.

NACHMANNSOHN, MAX: Die wissenschaftlichen Grundlagen der Psychoanalyse Freuds. Berlin 1928.

PFISTER, OTTO: Die psychoanalytische Methode. 1921.

PRINZHORN, HANS, und KUNO MITTENZWEY (Herausgeber): Krisis der Psychoanalyse. 1928.

TUREL, ADRIEN: Bachofen-Freud; zur Emanzipation des Mannes vom Reich der Mütter. Bern 1939.

DE LA VAISSIÈRE, J. S. J.: La théorie psychoanalytique de Freud. (In: Archives de Psychologie. Vol. VIII.) Paris 1932.

WUNDT, WILHELM: Grundzüge der physiologischen Psychologie. 1873/1874.

ZILBOORG, GREGORY: History of Medical Psychology. New York 1941.

Zu III

A: zu dem Abschnitt ›Der Mensch und sein Gott‹.

FREUD, SIGMUND: Zwangshandlungen und Religionsübungen Bd. IX
  Totem und Tabu Bd. XIV
  Die Zukunft einer Illusion
  Ein religiöses Erlebnis
  Brief an den Herausgeber der ›Jüdischen Pressezentrale Zürich‹
  Der Mann Moses und die monotheistische Religion Bd. XVI
KRAUSKOPF, ALFRED ARTHUR: Die Religionstheorie Sigmund Freuds; ihre psychologischen Grundlagen und metaphysischen Gesichtspunkte. Jena 1933.
LEE, ROY STUART: Freud and Christianity. New York 1940.
MARCUSE, LUDWIG: Pessimismus. Ein Stadium der Reife. Hamburg 1953.
SANDERS, BENJAMIN GILBERT: Christianity after Freud; an Interpretation of the Christian Experience in the Light of Psychoanalysis. London 1949.
WALKER, DONALD EZZELL: A Survey and Critical Evaluation of the Religious Ideas of Sigmund Freud with Emphasis on Method. Ph. D. Dissertation. University of Southern California. Los Angeles.

B: zu dem Abschnitt ›In Frieden mit den Künsten‹.

ALEXANDER, FRANZ: The Psychoanalyst Looks at Contemporary Art.
BEER, OTTO F.: Die literarische Ausstrahlung der Psychoanalyse. 1952.
FREUD, SIGMUND: Der Wahn und die Träume in W. Jensens ›Gradiva‹ Bd. VII
  Der Dichter und das Phantasieren
  Eine Kindheitserinnerung des Leonardo da Vinci Bd. VIII
  Märchenstoffe in Träumen Bd. X
  Das Motiv der Kästchenwahl
  Der Moses des Michelangelo
  Eine Kindheitserinnerung aus Dichtung und Wahrheit Bd. XII
  Das Unheimliche
  Nachtrag zur Arbeit über den Moses des Michelangelo Bd. XIV
  Der Humor

Dostojewski und die Vatertötung
Goethepreis 1930
An Romain Rolland
Thomas Mann zum 60. Geburtstag Bd. XVI
Brief an Romain Rolland
Vorwort zu Edgar A. Poe
Briefe an Schnitzler. Die Neue Rundschau. Frankfurt 1955.

HACKER, FREDERICK J.: On Artistic Production. New York 1953. (In: Exploration in Psychoanalysis, editor Robert Lindner.)

In demselben Band:

JUNG, C. G.: Über die Beziehungen der analytischen Psychologie zum dichterischen Kunstwerk. (In: ›Seelenprobleme der Gegenwart‹.) Zürich 1931.

KRIES, ERNST: Probleme der Ästhetik. Internationale Zeitschrift für Psychoanalyse. Imago Publishing Co. Ltd. London 1941.

MARCUSE, LUDWIG: Freud's Aesthetics. (In: The Journal of Aesthetics and Art Criticism, Vol. XVII, Nr. 1, September 1958, p. 1–21.)

MAYER, FELIX: Dynamische Tiefenpsychologie. Bern, Stuttgart 1953.

MUSCHG, WALTER: Psychoanalyse und Literaturwissenschaft. Berlin 1930.

ROHEIM, GÉZA: Die psychoanalytische Bedeutung des Kulturbegriffs.

SIEVERS, W. DAVID: An Analysis of the Influence of Freudian Psychology on American Drama. Thesis. University of Southern California. Los Angeles 1952.

TRILLING, LIONEL: Freud and Literature. New York 1953.
Art und Neurosis. (In: The Liberal Imagination.)

Zu IV

HESNARD, ANGELO LOUIS MARIE: Freud dans la société d'après guerre. Genf 1946.

HOLITSCHER, WALTER: Sigmund Freud, an Introduction; a Presentation of his Theory, and a Discussion of the Relationship between Psychoanalysis and Sociology. New York 1947.

Marcuse, Ludwig: Philosophie des Glücks. Von Hiob zu Freud. Zürich 1949. Erweiterte Neuauflage Zürich 1972.

McDougall, William: Psychoanalyse und Sozialpsychologie. Bern 1947.

Osborn, R.: Freud and Marx. Dialectical Study. London 1937.

Schneider, Louis: The Freudian Psychology and Veblen's Social Theory. New York 1949.

Zu v

Auden, W. H.: The Age of Anxiety. New York 1950. Deutsch: Das Zeitalter der Angst. Ein barockes Hirtengedicht. Mit einer Einleitung von Gottfried Benn. Wiesbaden o. J.

Freud, Sigmund: Hemmung, Symptom und Angst   Bd. xiv

Goldstein, Kurt: Human Nature in the Light of Psychoanalysis. Cambridge 1940.

Heidegger, Martin: Sein und Zeit. Tübingen 1929.

Horney, Karen: Our Inner Conflicts, a Constructive Theory of Neurosis. New York 1945.

– Der neurotische Mensch in unserer Zeit. München 1964.

Kardiner, Abram: The Psychological Frontiers of Society. New York 1945.

Kierkegaard, Soeren: Gesammelte Werke. Jena 1923 (Düsseldorf 1955).

Der Begriff Angst

Die Krankheit zum Tode

Der Augenblick

May, Rollo: The Meaning of Anxiety. New York 1950.

Niebuhr, Reinhold: The Nature and Destiny of Man. New York 1947.

Personenregister

Abraham, Karl 30
Adler, Alfred 17 f., 21 f., 89, 192
Aeschylos 91, 127
Angelus Silesius 107
Antäus 49
Antonius, heiliger 201
Anzengruber, Ludwig 146
Ariost 79
Aristophanes 64
Aristoteles 62, 65, 79, 81, 124
Auden, W. H. 186 f., 205
Augustinus 23 f., 34, 77, 163

Bacon, Sir Francis 51
Balzac, Honoré de 78, 127, 152, 164
Bechterew, Wladimir 11
Beethoven, Ludwig van 127
Bergson, Henri 27, 81, 92
Bernheim, Hippolyte Marie 14, 79, 93
Binet, Alfred 79
Bleuler, Eugen 17
Böcklin, Arnold 135, 157
Börne, Ludwig 146 f.
Botticelli, Sandro 135
Braid, James 10 f.
Brentano, Franz 62, 84
Breuer, Josef 13 f., 42, 59, 93
Brill, Abraham 17
Brücke, Ernst 12, 66
Busoni, Ferruccio 131

Cäsar 172
Camus, Albert 187
Carus, Carl Gustav 84
Charcot, Jean Marie 11 f., 14, 79, 93, 212
Columbus, Christoph 83, 144
Comte, Auguste 51

Dante Alighieri 126
Darwin, Charles 47, 111, 150, 161, 183, 201 f.
Diderot, Denis 122
Diogenes Laertius 38
Dionys 83
Disraeli, Benjamin 150
Dostojewski, Feodor M. 37 f., 86, 89, 131 f.
Dreyfus, Alfred 67

Eckhart, Meister 105
Einstein, Albert 26, 61, 68, 76, 114 f., 160, 165 ff., 171
Ellis, Havelock 46, 62
Empedokles 63 f., 95
Engels, Friedrich 111, 183
Epikur 92, 108, 150

Ferenczi, Sandor 17 f., 30, 192
Feuerbach, Ludwig 107
Fichte, Johann Gottlieb 62, 80, 114, 174 f.
Fischer, Kuno 126
Fliess, Wilhelm 32, 42, 135, 140
Fontane, Theodor 144
Forel, Auguste 11
France, Anatole 150
Franklin, Benjamin 10
Franz Josef, Kaiser 149
Friedell, Egon 102
Friedrich, Johannes 13

Galen, Galenus 9, 82
Giotto 135
Goethe, Johann Wolfgang von 24, 36, 38, 85 f., 127, 131 ff., 137 ff., 205
Goldstein, Kurt 194, 203

Haecker, Theodor 119, 122
Hannibal 44

Harden, Maximilian 67
Hartmann, Eduard von 84
Hauptmann, Gerhart 44
Hebbel, Friedrich 51, 144, 157
Hegel, Georg Wilhelm Friedrich 62, 65, 69, 94, 96, 157, 160 f., 163, 175 f., 197, 199, 205
Heidegger, Martin 162, 189 f., 199, 204, 206
Heine, Heinrich 47, 114 f., 118, 129, 146 ff., 183
Heraklit 81, 187
Herbart, Johann Friedrich 84
Herder, Johann Gottfried 141, 163
Hiob 57, 102
Hippokrates 9, 76, 82
Hitler, Adolf 50, 151, 169
Hobbes, Thomas 84
Hölderlin, Friedrich 49
Hoffmann, E. T. A. 154
Hofmannsthal, Hugo von 51, 65, 100, 110, 214
Holitscher, Walter 184
Homer 126
Horney, Karen 203
Hull, Stanley 18

Jahn, Friedrich Ludwig 151
James, William 81, 108
Jean Paul 139
Jensen, Wilhelm 15, 131, 137, 158
Jesus 105, 111, 160, 163, 170
Jones, Ernest 17 f., 28 f.
Jung, Carl Gustav 17 ff., 30, 67, 113, 192

Kahane 17
Kant, Immanuel 53, 62 f., 73, 80, 98, 102, 114, 132, 155, 166
Kardiner, Abraham 203
Kaulbach, Wilhelm von 135
Keller, Gottfried 107, 157
Kierkegaard, Sören 27, 51, 69, 75 f., 83 f., 114 f., 154 f., 186 f., 196 ff.
Kleist, Heinrich von 123
Klopstock, Friedrich Gottlieb 52

Kopernikus, Nikolaus 47
Krafft-Ebing, R. Frhr. von 26
Kraus, Karl 153

de Lamettrie, Julien Offray 84
La Rochefoucauld, François Duc de 78
Lavoisier, Antoine Laurent 10
Lenin 178
Leonardo da Vinci 38, 86, 131, 133, 135 f.
Lessing, Gotthold Ephraim 138
Liebault, A. 11, 14
Linné, Carl von 78
Lueger, Karl 50, 145, 149
Luther, Martin 89, 120, 209

Mahler, Gustav 156
Malebranche, Nicole 118
Malinowski, B. 122
Malraux, André 97
Mann, Thomas 39, 138, 155 f.
Marx, Karl 57, 62, 68, 89, 108, 110, 137, 153, 159 ff., 164, 170, 172 ff.
Mayer, Adolf 181
Mephisto 165
Mesmer, Anton 9 f., 14
Metternich, Klemens Fürst von 151
Meyer, Conrad Ferdinand 37, 127, 156 f.
Michelangelo 128, 133, 136
Mill, John Stuart 185
Morgan, L. A. 183
Moses 77, 106, 111, 160, 163, 169 f.
Mozart, Wolfgang Amadeus 49, 155
Much, Hans 82
Murawjew, Graf 67
Mussolini, Benito 169

Napoleon I. 152
Napoleon III. 148
Nestroy, Johann 156
Niebuhr, Reinhold 201
Nietzsche, Friedrich 30, 38, 47, 51, 62 f., 65 f., 69, 73, 78, 80 ff., 89, 92, 103, 108, 115, 118, 131, 155

Nikolaus II., Zar 67
Novalis 66, 75, 78 f., 86, 117

Oppenheim, Hermann 44

Paquet, Alfons 142
Paracelsus 9, 82, 155
Pascal, Blaise 189, 207
Paulus 200
Pawlow, Iwan P. 184
Pfister, Oskar 124
Philo von Alexandrien 110
Platon 62 f., 81, 126, 153, 157
Prometheus 57, 72, 115
Putnam, James J. 17, 63

Raabe, Wilhelm 158
Rank, Otto 16, 18, 191, 193
Reik, Theodor 57
Rilke, Rainer Maria 156
Roosevelt, Franklin 207
Rossini, Gioacchino 138
Rousseau, Jean-Jacques 23 f., 28, 73, 98, 162
Rückert, Friedrich 53
Rußland 152, 180 f.

Sachs, Hanns 16
Sartre, Jean-Paul 189
Savonarola, Girolamo 209
Shakespeare, William 127, 132
Shaw, George Bernard 87
Sokrates 62
Sophisten 108
Sophokles 132
Spengler, Oswald 160
Spinoza, Baruch 65, 114 f., 205, 207 f.
Spitteler, Carl 157
Spranger, Eduard 85
Schiller, Friedrich von 44, 78, 144 ff., 175

Schleiermacher, Friedrich Ernst Daniel 113
Schnitzler, Arthur 51, 65, 69, 110, 149, 155 f.
Schopenhauer, Arthur 30, 35, 45, 47, 51, 53, 57 f., 62, 64 f., 73, 76, 80, 83, 88, 90, 92 ff., 99, 124, 137 f., 153
Schubert, Franz 49
Schweninger, Ernst 67
Schwind, Moritz von 135, 137
Stalin, Jossif W. 172
Stein, Charlotte von 145
Stekel, Wilhelm 17 f., 22, 46, 192
Stendhal 24 f., 78, 154
Stirner, Max 82 f.
Strindberg, August 26

Thomas von Aquino 65, 120, 128
Toynbee, Arnold 98, 207

Unamuno, Miguel de 82 f.

Viereck, G. 104
Voltaire 160, 173
Vorsokratiker 38, 66

Wagner, Richard 71, 126 f., 131, 137 f., 155
Wahl, Jean 27
Watson, John Broadus 190
Weizsäcker, Victor von 20, 78
Weygandt, Wilhelm 44
Whitman, Walt 36
Wittels, Fritz 21
Wölfflin, Heinrich 130
Wortis, Joseph 181 f.
Wundt, Wilhelm 79

Zola, Emile 50, 67
Zoroaster 95
Zweig, Stefan 65, 156

Sachregister

Aberglaube 76 f., 110
Abrüstungskonferenz 166
Aesthetik 15, 130 f., 133, 137
Aggression 68, 70, 94, 164, 167, 169, 171, 176, 179 f.
Analyse 29, 36, 38, 54, 63, 127, 132
›Analytische Psychologie‹ (Jung) 20
Angst 32, 51, 69, 108, 172, 186 ff.
Anthropologie 13, 15, 122, 183
Anthropologie, philosophische 99
Anti-Freudianer 74
Anti-Nazarener 118
Antisemiten 50, 67, 151, 160
Archetyp 35
Atheismus 56, 112 ff., 197, 200
Atombombe 188
Aufklärer 66 f., 112, 125, 133
Aufklärung 76, 132
Autobiographie 23 f., 27
Autorität 48, 166, 169

Behaviorismus 85, 191
Bibel 161 f., 202
Bildhauerei 133
Biographie 25, 28 f., 33, 37 f., 75 ff.
Biologie 87, 89, 95, 182, 190, 196
Bolschewismus 68, 160, 175, 179, 182
Buddhismus 162

Christian Science 9
Christentum 118 f., 180, 184, 197, 200, 204, 209

Demagogen 171
Depression 76
Despot 161
Destruktion 46, 142 f., 168, 171 f., 179, 185

Dialektik 183
Dialektischer Materialismus 184
Dichter 62, 77, 83, 132 f., 138 ff., 146 ff., 155 ff.
Dichtung und Wahrheit 24, 86, 137, 139, 141

Egoismus 91, 93 f.
Ehebruch 71
Ehescheidung 188
›élan vital‹ 92
Elektrotherapie 15
Enzyklopädisten 151
Epikureismus 58, 88, 91 f., 119, 121
Epilepsie 76
Erbsünde 162
Eros 30, 63, 70, 87, 94, 143, 183
Ersatzbefriedigung 98 ff., 102, 128
›Es‹ 63, 73, 83, 91 f., 183, 195
Eskapismus 35, 127
Evolutionismus 161
Exhibitionismus 28, 37

Familie 89
Faschismus 160
Fehlleistung 54, 61, 92
Fetischismus 140
Französische Revolution 183
Freie Assoziation 15, 147
Freiheit 161, 163, 204 f., 209
Freudianer 31, 55, 62, 137, 154
Führer, 15, 160, 169 ff., 173, 182
Furcht 81, 194, 199

Gehirn-Pathologie 11
Genie 42, 48, 129 f., 170
Geschichtsphilosophie 87, 98, 160 ff.
Gesellschaft 86, 117, 162, 175 ff., 179, 181 ff., 195
Gleichheit der Geschlechter 31

Goethe-Preis, Frankfurter 16, 36, 46, 142
Großindividuen 159 f., 171

Hilflosigkeit 108, 193 f., 195, 203
Historismus 34
Homosexualität 94
Hungerphobie 51
Hypnose 10 ff., 14 f.
Hysterie 11 f., 62, 64, 99, 102, 110

Idealismus 163, 173, 176 f.
Identifikation 89, 146
Imago (Zeitschrift) 16, 157
Individualpsychologie 21 f., 117, 160
Infantilität 195
Inferioritätskomplex 21
Intellekt, Primat des 69
Inzest-Verbot 72 f., 111

Kastrationsangst 89, 111, 191 f., 195
Katharsis 14, 127
Kinderphobien 191
Kommunismus 148, 151, 172, 181, 185
Krieg 165 ff., 171 f.
Kultur 15 f., 61, 72 f., 96 ff., 100 ff., 110, 161, 163, 174, 193, 196, 203, 208
Kulturgeschichte 96, 102, 163, 186
Kulturphilosophie 99, 103
Kultur-Psychologe 68
Kunst 102 f., 125 ff., 131 ff., 136 ff., 143 f., 157 ff.
Künstler 125 ff., 129, 135 f., 153, 155, 157

Libido 18, 20, 33, 54, 59, 63, 72, 81, 85, 87 f., 90 f., 95, 101, 110, 122, 128, 130, 147, 150, 166, 190, 194, 195 f., 200
Liebe 41, 64, 81, 87, 95, 146, 200

Magnetismus 10
Marxismus 68 f., 174 ff., 183 ff.
Massen 166, 169 f., 171, 176

Massenpsychologie 15, 160, 169
Massenwahn 116, 207
Masturbation 139
Materialismus 175 f., 184
Mesmerismus 10 f.
Metaphysik 56, 63, 65, 94, 101 ff., 114, 174, 176, 197
Mittwochs-Gesellschaft 17, 21, 40
Monotheismus 111, 176
Mythologie 26, 66, 136
Mystik 63

Nationalsozialismus 19
Naturwissenschaft 26, 61, 177
Neurophysiologie 184
Neurosen 12, 16, 32 f., 45, 56, 61, 117, 181 f., 194 f.
Neurotiker 82, 92, 129

Oedipus-Komplex 15, 18, 33, 89, 122, 139, 182

Pansexualismus 54
Paradies 87 f., 98, 110, 161, 163, 202
Paranoiker 129, 140
Pazifismus 165, 171
Perversion 89 f., 182
Phantasie 26, 126, 128 f., 135, 175
Phantasiebefriedigung 126
Philosophie 26, 60 ff., 124 f., 128, 157 f., 162
Phrenologie 10
Physiologie 60, 85, 190
Positivisten 164
Pragmatismus 69
Psychiatrie 13
Psychoanalyse 15 ff., 38 f., 48, 53, 63, 71, 74, 78, 102, 121 f., 132, 137, 158, 170, 174, 178, 181, 183 ff.
Psychoanalytischer Kongreß 17 f., 63
Psychologie 19, 66, 75 ff., 81 ff., 84 f., 93, 105, 107 ff., 203
Psychotherapie 9, 11
Psychotiker 129
Pubertät 15, 86

Regression 89 f.
Religion 20, 79, 101 ff., 104 ff., 108 ff., 110 ff., 120 ff., 208 ff.
Romantiker 66, 129, 170, 205

Schuldgefühl 33 f., 111, 162, 202 f.
Selbstanalyse 28, 32, 34 ff.
Selbstbehauptung 91, 93, 203
Selbstmord 146
Seele 75 ff.
Sexualität 12, 15, 18, 20 f., 54, 72, 93 f., 200, 202
Sinnlichkeit 200 f.
Skepsis 39 ff.
Sophisten 108
Sozialpsychologie 182
Soziologie 89, 177, 182, 187
Sublimation 31, 48 f., 72, 99 f., 102, 119, 142, 175, 210
Suggestibilität 14
Sünde 200 ff.
Sündenfall 98, 161 f., 202

Tabu 71, 144
Teufel 108 f., 164
Thanatos 70, 95
Theokratie 121, 185
Theologie 105, 107, 118 f., 125, 197
Theophanie 97
Therapie 61, 70
Tiefenpsychologie 9, 34 f.
Todestrieb 143, 183
Totem 111
Traum 54, 60 f., 85, 92, 144, 158
Trauma 91, 191, 195
Trennungsangst 193, 203

Trieb 30, 54, 57, 72, 78, 80, 90 f., 94, 98 ff., 167, 200
Triebbefreiung 127
Triebsoziologie 108
Triebverzicht 91, 95, 101, 110, 161 ff., 170

Ueber-Ich 73, 91, 182, 191, 200
Unbewußtes 20, 34, 79, 84, 92, 142
Unlustvermeidung 59
Ur-Angst 191 f.
Urhorde 111, 122, 161

Vatermord 110 f., 163, 202
Vater-Symbol 139
Verdrängung 15, 92, 119, 164, 190, 194
Vernunft 66, 69, 123 f., 125 f., 144, 163 ff., 167, 205
Versprechen 110, 146
Völkerbund 160, 166
Voluntarismus 80

Weltkrieg, Erster 67, 117, 151, 159 f.
Weltkrieg, Zweiter 57
Widerstand 15, 35 ff., 39
Wille 94
Wissenschaft 26, 51 f., 63, 83, 102, 117 f., 125, 132 f., 143, 177, 181
Wissenschaftsreligion 63, 66, 162, 208
Witz 147, 212

Zivilisation 73, 93, 96 f., 166, 188
Zwangsneurose 116

Ludwig Marcuse
im Diogenes Verlag

»Ludwig Marcuse: ein milder Professor für deutsche Literatur, ein Querkopf, beredt, witzig und human, ein polemischer Pazifist, ein aufsässiges Original – ein blitzgescheiter Autor.« *Hermann Kesten*

»Ludwig Marcuse ist nach Schopenhauer und Nietzsche der beste Schreiber unter den deutschen Philosophen.« *Rudolf Walter Leonhardt*

Philosophie des Glücks
Von Hiob bis Freud. Vom Autor revidierter und erweiterter Text nach der Erstausgabe von 1948. Mit Register

Sigmund Freud
Sein Bild vom Menschen. Mit Register und Literaturverzeichnis

Ignatius von Loyola
Ein Soldat der Kirche. Mit Zeittafel

Mein zwanzigstes Jahrhundert
Auf dem Weg zu einer Autobiographie. Mit Personenregister

Nachruf auf Ludwig Marcuse
Autobiographie II

Heinrich Heine
Melancholiker, Streiter in Marx, Epikureer

Ludwig Börne
Aus der Frühzeit der deutschen Demokratie

Philosophie des Un-Glücks
Pessimismus – ein Stadium der Reife

Meine Geschichte der Philosophie
Aus den Papieren eines bejahrten Philosophiestudenten

Richard Wagner
Ein denkwürdiges Leben. Mit einem Register

Obszön
Geschichte einer Entrüstung

Der Philosoph und der Diktator
Plato und Dionys. Geschichte einer Demokratie und einer Diktatur

Wie alt kann Aktuelles sein?
Literarische Porträts und Kritiken. Herausgegeben, mit einem Nachwort und einer Auswahlbibliographie von Dieter Lamping

Die Welt der Tragödie

Amerikanisches Philosophieren
Pragmatisten, Polytheisten, Tragiker

Albert Einstein
im Diogenes Verlag

Briefe
Aus dem Nachlaß herausgegeben von Helen Dukas und Banesh Hoffmann

Einstein über E, Quantentheorie, Gesellschaft, m, Politik, Intellektuelle, Hitler, Toleranz, Todesstrafe, Mischehe, Mozart, c^2, Manschettenknöpfe u.v.a. Und außerdem: endlich die Relativitätstheorie auf den knappsten, allgemein verständlichen Nenner gebracht.

»Ein kleines Buch von großer therapeutischer Ausstrahlungskraft. Merkwürdig, wie sehr das unerreichbare Genie auf seine Bewunderer gleichzeitig umgänglich, persönlich ansprechbar und alltagsfreundlich wirkte, einladend zu Annäherungen. Von seinen nie weitschweifigen Briefen geht eine charismatische Wirkung aus, wo sie, voll Ernst und Diskretion und ohne heuchlerische Schonung irgendwelcher Glücksversprechungen, auf die menschlichen Heilserwartungen in der Transzendenz eingehen. Auch im Erteilen von Absagen und in der Erklärung seiner Inkompetenz verströmt Einstein noch diese zuversichtlich stimmende Ruhe: sie ergibt sich aus seiner Wahrhaftigkeit, aus der eigenen Bescheidung in die Dinge, die zu erkennen sind. Es wäre wohl auch legitim gewesen, wenn Albert Einstein, statt unermüdlich zu antworten, einfach nur Geige geübt hätte. Besser aber, daß er die Geduldsprobe der Postüberhäufung auf diese Weise bestand, besser für uns, seine an ihm vergnügten Leser.« *Gabriele Wohmann*

»Wenn alle Leute so lebten wie ich, wahrlich, die Romanschriftstellerei wäre dann niemals auf die Welt gekommen.« *Albert Einstein*

Albert Einstein/Sigmund Freud
Warum Krieg?

Ein Briefwechsel
Mit einem Essay von
Isaac Asimov

Heute aktueller denn je: dieser Briefwechsel gehört zu den grundlegenden Texten des Pazifismus im 20. Jahrhundert.

»Was ich sonst mache oder sage, kann die Struktur des Universums nicht ändern. Aber vielleicht kann meine Stimme der größten Sache dienen: Eintracht unter den Menschen und Friede auf Erden.« *Albert Einstein*

»Alles, was Gefühlsbindungen unter den Menschen herstellt, muß dem Krieg entgegenwirken. Diese Bindungen können von zweierlei Art sein. Erstens Beziehungen wie zu einem Liebesobjekt, wenn auch ohne sexuelle Ziele. Die Religion sagt dasselbe: Liebe deinen Nächsten wie Dich selbst. Das ist nun leicht gefordert, aber schwer zu erfüllen. Die andere Art von Gefühlsbindung ist die durch Identifizierung. Alles was bedeutsame Gemeinsamkeiten unter den Menschen herstellt, ruft solche Gemeingefühle, Identifizierungen, hervor. Auf ihnen ruht zum guten Teil der Aufbau der menschlichen Gesellschaft.« *Sigmund Freud*

»Die Welt ist zu klein für jenen Patriotismus, der zu Kriegen führt. Patriotismus ist nicht einmal mehr in Friedenszeiten nützlich. Die Probleme unserer Welt sind planetarisch. Keine Nation ist ihnen allein gewachsen.« *Isaac Asimov*

»Wir brauchen eine Friedensforschung. Die Ursachen der Konflikte unter den Völkern sind weniger erforscht als die Gesetze der Ordnung im Atom.«
Gustav Heinemann